dtv

W0324632

«Im Kreuzfeuer befindet sich eine Person oder eine kämpfende oder eine politische Gruppierung, wenn sie von mehreren Seiten beschossen wird.»

«Dieses Tagebuch ist keine unmittelbare Dokumentation von vier Monaten syrischen Aufstands. Es sind nur Worte, die mir in jenen Tagen halfen, der Angst die Stirn zu bieten. Doch es sind wahre, reale Worte, die nicht der Phantasie entspringen.»
Samar Yazbek

Der Bericht reicht vom 25. März 2011 bis zum 9. Juli 2011. In eindringlichen Bildern erzählt er von Folter, Verzweiflung und Grauen. Er ist eine einzigartige, unabhängige Quelle über die syrische Revolution und gibt einen bewegenden und sprachlich brillanten Einblick in das Leben einer Frau, die ihre Menschlichkeit unter keinen Umständen preisgeben will.

Samar Yazbek, geboren 1970, veröffentlichte Romane und Erzählungen. Ihr journalistischer Kampf für Bürger- und Frauenrechte in Syrien machte sie in den Augen ihrer Familie und der alawitischen Gemeinschaft, der auch der Präsident angehört, zur Verräterin. Sie wurde vom Geheimdienst verfolgt und massiv eingeschüchtert. Daraufhin floh sie mit ihrer Tochter ins Ausland.

Samar Yazbek

SCHREI NACH FREIHEIT

Bericht aus dem Inneren
der syrischen Revolution

Mit Vorwort und einem Interview
mit Rafik Schami zur aktuellen Lage

Aus dem Arabischen
von Larissa Bender

Deutscher Taschenbuch Verlag

Ausführliche Informationen
über unsere Autoren und Bücher
finden Sie auf unserer Website
www.dtv.de

MIX
Papier aus verantwortungsvollen Quellen
FSC® C019821
FSC
www.fsc.org

Erweiterte Taschenbuchausgabe 2013
Deutscher Taschenbuch Verlag GmbH & Co. KG, München

Umschlagkonzept: Balk & Brumshagen
Umschlaggestaltung: Helena Schneider
Satz: Satz für Satz. Barbara Reischmann, Leutkirch
Druck und Bindung: Druckerei C. H. Beck, Nördlingen
Gedruckt auf säurefreiem, chlorfrei gebleichtem Papier
Printed in Germany
ISBN 978-3-423-34779-2

«Syrien geht langsam zugrunde«

Die Bilder aus dem Bürgerkrieg rauben dem syrisch-deutschen Schriftsteller Rafik Schami den Schlaf. Und er kritisiert die schwache Rolle, die in seinen Augen der Westen bei dem Konflikt einnimmt. Dennoch glaubt er, dass Assads Terrorregime gestürzt werden wird.

Rafik Schami, Sie veranstalten diese Woche in Zürich, Zug und Basel Lesungen und Benefizveranstaltungen für die syrische Zivilbevölkerung. Was versprechen Sie sich davon?

Eine offene, gnadenlose Diskussion mit dem Journalisten Benedikt Rüttimann, die dem Publikum die Lage in Syrien so klar wie möglich und ohne jede ideologische Benebelung näherbringt. Und als Dank gibt es zum Abschied eine heitere Lesung über das Leben in Damaskus ...

... wo Sie aufgewachsen sind. 1970 flohen Sie aus Syrien, um dem Militärdienst und der Zensur zu entgehen. Heute leben Sie als einer der erfolgreichsten Autoren in Deutschland. Können Sie als Autor Ihrer Heimat besser helfen?

Sicher. Zum einen durch Analysen, Kritiken und Vorschläge. Die Freiheit hier und der Zugang zu Information erlauben mir, besser zu formulieren, als wenn ich in der Heimat lebte. Zum anderen durch meinen literarischen Erfolg. Ich erreiche Leserinnen und Leser in 27 Sprachen und bin quasi Kulturbotschafter meines Volkes.

Das Damaskus in Ihren Romanen und Erzählungen zeigt das pralle Leben. Ihre Antwort auf das totalitäre Assad-Regime?

Ich verstehe die Kunst als eine Möglichkeit des Widerstands gegen die Diktatur, überhaupt gegen alles, was den Menschen hässlich macht. Wenn man die Pracht, die Freundlichkeit, die Schönheit einer Stadt besingt und zugleich zeigt, dass diese Stadt gefangen, gedemütigt ist durch die Diktatur, hat man ein Zeugnis gegen die Diktatur abgelegt.

Rafik Schami ist ein Pseudonym. Verstecken Sie sich dahinter?

Nein, um Gottes willen. Erst durch Rafik Schami wurde meine Zunge frei, denn sonst wäre ich ein harmloser Chemiker mit dem Namen Dr. rer. nat. Suheil Fadel geblieben.

Die Erlöse der Veranstaltungen sind für Hilfsprojekte zugunsten der syrischen Zivilbevölkerung bestimmt?

Ja, und wir sorgen dafür, dass das Geld eins zu eins zu den Bedürftigen in den Flüchtlingslagern kommt. Nicht wie bei der UNO, die Assad fast eine halbe Milliarde schenken will, damit er die Flüchtlinge und Bedürftigen noch mehr erpresst.

Sie sind kein Fan des UNO-Hilfsangebots?

Nein, weil das am Ende in den Händen des Präsidenten landet, was wiederum jedwede Sperrung von Konten lächerlich macht. Man sperrt mit Tamtam 100 Millionen auf Assads Konto und überweist ihm leise und schnell 450 Millionen.

Was braucht das syrische Volk derzeit am dringendsten?

Humanitäre Hilfe, die nicht über das Regime, sondern direkt in die Flüchtlingslager kommt. Die Flüchtlinge leben unter unmenschlichen Bedingungen, und diese Misere, diese Demütigung, drückt auch auf die Brust der Opposition und lähmt sie.

Bisher sind im Bürgerkrieg über 70 000 Menschen umgekommen.

Fügt man dieser Zahl die Opfer hinzu, die sein Vater Hafiz al-Assad umbringen liess, erreicht das Verbrechen des Assad-Clans die unvorstellbare Zahl von 100 000 Toten. Die Welt schaut zu und ist noch nicht einmal schlüssig, Assad anzuklagen wegen Verbrechen gegen die Menschlichkeit. Hier hätte der Westen Rückgrat zeigen sollen.

Sie trauen dem Westen viel zu!

Ja, weil ich erlebt habe, wie der Westen dem Aufstand der Völker in Osteuropa gegen die nuklear bewaffneten Despoten geholfen hat. Ich kenne Tausende gerechter Menschen in Europa, und wenn es derer nur hundert wären, habe ich keinen Anlass zur Verzweiflung.

Falls Assad noch vor dem Internationalen Strafgerichtshof oder einem Ad-hoc-Gericht, wie Carla del Ponte, Mitglied der Syrien-Kommission der UNO, es vorschlägt, zur Verantwortung gezogen und verurteilt wird, würde das dem syrischen Volk helfen?

Ja, nicht nur dem syrischen, sondern allen Völkern: mitzuerleben, dass diese Verbrecher, gerecht verurteilt, hinter Gitter gehören und dass die Völkergemeinschaft eine Solidargemeinschaft ist.

Sie sind jedoch gegen eine militärische Einmischung von aussen und setzen auf die Kraft der Opposition.

Genau. Wir brauchen keine militärische Hilfe. Eine militärische Einmischung wäre eine Katastrophe, denn dann wird Syrien zu einem zweiten Afghanistan.

Das Regime schoss vor den Augen der Welt auf Zivilisten

Sie glauben tatsächlich, dass die Opposition das Terrorregime aus eigener Kraft zu Fall bringen kann?

Es wird nicht einfach sein, aber die Syrer können das. Sie besiegten elf Monate lang tapfer und friedlich ihre Angst, aber sie konnten damit den Diktator nicht stürzen. Das Regime schoss vor den Augen der Welt auf Zivilisten. Erst die Soldaten und Offiziere, die sich aus der syrischen Armee abgespaltet hatten, konnten Assad in die Schranken weisen und das Land grösstenteils befreien. Aber die zwei wichtigsten Bastionen, Damaskus und Aleppo, sind noch zum grössten Teil unter seiner Kontrolle. Ich glaube nicht, dass eine militärische Lösung bald möglich ist. Die syrische Armee ist zwar zerrüttet, aber sie ist eine Killerarmee, die auf ihren Führer eingeschworen ist, und die 15 brutalen Geheimdienste wüten täglich und töten und foltern, als ob sie nichts verstanden hätten.

Können Sie noch schlafen?

Sehr unruhig, weil ich neben unzähligen, aber notwendigen Interviews in allen Sprachen der Welt hauptsächlich und fast wöchentlich Debatten in einer oppositionellen syrischen Zeitung führe. Es reicht manchmal ein Bild eines getöteten Kindes, und ich liege wach und denke, welche Träume hatte das Kind, welche seine Eltern? Welche Hoffnungen hingen an dem jungen Arzt, den der Geheimdienst erschossen hatte, weil er Verwundeten half? Seit zwei Jahren schreibe ich keine Zeile Literatur, obwohl meine Figuren nach mir rufen.

Was kann der Westen überhaupt tun?

Seinen Prinzipien der Menschenrechte, der Freiheit und der Demokratie würdig werden und aufhören zu heucheln. Die «Freunde des syrischen Volkes» füllen lange Listen, aber sie helfen dem Land real nicht so wie die drei einzigen Assad-Freunde Iran, China und Russland dem Regime helfen. Das muss inzwischen bekannt sein, oder?

Wieso heucheln? Die deutsch-arabische Gruppe «Freunde des syrischen Volkes» bemüht sich doch ernsthaft um den Wiederaufbau Syriens nach einem möglichen Sturz von Assad?

Weil die langen Monate gezeigt haben, dass der Westen kein grosses Interesse an einem Wechsel in Damaskus hat. Mehr als Worte und Versprechungen sowie Bedingungen für jede Art von Hilfe hören und sehen wir nicht. Aber die Kämpfer für Freiheit und Demokratie brauchen Medikamente, Rundfunkstationen, medizinische Instrumente und vor allem eindeutige Hilfe vor Ort. Nichts ist passiert.

Die EU hat doch immerhin das Waffenlieferungsembargo verlängert und prüft, wie die Rebellen mit «nicht tödlicher Ausrüstung» unterstützt werden können.

Das ist die reinste Heuchelei: Zeit schinden zugunsten des Mörders, zuschauen, während ein Völkermord begangen wird, überprüfen und nochmals überprüfen. Frau Merkel überprüft hingegen nicht lange, wenn sie dem saudischen Despoten modernste Waffen liefert.

Das ist ein heftiger Vorwurf!

Wenn man weiss, dass der Westen dem Assad-Regime Waffen und Elektronik liefert – sei es direkt oder über den Iran-Irak-Weg –, dabei aber so tut, als hätte er keine Kontrolle über Waffenlieferungen und dann mit irgendwelchen Konto- und Visasperren protzt, dann ist es eine Heuchelei, eine fast unfreiwillige Komik. Ich fürchte, diese ganzen Pläne der «Freunde des syrischen Volkes» für die Zeit nach dem Krieg sind nur ein Glied in dieser Kette der Unglaubwürdigkeiten. Syrien geht langsam zugrunde.

Der Westen hat kein grosses Interesse an einem Wechsel in Damaskus.

Und was ist mit den arabischen Ländern? Von dort kommt doch auch keine Hilfe?

Der Westen wird in seiner Heuchelei nur von den arabischen Regimen übertroffen, welche die Syrer im Stich lassen. Nicht einmal Ägypten, Tunesien oder Libyen helfen.

Welches sind die Interessen der drei Assad-Freunde Russland, China und Iran?

Was wir erleben ist ein Machtkampf in einer der reichsten und strategisch wichtigsten Gegenden der Welt. In Syrien liegt die letzte Bastion der russischen Marine in einem Warmwasserhafen im Mittelmeer, China besitzt durch die Korruption eine führende Stellung auf dem syrischen Markt und den Zugang zu Syriens Bodenschätzen. Und der Iran wird beim Sturz von Assad auf seine Grenzen zurückgeworfen. Er besitzt durch Syrien und die Hisbollah einen wichtigen Brückenkopf gegen Israel. Und die Hisbollah würde bei einem Sturz des Assad-Regimes geschwächt.

Ist es realistisch, dass Assad seine Truppen zurückzieht, das Land verlässt und er durch eine demokratischere Regierung ersetzt wird?

Das ist eine zu schöne Utopie. Ich wäre mit einer viel bescheideneren Entwicklung zufrieden: eine lange Phase unter einer gemischten Übergangsregierung – allerdings ohne den Assad-Clan und ohne die Verbrecher seines Systems, die sich die Hände mit Blut besudelt haben. Diese neue Regierung löst die politischen Geheimdienste auf, baut eine neue

Nationalarmee auf. Sie räumt die Trümmer auf den Strassen und in unseren Seelen, baut das Land auf, sorgt durch ruhige und geduldige Arbeit für eine Aufarbeitung der Geschichte, für Verzeihung, aber auch für eine gerechte, unabhängige Justiz. Und sie setzt sich vehement gegen jedwede Rache ein, denn Rache ist der Erzfeind des demokratischen Staates. Dafür würden wir zehn Jahre brauchen. Da wäre ich glücklich.

Migros-Magazin Nr. 10, Zürich, 4. März 2013

Das Interview führte Daniela Schwegler

Poesie der Wunde

Manchmal ist die Wirklichkeit phantastischer als jede der Phantasie entsprungene Geschichte. Ein begnadeter Dokumentarfilmer kann, gemeinsam mit einem fähigen Kameramann, ein Ereignis in einem großartigen Film verarbeiten, der jeden Spielfilm in den Schatten stellt. Dokumentarbücher haben es schwerer, denn es steht nur das Wort zur Verfügung, um den Stoff poetisch zu erhöhen. Diese Fähigkeit besitzen nur wenige. Samar Yazbek ist eine von ihnen.

Hundert Tage lang dokumentierte die syrische Schriftstellerin und Filmemacherin die Revolution in ihrer Heimat aus nächster Nähe. Aber sie war auch aktiv daran beteiligt. Sobald die Situation es zuließ, schrieb sie auf, was sie in den Stunden und Tagen zuvor erlebt, empfunden und gedacht hat, und das in einer eindrücklichen, wortgewaltigen Sprache. Wortgewaltig insofern, als sie trotz der brutalen Morde, trotz der vielen Toten um sie herum, trotz der Angst um sich selbst und ihre Tochter, der Tränen und der Verhöre, mit denen der Geheimdienst sie zu erpressen versuchte, poetisch schreibt. Diese Poesie erlaubt uns, den Leserinnen und Lesern, in Samar Yazbeks Begleitung den Aufstand hautnah mitzuerleben, ohne erdrückt zu werden oder in Atemnot zu geraten.

Samar Yazbek war eine aktive Zeugin. Und während sie ihr Leben aufs Spiel setzte, half sie verfolgten Demonstranten, tröstete Kinder, deren Eltern verhaftet wurden. Aber noch eindrücklicher als dieser Mut war und ist ihre Haltung gegenüber ihrer Sippe und der alawitischen Minderheit, durch die sie ihr Leben gefährdet. In ihrer Heimatstadt wurde sie öffentlich als Verräterin verurteilt. Das gab den Killer-Schwadronen mit dem neuen Namen «Schabbiha» grünes Licht, die das Assad-Regime auf die Syrer losgelassen hatte. Es sind Mörder, Kriminelle, die für einen geringen Lohn zu Söldnern werden und die Drecksarbeit erledigen. Sie ermorden jeden, ohne mit der Wimper zu zucken. Samar Yazbek musste sich äußerst vorsichtig bewegen. Jeder Schritt auf der Straße konnte ihr letzter sein.

Woher nimmt eine Frau den Mut, wirft all die Sicherheiten einer wohlhabenden alawitischen Familie über Bord und solidarisiert sich mit den Gedemütigten? Man kann sich die Enttäuschung ihrer Familie vorstellen, die ganz andere Erwartungen an sie gerichtet hatte.

Samar Yazbek wurde 1970 in der Küstenstadt Dschableh in eine angesehene alawitische Familie hineingeboren – in jenem Jahr, als Vater Assad gegen seine eigenen Genossen putschte, um eine nie da gewesene Art von Diktatur zu errichten, die auf einer Sippen- und Religionszugehörigkeit basierte. Syrien, das lebendige Land, wurde in eine Farm der Sippe Assad verwandelt.

Samar Yazbek gehört also einer Generation an, die kein anderes als das existierende politische System kennengelernt hat. Sie schrieb Kurzgeschichten und Drehbücher für Fernsehserien (auch für das Staatsfernsehen) und drehte Dokumentarfilme, aber berühmt wurde sie durch ihre Romane, von denen nur wenige in andere Sprachen (Italienisch und Französisch) übersetzt wurden. In diesen Romanen überschritt Samar Yazbek Grenzen, ließ alle Verbote außer Acht. Sie schrieb über verbotene Liebe und korrumpierte Militärs, über die Enge innerhalb der Sippe und die Heuchelei. Die professionellen Hüter der Moral verschonten sie nicht mit harscher Kritik. Aber sie war privilegiert, und man bestrafte sie nicht.

Samar Yazbek war auch als Frauenrechtlerin und Kulturschaffende aktiv. Ihre Abstammung und ihre privaten Beziehungen ließen ihr gewisse Freiheiten, die andere nicht hatten, aber sie ließ sich deswegen nicht blenden. Sie trat bereits lange vor dem Ausbruch der Revolution am 15. März 2011 mutig auf. Ihr Mitgefühl und ihre Solidarität mit den Schwachen und Entrechteten führten unter Assad, der keinen Widerspruch duldete, zur Konfrontation. Samar Yazbek schloss sich schnell der Protestbewegung an.

Das Assad-Regime hatte noch ein Auge zugedrückt, wenn ein Autor oder eine Autorin verbotenerweise erotische Passagen in einen Roman einfließen ließ. Das liegt daran, dass der Herrscher-Clan niemals religiös war. Es war nichts als Heuchelei, wenn der alawitische Präsident in der Omajjaden-Moschee mit dem sunnitischen Mufti betete. Kein Alawit nahm ihm diese Show ab, denn die Omajjaden waren mit Ali, dem

Schwiegersohn des Propheten Muhammad und Namensgeber der Alawiten, tief verfeindet.

Doch jetzt wurde die Situation weitaus bedenklicher. Denn wenn Intellektuelle in Aktion treten, wird es für das Regime gefährlich. Gehören sie gar der Minderheit der Alawiten an, so gelten sie als doppelt gefährlich. Die Alawiten werden härter bestraft, wenn sie, statt blinden Gehorsam zu zeigen, in den Widerstand gehen, statt loyal zu sein, sich als Gegner des Regimes bekennen. So wird klar, warum Samar Yazbek jetzt alle Privilegien verlor und zur Verräterin gestempelt wurde.

Um aber Samar Yazbeks Haltung und ihr Buch richtig würdigen zu können, muss man den syrischen Diktator eingehender betrachten.

Der Assad-Clan hält in seinem Land, auf seiner «Farm» 20 Millionen Syrer gefangen. Und er ist selbst Gefangener seines Systems. Baschar al-Assad lügt, wenn er Reformen verspricht, nicht aus Spaß, sondern weil er nicht anders kann. Der erste Schritt der Reform hieße nämlich: die Auflösung aller fünfzehn Geheimdienste, Freilassung aller fast 100 000 politischen Gefangenen und Bestrafung der Mörder von über 7000 unschuldigen Menschen. Solange das nicht geschieht, ist es absurd, über die Erhöhung der Gehälter und die Verbesserung der Krankenversicherung zu reden. Aber die Auflösung der Geheimdienste würde den Sturz des Regimes bedeuten.

Assad versprach mehrmals, die Armee und die Scharfschützen aus den Städten abzuziehen. Er brach sein Wort, denn er wusste und weiß, dass diese Städte eine Stunde später von den Revolutionären kontrolliert würden. Deshalb ist bislang nicht ein einziger Panzer, nicht ein einziger Scharfschütze weniger im Einsatz. Elf Jahre lang hätte er eine Reform vorantreiben können, aber das vom Vater geerbte Unrecht hat sich um keinen Deut verändert. Wie soll ihm jetzt binnen weniger Wochen ein solches Unterfangen gelingen? Unmöglich!

Man muss wissen: Ein arabischer Diktator wird als Held geboren. Er heiligt seine Mutter und seinen Vater, weil sie ihm, dieser historischen Ausnahme, das Leben ermöglicht haben. Er lebt als «Herrscher für die Ewigkeit». Und er stirbt als Heiliger, auch wenn er durch Krankheit (wie

Vater Assad) oder einen Autounfall (wie Bassel al-Assad, der Bruder) den Tod findet.

Dass Hafes al-Assad, Saddam Hussein, Gaddafi und der jemenitische Ali Saleh in bitterem Elend aufwuchsen und ihr Abitur mit Müh und Not bestanden, das verdrängten sie. Sie verbanden sich mit dem Teufel, um an die Macht zu kommen. Sie zerstörten den Staat und bauten etwas auf, was aus der Ferne ähnlich aussieht: Ein mafiöses Netz der Herrschaft, das es ihnen erlaubte, das Land zu knechten. Alle Ämter an der Spitze der Macht wurden von Brüdern, Cousins, Schwägern und Schwiegersöhnen besetzt. Reichte die eigene Sippe nicht aus, bediente man sich der Anhänger aus befreundeten Sippen, der Nachbarn und der Freunde aus Kindheitstagen. So entstand Schicht für Schicht eine korrupte Pyramide der Macht. Ganz unten ist das Volk. Je länger sich ein Regime an der Macht hält, desto dichter wird das Netz, desto besser ist es gegen Angriffe gewappnet. Das Assad-Regime regiert blutig seit vierzig Jahren – nach der ersten bereits ergrauten Generation der Putschisten inzwischen in der zweiten und dritten Generation des Clans.

Aber Vater Assad war viel zu klug, um zu übersehen, dass die Alawiten allein auf Dauer keine Chance haben zu regieren. Deshalb beteiligte er die große Sippe der Sunniten, aber immer nur so, dass sie zwar wirtschaftliche Nutznießer waren, aber politisch nichts zu sagen hatten. Deshalb ist es auch widersinnig, wenn Islamisten in fast rassistischer Manier auf die Alawiten allein schimpfen. Dennoch bleibt das System hierarchisch. Ein sunnitischer oder christlicher General fürchtet sich vor einem alawitischen Unteroffizier. Und das ist kein Gesetz des Militärs, sondern eines der Mafia.

In einem solchen System ist Loyalität die einzige Möglichkeit, um an der Macht zu partizipieren. So ist es nicht verwunderlich, dass bald nur noch Claqueure mitregierten, die schnell gelernt hatten, dass der Präsident nichts als Zustimmung hören wollte. Seine Porträts und Denkmäler wurden von Jahr zu Jahr größer, alle wichtigen Errungenschaften wurden nach ihm benannt, der Stausee am Euphrat etwa oder die Nationalbibliothek. Bücher über seine Heldentaten, die es ja gar nicht gab, füllten die Regale, Loblieder entstanden. Die Medien knieten vor ihm nieder, und aus dieser Perspektive wurde er zu einem Riesen. Wie sollten und sollen da Charaktere wie Gaddafi, Saddam Hussein oder Assad (Vater wie auch Sohn) an ihrer eigenen Genialität noch zweifeln.

Die arabischen Diktatoren stürzten ihre Länder ins Elend, aber anders als den europäischen Diktatoren, von Mussolini und Hitler über Stalin zu Honecker, die vor allem machtbesessen waren, genügte ihnen die absolute Macht nicht. Die arabischen Diktatoren sicherten sich zudem mit einem milliardenschweren Vermögen ab, das sie dem Land raubten und in den Banken ihrer offiziellen «Feinde» bunkerten. Es ist vollkommen absurd, dass sich der Assad-Clan als Gegner der Amerikaner gibt. Und die USA spielten das dumme Spiel auch noch mit. Hinter den Kulissen aber kooperierte der syrische Geheimdienst mit der CIA, und die Assads, Makhloufs und Schallahs und wie die syrischen Räuber auch alle heißen, brachten ihre Beute nach Amerika. Nicht eine Million, nicht hundert Millionen, sondern gleich hundert Milliarden, und mit der Armut, die im eigenen Land Einzug hielt, wurden die stolzen Bewohner gedemütigt. Gleichzeitig schämte sich das Regime nicht, bei der EU einen Antrag auf fünf oder zehn Millionen Euro Unterstützung für die Entwicklung der Dorfstrukturen zu stellen.

Die arabischen Länder verkommen in sozialer, kultureller und wirtschaftlicher Hinsicht. Zwar hilft vor allem das Erdöl, gerade den wirtschaftlichen Ruin zu tarnen. Aber Syrien, der Irak, Libyen und Ägypten sind im Grunde in allen Bereichen bankrott. Die Armut wird mit allen Mitteln kaschiert. Gleichzeitig bereichert sich eine dünne oberste Schicht, ähnlich wie beim verbündeten Russland, in so astronomischem Ausmaß, dass es fast an ein Märchen aus der Boulevard-Presse erinnert. Der Cousin von Baschar al-Assad, Rami Makhlouf, war bereits vor seinem dreißigsten Lebensjahr Milliardär. Er bekam vom Präsidenten die Telekommunikation des Landes übertragen und kassierte mit seiner Hydra von jedem Import oder Export, weshalb ihn die Syrer «Mister zwanzig Prozent» nennen.

Wohin man schaut, Korruption und Unterdrückung der freien Meinungsäußerung. Ein Heer von Dichtern und Journalisten lebt davon, als Handlanger der Geheimdienste die kulturelle Peitsche des Regimes gegen seine Gegner zu schwingen. Der Schriftstellerverband ist eine Abteilung der Propaganda und des Geheimdienstes. Das Kulturministerium wird direkt vom Geheimdienst geführt.

Und der Westen? Er spielte charakterlos mit, lieferte Waffen und Überwachungssysteme, kooperierte mit den Regimen, bunkerte deren geraubtes Geld, verschloss die Augen vor tausendfachen Morden und wurde seiner Freiheit und Demokratie unwürdig. Dass der spanische Sozialist Zapatero, Enkelkind eines ehrenhaften Kämpfers für die Republik, den Onkel des Präsidenten Assad, Rifaat al-Assad, einen Massenmörder, dem über 30 000 Morde angelastet werden, bei sich beherbergt, ist nur ein vorläufiger Höhepunkt der Skandale. Es werden weitere aufgedeckt werden, sobald die Revolutionäre noch mehr Geheimakten ans Licht bringen.

Auch einige charakterlose deutschsprachige Intellektuelle beugten sich vor dem Geld. Statt der Diktatur bekämpften sie die Exilautoren. Und manch einer schämte sich über Jahre hinweg und sogar bis in die Gegenwart der Revolution hinein nicht, für das Regime zu werben.

Mit der Vollendung des mafiösen Netzwerks hat das Regime die Gesellschaft durch Gewalt, Korruption, Lüge und Heuchelei zum Schweigen oder Mitmachen verurteilt. Es duldete keinen Widerspruch, und jede Kritik wurde als Gotteslästerung gewertet. Die Kritiker wurden ermordet, verhaftet, gedemütigt, gleich welchen sozialen Rang sie innehatten. Auch die Verbündeten entkamen nicht, wenn sie Kritik äußerten. Angeblich begingen sie Selbstmord. Tausende von Oppositionellen wurden ermordet, Hunderttausende wurden ohne Gerichtsurteil und ohne Rechtsbeistand in Gefangenenlager gesteckt und manchmal bis zu zwanzig Jahre gefangen gehalten. Über fünfzigtausend oppositionelle Intellektuelle und Akademiker mussten das Land verlassen. Die Armut trieb fast eine Million Syrer ins Ausland. In einem solchen Land wird Widerstand unmöglich. Touristen lobten die Ruhe im Land. Sie ahnten nicht, dass es eigentlich eine Friedhofsruhe war.

Die geschilderte Eigenart der arabischen Diktaturen, speziell der syrischen Variante, zeigt, dass die Diktatoren von Ben Ali bis Baschar al-Assad abgeschottet an der Spitze einer Machtpyramide regieren. Und das ist der Grund, warum sie nicht glauben wollten und konnten, dass sich ein Heer von Sklaven, die sie «Insekten» und «Ratten» nannten, trotz all der einschüchternden Maßnahmen erhob. So etwas Ergreifendes wie eine friedliche Revolution kann Baschar al-Assad nicht nachvollziehen, und deshalb lastet er dem Westen die Schuld dafür an. Er offenbart damit ungewollt eine der Spätfolgen des Kolonialismus. Die Syrer sind in seiner krankhaften Vorstellung primitiv, und wenn trotz der fünfzehn Geheimdienste und der gut 250 000 Spitzel etwas so Perfektes, so Schönes, so genial Organisiertes zustande kommt, dann müssen die Europäer dahinterstecken. Denn sie sind die Überlegenen. Das haben sie als Kolonialisten seinen Eltern zumindest eingebläut. Er gibt es nur wieder.

Davon, wie es im Bauch des Walfischs, Volk genannt, rumorte, ahnte ich bis zum 15. März 2011 nicht das Geringste. Niemand ahnte etwas. Die Diktatur nicht, der Geheimdienst nicht, die Opposition nicht und auch die Exilanten nicht. Wer etwas anderes behauptet, lügt.

An diesem Tag wurde der erste Buchstabe einer neuen, nie da gewesenen friedlichen Revolution geschrieben. Sie begann in Deraa, einer staubigen armen Stadt im Süden. Jugendliche sprayten arglos das an die Wände, was wir alle dachten: «Nieder mit der Korruption!»

Der Chef des Geheimdienstes in der Stadt, Atef Nadschib, ein Cousin ersten Grades des Präsidenten und berühmt für seine Bestechlichkeit und seine sadistische Neigung, höhere sunnitische Offiziere zu demütigen, ließ die Jugendlichen verhaften und bestialisch foltern. Als die Eltern nach ihren Kindern fragten, wurden diese noch mehr gepeinigt. Das brachte das Fass zum Überlaufen. In einer friedlichen Demonstration zeigten sie ihren Unmut. Sie demonstrierten nicht einmal gegen Assad, sondern einfach gegen das große Unrecht, das Atef Nadschib zu verantworten hatte, und gegen die Korruption in der Stadt, an der er beteiligt war. Statt aber zur Vernunft zu kommen, schoss sein Geheimdienst in die Menge.

Und der Präsident? Er schickte Truppen, die auf die Demonstranten schossen und die Stadt umzingelten. Assad ist Oberbefehlshaber aller Geheimdienste und hat als solcher jeden Mord zu verantworten. Die ersten Beerdigungen und das Freitagsgebet wurden zum Ausgangspunkt für Demonstrationen, später fanden die Menschen täglich zusammen.

Der Funke sprang auf andere Städte über. Die Menschen eilten auf die Straße, um sich mit der Stadt Deraa solidarisch zu zeigen und deren Bewohner voller Liebe zu unterstützen. Mancherorts hörte man zum ersten Mal von Deraa. So lernten die Syrer die Geographie ihres Landes kennen, denn an manchen Tagen rebellierte es in bis zu zweihundert Orten, deren Name zuvor niemand gehört hatte. So erging es auch mir, der ich Erdkunde immer langweilig fand.

Samar Yazbek begleitete die Ereignisse aus nächster Nähe, hatte große Angst auch und vor allem um ihre Tochter. Sie tauchte unter, während sie durch das Land fuhr, Aktivisten traf, Geschichten hörte und versuchte, alles aufzuschreiben. In einer schnörkellosen Sprache, denn für Ausschweifungen, für Plaudereien blieb keine Zeit. Das Resultat: poetische Konzentrate.

Doch die Hand des Regimes agierte immer härter. Samar Yazbek wurde verhört und geschlagen. Das Regime schreckte vor keiner Gemeinheit zurück, um sie zu diskreditieren. Auf Flugblättern wurde sie des Verrats beschuldigt, diffamierende Gerüchte wurden in die Welt gesetzt – eine Einladung zur Lynchjustiz. Doch Samar Yazbek wurde nur noch entschlossener.

Es ist ein Wunder der Revolution: Der Einzelne wird zum Ganzen, und das Ganze verkörpert sich in jedem Beteiligten an der Revolution. So wie Samar Yazbek vom Medienliebling zu einer passiven Kämpferin wurde und schließlich zu einer aktiven Untergrundkämpferin, die das Regime und seinen Präsidenten für kriminell erklärte und ihnen den Kampf ansagte, so wurde auch das syrische Volk radikaler und entschlossener, je härter das Regime gegen es vorging.

Als Samar Yazbek spürte, dass sich die Schlinge lebensbedrohlich eng zuzog, flüchtete sie. Sie rettete sich, ihre Tochter und die Tagebücher der Revolution.

Erst durch ihren Bericht wird eine breite Öffentlichkeit aus erster Hand erfahren, was in Damaskus und den anderen Städten alles geschah. Sie wird erfahren, dass trotz massivster Präsenz der Geheimdienste und des Militärs wunderbare Menschen ihr Leben aufs Spiel setzen und auf die Straße gehen, obwohl Damaskus-City für die Widerstandskämpferinnen und -kämpfer sehr gefährlich ist. Denn der Geheimdienst durchkämmt, wie Samar Yabek detailliert beschreibt, die Straßen auf der Suche nach Unruhestiftern. Orwell und Ray Bradbury lassen grüßen.

Die Syrer haben seit dem 15. März 2011 eine neue Art von Revolution entwickelt, eine mutige, aber friedliche Art. Und Samar Yazbek ist die Chronistin dieser Revolution.

Rafik Schami, Frühjahr 2012

Freitag, 25. März 2011

Es stimmt nicht, dass der Tod, wenn er kommt, deine Augen haben wird!

Es stimmt absolut nicht, dass der Wunsch nach Liebe und der Wunsch nach dem Tod einander gleichen. Vielleicht gleichen sich die beiden Wünsche in der Sehnsucht nach Auflösung. Die Gedanken der Menschen waren schon immer erhabener als ihre leibliche Existenz. Wie sonst ist die Heiligkeit unserer Toten zu erklären? Es kann passieren, dass einer, der gerade noch unter uns weilte, verschwindet und sich sofort in reinen Glanz verwandelt.

Ich würde nicht sagen, dass ich jetzt ruhig bin. Aber ich bin tatsächlich ganz still. Ich höre meine Herzschläge wie weit entfernte Explosionen, deutlicher immerhin als die Schüsse und das Schreien der jungen Männer, das Klagen der Mütter. Deutlicher als die zitternde Stimme meiner Mutter, die mich anfleht, nicht auf die Straße zu gehen, weil die Mörder überall sind. Der Tod ist überall. Im Dorf. In der Stadt. Am Strand. Die Mörder eignen sich jeden Ort an, versetzen seine Menschen in Angst und Schrecken, verteilen sich vor den Häusern der Nachbarn und reden ihnen ein, dass wir sie töten werden. Dann kommen sie zu uns und schreien: «Die werden euch umbringen.»

Ich bin die Fremde an diesem Ort. Ich bin fremd im Leben. Wie ein wildes Tier bin ich im Nichts geschwommen. Ich schlug um mich, hatte nichts bis auf die Freiheit meines Daseins. Seit die Protestbewegung hier begonnen hat, schaue ich aus dem Fenster und beobachte. Meine Stimme erhebt sich nicht, ich wollte nur sehen. Im Dickicht der Details hatte ich nicht gemerkt, dass diese Gleichgültigkeit mich zu einer sehr strengen und zerbrechlichen Frau machen würde! Und dass ich mich mit derart viel Angst ans Leben klammern würde. Angst wovor? Wie haben die Menschen hier Angst? Sie wissen nicht, dass sie die Angst geradezu leben; die Angst gehört dazu wie das Atmen. Seit ich vor fünfzehn Jahren mit meiner Tochter in die Hauptstadt gezogen bin, trage ich stets ein Messer in meiner Handtasche. Ich habe es überall dabei; ein kleines scharfes Klappmesser mit einem Druckknopf. Ein Messer zur Selbstverteidigung. Vor Jahren habe ich gesagt: Ich werde es demjenigen in den Leib rammen, der mich zu beleidigen versucht, weil ich eine alleinstehende Frau bin. Ich habe es nur ein paar Mal benutzt, habe es verblüfften Männern ins Gesicht gestreckt. Doch seit kurzem sage ich mir: Bevor ich zulasse, dass meine Würde beleidigt wird, steche ich mir dieses Messer ins eigene Herz.

Was bedeutet all das, jetzt, angesichts dieser Todesparty? Auf die Straße zu gehen, heißt, vielleicht zu sterben. Ich hatte diese Vorstellung, durch die Straße zu gehen und das Gefühl zu haben, jeden Moment getötet werden zu können. Eine abstruse Vorstellung, aber es ist tatsächlich seltsam, mit Freunden zum Demonstrieren zu gehen und zu wissen, dass die Sicherheitskräfte dich dort jeden Augenblick erschießen können. Die Sicherheitskräfte, die die Menschen seit Jahrzehnten in den Nacken treten, sie zu Huren machen, zu Verrätern, die sie einsperren. Die sie töten und dann vollkommen kaltblütig selbst durch die Straßen gehen.

Wie wird der menschliche Körper zu einer Tötungsmaschine? Die Hände, die Augen, das Haar, der Kopf. All diese Körperteile, die aussehen wie deine – wie verwandeln sie sich in riesige Fühler und lange Stoßzähne? Einfach so, in einem einzigen Augenblick, verwandelt sich die Realität in eine groteske Phantasie. Die Realität ist dann aber noch grausamer. Es heißt, für das Schreiben eines Romans brauche man Phantasie, und ich sage, man braucht vor allem die Realität. Was wir in unseren Romanen schreiben, ist weniger grausam als das, was auf dem Boden der Wirklichkeit geschieht.

Buthaina Schaaban, die Beraterin des Präsidenten, erscheint auf den Bildschirmen. Meine Mutter sagt: «Hört zu! Sie spricht über Verräter und über einen Krieg der Religionsgemeinschaften. Wehe uns! Schließt die Fenster!» Dann erscheinen wieder die Bilder von den gequälten Kindern und getöteten jungen Männern. Das Gesicht eines Kindes kommt mir in den Sinn, das ich auf dem Mardscheh-Platz in den Armen hielt, während es zusah, wie seine Familie geschlagen und verhaftet wurde. Ich höre einen Mann im Fernsehen über das Blut der Getöteten von Deraa sprechen. Er fordert Rache. Dann sagt er: «Wir werden dieser Frau [er meint Buthaina Schaaban] nicht antworten, wir antworten Frauen nicht.» Stimmt es überhaupt, dass wir auf eine Frau hören? Was da alles passiert, hat nichts mit mir zu tun: der Jubel meiner Familie über diese Frau, der Jubel meiner Freunde über das Blut der Getöteten. Ich schäme mich angesichts des Bluts der Toten und krümme mich vor Schmerz. O Herr der Himmel, wenn sich herausstellt, dass du wirklich dort sitzt und nicht herunterkommen willst, um zu sehen, was geschieht, wenn Menschen Fehler begehen, dann strecke ich meine Arme zu dir aus und hole dich eigenhändig aus deinen sieben Himmeln, damit du siehst und hörst!

Ich gehe auf den Balkon, die Zitronenbäume erquicken mich. Für einige Augenblicke ist es ruhig, dann bricht das Feuer aus. Alle wissen, dass in dieser Stadt Ruhe herrschte. Keine natürliche Ruhe, denn die Macht der Sicherheitsapparate ist groß, und niemand kann einfach so Unruhe stiften. Die Geheimdienstler sind überall, immer. Ganz plötzlich verwandeln sich die Straßen in einen Karneval des Schreckens. Ganz plötzlich stellt sich das Chaos ein. Die Geheimdienstler beobachten die Leute – manchen gelingt es zu fliehen, manche werden auf unbegreifliche Art getötet! Die Banden, die plötzlich wie aus dem Nichts auftauchten, entsprangen – wie alles, was hier passiert – der Leere, ohne Logik und ohne Grund! Woher kamen diese bewaffneten Männer, die die Menschen töten? Wie konnte all das geschehen?, fragen sich die Leute. Ich, die Fremde hier, beobachte erschreckt das Geschehen. Ich, die Verbannte, verbannt aus der Stadt, aus dem Dorf, von der Luft des Meeres, ich spüre die strengen Blicke von allen. Von allen Seiten. Ich kenne beide Seiten. Ich kenne das andere Leben in Damaskus. Dort, wo sich die Stadt in ein Dorf verwandelte!

Was tue ich hier? Warte ich auf den Tod? Wieder entflammt der Konflikt: Da sind sie erneut, die Saboteure, die sich eingeschlichen haben. Ich mache mich klein. Ich habe mich jetzt bei meiner Familie eingeschlichen. In mein Bett eingeschlichen. Ich schleiche mich derzeit überall ein. Und ich bin nichts. Ich bin der Haufen Fleisch, der sich unter der Decke zusammenkauert. Ich schleiche mich sogar in die Adern des Straßenasphalts ein! Ich schleiche mich in die Trauer eines jeden Syrers ein, der vor meinen Augen vorbeigeht. Und ich höre das Geräusch der Schüsse und Gebete. Ich bin der Klumpen Fleisch, der am Morgen von Haus zu Haus geht und versucht, eine letzte Lösung zu finden, der vorgibt, irgendetwas zu tun, das ihm hilft zu glauben, Gerechtigkeit könne herbeigewünscht werden. Aber was bedeutet das jetzt? Nichts! Alle Parolen und alle Schmerzen und der ganze Hass, der zum Morden und zum Sterben anstachelt, bedeuten jetzt nichts angesichts dieser Realität: Die Straßen sind leer, es ist eine Geisterstadt. Kriegsgerät steht überall, aber es gibt kein Militär. Wohin ist die Armee verschwunden? Und wer glaubt diesen Schwindel jetzt? Das Militär lässt es zu, dass die bewaffneten Banden die Menschen einschüchtern und ermorden, es greift nicht ein. Die Geheimdienstler, die die Menschen in Angst und Schrecken versetzt haben, sind angesichts dieser Banden plötzlich unwirksam geworden.

Was ist das für ein Wahnsinn? Es ist der Tod, das Wesen, das sich jetzt auf zwei Beinen fortbewegt. Ich höre und sehe ihn. Ich bin es, die Bekanntschaft mit ihm gemacht hat, ich bin es, die das Gefühl des Messers im Nacken kennt, das Gefühl der Stiefel im Nacken. Ich kenne ihn seit langer Zeit, seit meiner ersten Flucht aus dieser engen Welt, seit meiner zweiten und dritten Flucht. Ich bin ein Verrat an meiner Gesellschaft und meiner Religionsgemeinschaft. Ich habe keine Angst mehr. Aber nicht, weil ich mutig wäre. Ich bin außerordentlich zerbrechlich. Es ist einfach die Gewohnheit!

Heute ist der «Freitag der Würde». In den syrischen Städten gehen die Menschen auf die Straßen. Mehr als zweihunderttausend Demonstranten tragen in Deraa ihre Toten zu Grabe. Die Menschen aus den Dörfern im Umland von Deraa marschieren in Massen zum südlich gelegenen Friedhof. Fünfzehn Menschen werden getötet. In der Stadt Homs drei Tote, in Latakia Tote und Verwundete, in der Hauptstadt Damaskus im Midan-Viertel demonstrieren die Menschen; die Verletzten werden ins Mudschtahid-Krankenhaus gebracht. Militäreinheiten umzingeln Deraa und schießen auf alles, was sich bewegt. In Sanamein verübt der militärische Geheimdienst ein Massaker und tötet zwanzig Bewohner.

Ich fürchte den Tod nicht mehr! Wir atmen den Tod. In aller Ruhe erwarte ich ihn, rauchend und Kaffee trinkend. Ich denke darüber nach, dass ich dem Scharfschützen auf dem Dach ins Auge blicken kann. Ohne mit der Wimper zu zucken, starre ich ihn an. Ich gehe auf die Straßen und schaue zu den Dächern der Gebäude hinauf. Ganz gemächlich bewege ich mich vorwärts. Ich gehe die Bürgersteige entlang und überquere einen der Plätze, ich überlege, wo der Scharfschütze jetzt stecken könnte. Ich denke darüber nach, einen Roman über einen Heckenschützen zu schreiben, der eine Frau beobachtet, die ganz ruhig durch die Straße läuft. Ich stelle sie mir als zwei einsame Helden in einer Geisterstadt vor.

Ich kehre in die Hauptstadt zurück, und ich weiß, dass dieser Ort nicht mehr so sein wird wie früher. Das Leben hat sich hier auf einen Schlag für immer verändert. Ich kehre zurück, und ich weiß, dass ich nicht aufhören werde, Gerechtigkeit zu suchen, selbst wenn ich meine Brust dem Tod entgegenstrecke. Noch einmal: Es ist die Gewohnheit, nicht mehr und nicht weniger. Ich warte auf ihn, und ich werde keine Blumen an mein Grab tragen.

Dienstag, 5. April 2011

Ich werde mich in den Schlaf der Mörder einschleichen. Ich werde sie fragen: Habt ihr den Toten in die Augen gesehen, als sich die Kugel ihrer Brust näherte? Habt ihr das Loch des Todes gesehen? Seht euch die roten Löcher in den Stirnen und Bäuchen an. Hier in Damaskus, wo die Augen der Mörder bald schlafen werden, während wir bekümmert wachen.

Wie eine Frau nach der Liebe gewinnt auch Damaskus in der Nacht an Schönheit. Heute aber kleidet sie sich nicht in ihr Dunkelblau, sondern in ein zart fliederfarbenes Gewand, damit wir die Augen der Mörder erkennen konnen, die sich in den Straßen verteilen und dic wir nur schemenhaft wahrnehmen.

Wer tötet? Wer steckt auf den Dächern und hinter den Gebäuden? Ist es ein feiger Mörder? Der Mörder ist feige – wie könnte er mutig sein, wo er doch der moralischen Voraussetzung dazu entbehrt.

Ich verlasse die Wohnung, in Richtung der Plätze der Stadt, der Moscheen. Jetzt, zur Mittagszeit, muss ich wissen, wie die Straßen der Stadt aussehen, Straße für Straße, Platz für Platz, ich traue nur meinen eigenen Augen. Die Plätze der Stadt sind menschenleer, vielleicht weil heute Feiertag ist. Alle ziehen sich heute in ihre Angst zurück.

Die Trupps der Geheimdienstler schwärmen in Scharen durch die Straßen, sie sind überall, wohin ich auch gehe. Autos zirkulieren, schnelle Autos und langsame, riesige Busse, die vollgestopft sind mit Sicherheitskräften und Männern in Militäruniformen und behelmt. Sie verteilen sich in den Geschäftsstraßen, auf den Plätzen, den breiten Kreuzungen, an allen Orten, wo Demonstrationen möglich sind.

Auch Männer in Zivil stehen überall herum, aber ihre dichte Präsenz verrät sie. Wie habe ich gelernt, in Damaskus zwischen Geheimdienstlern und normalen Leuten zu unterscheiden? Ich kann tatsächlich nur schwer sagen, wann ich mit diesem Spiel begonnen habe und seit wann meine Intuition Fragen und Reden vorausgeht. Ich erkenne sie an ihren Augen, an der Art, wie sie gekleidet sind. An ihren Schuhen. Die Anzahl der Geheimdienstler übersteigt heute die der normalen Menschen in den Straßen der Stadt, in den Gassen, vor den Kiosken, auf den Plätzen und vor den Schulen. Überall stehen Sicherheitskräfte.

Die Einheiten der Sicherheitskräfte verteilen sich in der Nähe des Eingangs zur Hamidija-Geschäftsstraße, in der Nähe des Bab-Touma-Platzes. Sie halten einige Männer an, kontrollieren sie, nehmen ihnen die Ausweise ab. Ich verschwende keine Zeit damit herauszufinden, ob sie die Ausweise einbehalten. Ich gehe schneller, an ihnen vorbei, beobachte sie aus den Augenwinkeln und biege in eine Gasse ein. Kaum Menschen hier, aber um die Omajjaden-Moschee herum stehen überall Geheimdienstler. Und eine Menschenmenge, die Fahnen und das Bild des Präsidenten hochhält.

Die Moschee ist geschlossen, ich komme nicht hinein. Es heißt, drinnen würden die Menschen beten. Ich setze mich, rauche in aller Ruhe und beobachte. Dann ziehe ich mich zurück.

Plötzlich sehe ich seltsame Gestalten in den Straßen. Kerle mit breitem Kreuz und aufgeblähten Oberkörpern, in schwarzen Hemden mit kurzen Ärmeln, mit strammen Muskeln, tätowiert, dazu geschorene Schädel, aus denen die Kerle alles anglotzen. Beim Gehen schaukeln ihre Arme hin und her und setzen schwere Luft in Bewegung. Gestalten, die einen das Fürchten lehren. Wo sind diese Typen vorher gewesen? Wo haben sie gelebt? Woher sind sie so plötzlich aufgetaucht?

Ich gehe in Richtung Hamidija-Geschäftsstraße. Sie ist fast leer, nur einige Straßenhändler bieten ihre Waren feil. Die Läden sind geschlossen. Geheimdienstler streifen durch den Suk. An dessen Ende stehen wieder Busse voller bewaffneter Männer. Ich weiß jetzt, was «wachsame Stille» bedeutet. Ich hatte diesen Ausdruck gehört und für eine Worthülse gehalten. In diesen Tagen in Damaskus lerne ich die Bedeutung von «wachsamer Stille» in den Augen und Bewegungen der Menschen kennen. Ich verlasse die Hamidija-Straße in Richtung Mardscheh-Platz – obwohl ich mir nach dem Vorfall vor dem Innenministerium vorgenommen habe, nicht mehr dort entlangzugehen.

Auf dem Mardscheh-Platz drängen sich auffallend viele Geheimdienstler, ansonsten ist der Platz leer. Nicht weit entfernt wieder ein Bus voller bewaffneter Männer. Der Mardscheh-Platz mit seinen armseligen Hotels ist viel deutlicher zu erkennen, wenn die Menschen fort und die Läden geschlossen sind. Er sieht jetzt vollkommen anders aus als an jenem 16. März, als Dutzende Angehörige von Gefangenen sich vor dem Innenministerium versammelten. Es war ein seltsamer Anblick. Sie sahen würdevoll aus, wie sie still dastanden, in den Händen die Fotos ihrer Angehörigen, die wegen ihrer politischen Ansichten im Gefängnis saßen. Ich stellte mich zu ihnen, neben den Ehemann und die beiden Kinder einer Gefangenen. Plötzlich tat sich die Erde auf, Geheimdienstler und Schabbiha brachen hervor und begannen, auf die Leute einzuschlagen. Die kleine Gruppe bekam es mit der Angst zu tun, die Leute schrien: «Wer sein eigenes Volk tötet, ist ein Verräter!» Ich blickte in ihre Gesichter. Sie wehrten sich nicht. Sie nahmen die Schläge und Beleidigungen entgegen und verschwanden dann einer nach dem anderen. Die Männer, die plötzlich von den Straßen ausgespuckt worden waren, nahmen sie einfach mit. Männer mit dicken Ringen, aufgeblähten Muskeln, müden Augen und rissiger Haut. Sie bildeten einen menschlichen Wall und griffen sich die Demonstranten, sie schlugen sie, warfen sie zu Boden und traten auf sie ein. Andere Männer tauchten auf und brachten einige Demonstranten weg, versteckten sie. Ich sah, wie sie einen der Läden öffneten und eine Frau hineinstießen, die Eisentür hinter ihr schlossen und zu einer anderen Frau liefen, um ihr zu helfen.

Die Gruppe, die anfangs versucht hatte zusammenzubleiben, löste sich auf. Der Ehemann der Gefangenen neben mir ließ seinen vierjährigen Sohn bei mir zurück. Zahlreiche Männer packten den Vater und den zehnjährigen Sohn. Ich stand vollkommen erstarrt da und drückte den Kleinen fest an meine Brust, ich kam mir vor wie im Film. Was unterscheidet die Realität von der Phantasie, wo verläuft die Linie? Ich zitterte. Plötzlich bemerkte ich, dass der Kleine mitbekam, wie sein Vater und sein Bruder geschlagen wurden. Er musste zusehen, wie sie in den Bus gestoßen wurden. Das Gesicht des Zehnjährigen war so starr, als hätte er einen Stromschlag erhalten. Eine Faust schnellte vor in Richtung des kleinen Kopfes. Wumm! Sein Kopf pendelte hin und her, und einen Augenblick später traten ihn die Männer zusammen mit seinem Vater in den Bus. Ich riss mich zusammen und drehte das Gesicht des Kleinen in eine andere Richtung, dann begann ich zu laufen. Eine Freundin tauchte plötzlich neben mir auf, sie war gerade erst auf den Platz gekommen. Drei Männer stürzten sich auf sie, ich schrie und versuchte sie festzuhalten, doch sie stießen mich fort, zusammen mit dem Kleinen, der in meinen Armen schaukelte, und nahmen sie mit. Ich lief schneller, blieb neben einem Laden stehen. Der Ladenbesitzer schrie: «Haut ab von hier, wir wollen Geschäfte machen!» Ich floh weiter, einer der Demonstranten begleitete mich, um mir mit dem Kind zu helfen. Warum war ich losgeprescht? Der Kleine bat mich, bei ihm zu bleiben, er wolle auf seinen Vater warten, er habe Angst, weil sein Vater und sein Bruder ihn zurückgelassen hätten, er werde die Polizisten verprügeln, die seinen Bruder geschlagen hätten. Er fragte, ob sie ins Gefängnis gebracht worden seien, wie seine Mutter. Und ich schwieg, ich war unfähig zu antworten. Ich sagte nur: «Du kommst jetzt erst mal mit.»

In Wahrheit war es nicht die Polizei gewesen, die seinen Vater geschlagen hatte. Die Polizisten hatten dagestanden und zugeschaut, wie die Leute geschlagen, getreten, beleidigt und verhaftet wurden. Sie hatten auch dann nicht reagiert, als plötzlich Leute auftauchten, die Bilder des Präsidenten und Fahnen in die Höhe hielten und Parolen skandierten. Diejenigen, die vorher schon herumgeprügelt hatten, schlossen sich ihnen an und droschen nun mit den Fahnenstöcken auf die Leute ein. Abends hieß es, gewisse Leute hätten sich in die Demonstration eingeschlichen, um Zwietracht zu säen, und dass der Innenminister sich die Klagen der Angehörigen der Gefangenen angehört habe. Ich hörte das im syrischen Staatsfernsehen, und die Augen des Kleinen in meinen Armen ließen mich nicht mehr los. Plötzlich stellte ich mir vor, wie er sich zwischen den voranstürmenden Beinen verlor und in den Straßen der Stadt versank, allein, auf der Suche nach seinem Vater und seinem Bruder.

– – –

Nach diesen Ereignissen überquere ich nun den Mardscheh-Platz wieder und nehme diese Schatten hinter den Gittern der mobilen Gefängnisse wahr. Ich besteige ein Taxi zu einer der Moscheen, die, wie ich gehört habe, bis jetzt umstellt sind. Es gibt dort vielleicht gar keine Menschenansammlung, denke ich, vielleicht stimmt das gar nicht und die Medien haben das zusammengelogen! Durch die Scheiben des Autos beobachte ich die Stadt auf der Strecke vom Mardscheh-Platz zum Kafr-Susseh-Kreisel. Auf dem Handy gehe ich ins Internet – dort heißt es, der Kreisel sei umstellt, und das Radio im Auto meldet zur selben Zeit, in der Stadt herrsche Ruhe!

Beim Kafr-Susseh-Kreisel stehen Geheimdienstler. Die Syrer kennen ihre Sicherheitskräfte. Fremde wären überrascht, so viele von diesen Autos überall auf den Plätzen herumstehen zu sehen. Diese hier hindern mich daran, auf den Platz zu kommen: Die Straße sei gesperrt. Wir fahren am Platz vorbei und schlagen uns in die Gassen. In anderen Vierteln scheint es ruhig zu sein. Es gibt Viertel, die weit vom Geschehen entfernt sind, besonders die Viertel der Wohlhabenden. Ich steige aus dem Taxi und gehe Richtung Moschee. Es ist schwierig, näher heranzukommen, überall Motorräder, schrille Stimmen und Parolen. Hohe Geheimdienstoffiziere und Leute, die Fahnen und Präsidentenbilder tragen. Ich frage herum, was los sei. Alle raten mir, Abstand zu halten. Frauen gibt es hier nicht. Einer fragt spöttisch: «Was machen Sie denn hier?» Ich wende mich ab. Die Rufe werden lauter, die Fahnen und Bilder immer höher gestreckt. Der Geheimdienst hat die Moschee regelrecht umzingelt. Ich weiß nicht, ob ich es schaffe hineinzukommen. Die einzige Möglichkeit scheint mir, mich in die Menge mit den Bildern und Fahnen einzuschleichen. Die Idee des Einschleichens, über die Freunde auf Facebook geschrieben haben, reizt mich, aber ich komme keinen einzigen Schritt voran.

Plötzlich finde ich mich zwischen irgendwoher aufgetauchten Männern in Zivil wieder, die einen Jungen schlagen, zu Boden werfen und ihm das Handy wegnehmen. Einige dieser Männer steigen auf die Gebäude um die Moschee herum. Ich höre, sie wollen sichergehen, dass niemand filmt, aber ich kann mir keiner einzigen Information sicher sein. Ich weiß nur, dass dieser Ort von Sicherheitskräften, Polizisten, Offizieren und von Fahnen- und Bilderträgern umstellt ist. Und dass diese Bilderträger selbst Sicherheitskräfte sind; aus ihren Reihen treten Einzelne hervor, die die Demonstranten schlagen und gleich wieder zurückeilen. Die Menschen um die Moschee herum erzählen sich, es gebe Verhandlungen zwischen einem der Scheichs in der Moschee und den Geheimdienstlern, damit die Leute die Moschee ohne Blutvergießen verlassen könnten. Später werde ich erfahren, dass die Demonstranten von der Moschee auf direktem Weg in Gefängnis gebracht wurden. Ich höre mein Herz schlagen, als würde ein Mensch mit mir sprechen. Über mein Herz spüre ich die Gefahr. Mein Herz leitet mich, noch bevor mein Verstand es tut. Ich sehe einen Mann mit dem Bild des Präsidenten und zornigen Augen auf mich zukommen. Ich laufe zum Taxi. Der Mann läuft hinter dem Auto her, drohend. Ich bitte den Fahrer, schneller zu fahren. Der Mann kehrt zu den Fahnenträgern zurück. Der Fahrer sagt: «Hören Sie mal, meine Dame, warum wollen Sie sich denn unbedingt hier beleidigen lassen, die machen doch keinen Unterschied zwischen Frauen und Männern!»

Ich schweige. Mein Blick vernebelt sich, der Anblick des umstellten Ortes macht mir Angst. Was wird passieren? Ich erhalte Meldungen über Tote in Duma, über die Verhaftung von Freunden. Meldungen über Verletzte und überquellende Krankenhäuser, nachdem die Armee das Feuer eröffnet hat. Von überallher erhalte ich Meldungen. Ich bitte den Fahrer, mich nach Duma zu bringen, damit ich mir die Lage ansehen kann. Der Mann fährt hoch und schreit: «Nein, da gehen Sie nicht hin!»

– – –

Ich habe nur mein Gewissen als Waffe. Es ist mir egal, wenn die Zukunft die Züge eines gemäßigten Islam trägt; und was darüber geredet wird, bedeutet mir nichts. Das Gesicht der Mörder interessiert mich nicht; sogar all das, was erzählt und dementiert wird, interessiert mich nicht. Mir ist jetzt nur wichtig, dass ich kein stummer Teufel bin, wenn das Blut zur Sprache der Menschen wird! Mir ist wichtig, mit eigenen Augen friedliche und unbewaffnete Menschen zu sehen, die geschlagen, inhaftiert und getötet werden, nur weil sie demonstrieren. Ich sehe meine Landsleute ganz einfach fallen wie unreife Pfirsiche!

Der Fahrer verwandelt sich in einen Ratgeber und Prediger: «Die Straße nach Duma ist gesperrt. Die Stadt zu betreten ist verboten.» Ich frage: «Was glauben Sie? Was geht da vor sich?» – «Das geht mich nichts an! Ich halte mich mit Mühe über Wasser.» Ich sage: «Aber die Menschen sterben.» – «Wir alle werden sterben. Möge Gott sich ihrer erbarmen!» Ich sage: «Was würden Sie tun, wenn eines Ihrer Kinder getötet würde?» Er schweigt einen Augenblick, dann schüttelt er den Kopf und antwortet: «Die ganze Welt wäre mir nicht mehr groß genug!» Ich sage: «Ich habe gehört, dass einer der jungen Männer, die in Deraa gestorben sind, in einen Kühlschrank gelegt wurde, als er noch lebte. Als sie seine Leiche rausholten, sahen sie, dass er mit seinem Blut an die Wand geschrieben hatte ‹Man hat mich lebend hier hineingelegt. Ich grüße meine Mutter›.» Er schweigt und schüttelt den Kopf. Ich sage: «Ich hoffe nur, dass das nicht wahr ist.» Er sagt nichts, nur seine Ohren erröten.

Heute gibt es eine Demonstration in der philologischen Fakultät der Universität Damaskus. Man nimmt den Studenten die Handys ab und verhaftet sie. Die Ortschaft Talbisa ist immer noch umstellt, die Telefonverbindung gekappt. Die Bevölkerung nimmt die Leichen ihrer Söhne von den Geheimdienstlern in Empfang. In Muaddamia bei Damaskus reißen die Bewohner das große Bild des Präsidenten Baschar al-Assad ab. Dabei wird ein junger Mann getötet. In Latakia sterben acht Häftlinge bei einem Feuer im Zentralgefängnis.

Da sind wir fast bei mir zu Hause angekommen.

Ich zittere. Ich erkenne, wie Blut nur Blut nach sich zieht. Und ich sehe große Löcher, aus denen das Leben fließt, Löcher, größer noch als das Dasein. Ich sehe sie in der Brust der Getöteten, ohne das Gesicht der Mörder. Als ich zu Hause bin, überlege ich, dass ich mich in den Schlaf der Mörder einschleichen und sie fragen werde, ob sie die Lebenslöcher gesehen haben, als sie auf die nackten Oberkörper der unbewaffneten Männer schossen!

Freitag, 8. April 2011

«Hier ist Damaskus.» Mit diesem Satz aus dem Radio waren wir als Kinder vertraut. Alle Syrer kennen den Klang dieses Satzes. Natürlich ist hier Damaskus. Nachdem die Syrer aus ihren Kleinstädten, Dörfern und Steppen hergekommen sind, hat sich Damaskus zu einem Ort entwickelt, der so selbstverständlich ist wie die täglichen Verrichtungen einer Frau, die, ohne an das Beben der Liebe zu denken, ihrem Ehemann das Abendessen bereitet.

Aber Damaskus ist jetzt nicht mehr hier!

Heute ist Freitag. Der Nieselregen hat aufgehört, die Menschen können hinaus, um auf den Plätzen und in den Moscheen zu demonstrieren. Wer denkt jetzt daran, dass jeder Demonstrant ein potentieller Toter ist?

Der Tod ist ein Spiel mit unklaren Regeln. Dieses Tagebuch macht aus dem Tod ein Gemälde zum Zusammensetzen. Ein rätselhaftes, zerbrechliches Gemälde, aber es stellt sich mir durch die Oberkörper der wehrlosen Männer dar, die beim Demonstrieren den Tod in Kauf nehmen.

Bevor ich das Taxi nach Duma bestieg – einen der Vororte von Damaskus –, dachte ich, dass dieses Tagebuch wie eine Erlösung oder ein Schrei ist. Doch am Ende ist es nichts als eine Ansammlung von Worten, die von meinen Bekannten für mutig gehalten werden. Aber damit liegen sie falsch, denn von dem Moment an, in dem der Wagen sich in Richtung der Demonstration in Bewegung setzte, wurden meine Knie schwach, mein Hals wurde trocken, und ich spürte ein Pochen. Angst ist menschlich, doch der Mensch will der Angst ihr Recht nicht zugestehen. Angst ist eine verborgene Erklärung für eine Bedeutung oder eine Liebe. Angst bedeutet, dass du inmitten all dieser Trümmer noch immer ein Mensch bist.

Wir näherten uns Harasta; wir mussten diesen Vorort durchfahren, um nach Duma zu gelangen. Der Fahrer war ein stiller junger Mann, Mitte zwanzig, später würde ich feststellen, dass er auch mutig war. Er sagte: «Die Straße hier ist gesperrt.» Ich erwachte aus meinen Gedanken und sah eine lange Autoschlange. Absolute Stille! Zum ersten Mal sah ich einen solchen Stau, und die Menschen waren dermaßen still. Ich stieg aus und ging an einigen Autos vorbei, um zu sehen, was da vor sich ging. Etwas entfernt standen einige Nahverkehrsbusse der Regierung, grün mit gelben Sitzen. Sie behinderten den Verkehr. In den Bussen drängten sich junge Männer, manche standen, andere saßen. Sie stiegen aus und verteilten sich auf beiden Seiten der Straße. Es waren viele, und alle schwiegen. Die jungen Männer wurden von anderen Männern in dunkelblauen und grauen Uniformen befehligt. Die Gesichter der jungen Männer waren hart und erschöpft. Die meisten von ihnen waren kahl geschoren. Die Armut stand ihnen ins Gesicht geschrieben. Ich ging auf einen der Männer zu, die die anderen befehligten, und fragte: «Was ist passiert?» Er verzog das Gesicht und ignorierte meine Frage. Es waren keine Frauen zu sehen, nur eine einzige konnte ich von weitem ausmachen. Sie trug einen schwarzen Gesichtsschleier und suchte, ein Kind hinter sich herziehend, panisch das Weite. Ein Mann streckte seinen Kopf aus dem Auto und sagte: «Gehen Sie weg, das sind Sicherheitskräfte!» – «Und was machen sie mit den jungen Männern, die aus den Bussen gestiegen sind?», fragte ich. Der Mann antwortete nicht. Aber ich hatte eine Vermutung. Es waren Hunderte, vielleicht sogar mehr. Wir standen eine halbe Stunde dort, bis sie ausgestiegen waren und sich beidseits der Straße aufgestellt hatten. Sie bildeten eine richtige kleine Armee. Da legte sich ein Ausdruck von Entsetzen auf die Gesichter der Menschen, sie zogen sich von den Bürgersteigen zurück und verschwanden!

Am Eingang von Duma befand sich ein Kontrollposten der Armee. Zahlreiche Sicherheitskräfte durchsuchten die Lastwagen, kontrollierten die Ausweise. Dutzende Autos kehrten um, junge Männer standen an den Seiten und wurden einer Befragung unterzogen. Damals wusste ich nicht, dass Duma eingekesselt war und dass man einen Sicherheitsring um Damaskus und die Vororte errichtet hatte.

Hinter den Sicherheitskräften standen beidseits der Straße unzählige Männer in Militäruniform. Sie hielten das Taxi an, ein Mann fragte in strengem Ton: «Wo wollen Sie hin?» Ich antwortete, ich wolle in Duma einen Besuch machen. Er sah mich ebenso streng an und befahl mir auszusteigen. Dann betrachtete er mich neugierig. Er war klein, vielleicht machte es ihn wütend, dass ich größer war als er. Er trat ein Stück zurück und verlangte meinen Ausweis. Nach eingehender Prüfung sagte er: «Madame, hier in der Gegend gibt es Banditen. Es wäre besser, Sie würden nicht dorthin fahren!» «Ich muss nur zehn Minuten zur Schneiderin», sagte ich. Zum Glück kannte ich tatsächlich eine Schneiderin dort. Ich nannte ihm sogar ihren Namen und forderte ihn auf, er möge sie anrufen. Er öffnete die Autotür und befahl dem Fahrer weiterzufahren. Ich atmete auf. Dann setzte ich naiv hinzu: «Was ist denn eigentlich los?» – «Nichts, gar nichts ist los.» – «Und warum dann all diese Soldaten und Sicherheitskräfte?» – «Es ist nichts, wirklich, hier ist gar nichts los.» Ich war froh, meine Lieblingsrolle offenbar überzeugend gespielt zu haben: so zu tun, als ob ich von nichts wüsste, um alles erfahren; in der Gegenwart von Leuten, die gerne reden, zu schweigen und, wichtiger als all das: zu beobachten.

Der Wagen fuhr an. Kaum hatte ich nach vorne gesehen, entdeckte ich einen weiteren Checkpoint. Was war das? Ein Checkpoint nach dem anderen? «Wir müssen in die Gassen hinein», sagte ich zum Fahrer. «Lassen Sie uns umkehren! Ich habe wirklich Angst um Sie», entgegnete er. Der zweite Checkpoint war riesig. Die Soldaten standen dicht gedrängt in einer Reihe und bildeten einen regelrechten Wall auf der Straße. Vor ihnen ein weiterer Wall aus Sicherheitskräften. Ich kam mir vor wie in einem Film über die Besetzung eines palästinensischen Dorfes! Was für ein visueller Terror! Aber eigentlich war er gar nicht nur visuell, denn meine Knie begannen zu brennen und zu zittern. Als der Offizier die Wagentür öffnete, befahl er streng: «Aussteigen!» Meine Knie wollten mir kaum gehorchen. Ich stieg aus. Er warf mir einen neugierigen Blick zu und nahm meinen Ausweis entgegen. Er war in Zivil. Neben ihm stand ein Mann, aus dessen Dialekt ich schließen konnte, dass er aus der Dschasira stammte, der Region jenseits des Euphrats im Nordosten des Landes. Derjenige, der meinen Ausweis prüfte, kam jedoch von der Küstenregion. Was bedeutete das? Die Sicherheitskräfte und Soldaten stammten entweder aus dem Nordosten oder von der Küste! Vielleicht war das ein Zufall heute. Ich habe wie alle Syrer schon mit mehreren Geheimdienstlern zu tun gehabt, und ihnen allen war gemein, dass sie den Minderheiten angehörten.

Der Mann aus dem Nordosten schaute mich an. «Sind Sie Moderatorin?» – «Nein.» Er starrte mir ins Gesicht. Plötzlich streckte er seine Hand aus und nahm mir die Sonnenbrille ab. Dann packte er mich hart an der Hand und fragte: «Was wollen Sie hier?» Da horchte der zweite Mann auf. «Moderatorin? Ja, ich weiß, wer Sie sind, ich habe Sie im Fernsehen gesehen.» – «Sie irren sich», sagte ich verzweifelt, «ich habe einen Termin bei der Schneiderin.» Dann fasste ich meinen ganzen Mut zusammen und sagte mit erhobener Stimme: «Und Sie, werte Herren, machen den Leuten Angst. Was ist denn los? Was passiert hier?» Der Mann von der Küste sagte: «Sie haben das Programm ‹Ladys first› präsentiert. Ich kenne Sie. Meine Frau hat das Programm immer gesehen!» Dann schrie er den anderen Mann an: «Sie ist vom Kanal ‹Orient›!» Innerhalb von Sekunden stand die Welt kopf! Plötzlich war ich von Dutzenden Männern umzingelt, einige bewaffnet, einige in Zivil. Ich war wie der Mittelpunkt mehrerer Kreise. Ich konnte nichts mehr sehen, die Gerüche erstickten mich. «Mein Herr, ich bin Schriftstellerin», sagte ich. «Ja, ich habe vor zwei Jahren drei Monate lang eine Sendung auf ‹Orient› moderiert. Und vorher habe ich im syrischen Satellitenfernsehen ein Kulturprogramm geleitet. Und jetzt lassen Sie mich bitte durch!» Da meinte einer: «Mein Herr, nicht dass sie diesen Hunden von ‹Orient› Informationen zukommen lässt!» Er trat noch näher an mich heran und zog mich am Ärmel. «Ich habe nichts zu tun mit irgendeinem Fernsehkanal. Und wenn Sie mich erkannt haben, dann müssen Sie mich respektieren und mich gehen lassen. Sie sind von der Sicherheit, und es ist Ihre Aufgabe, mich zu beschützen, und nicht, mich einzuschüchtern. Und außerdem: Sagen Sie mir wenigstens, was los ist!» – «Nichts ist los, gar nichts ist los», kam es wie aus einem Mund von allen. «Und was machen dann all die Soldaten und Sicherheitskräfte hier?» – «Es ist nichts los, gar nichts!» Ich wandte mich an den Mann, der ihr Vorgesetzter zu sein schien: «Also gut, dann lassen Sie mich wenigstens hier durch!» Er schwieg einen Augenblick und nickte bedeutungsvoll. Sie waren mir so nah, dass ich fast erstickte. Meine Hand hatte ich inzwischen auf das Messer in meiner

Handtasche gelegt. Es waren lange Minuten, aber schließlich brüllte er: «Hauen Sie ab!» Sie gaben mich frei, und bevor ich das Taxi bestieg, sagte er im Dialekt der Beduinen: «Wenn Sie noch einmal zurückkommen, dann zieh ich Ihre Haut über eine Trommel!» Ich schloss die Augen, ganz fest, damit er meine Tränen nicht sehen konnte. Ich stellte mir vor, wie man aus Menschenhaut eine Trommel macht, die zum Tanz geschlagen wird.

Wir durchfuhren den zweiten Checkpoint. Wozu all diese Soldaten und Geheimdienstler? Wo waren die Bewohner der Ortschaft? War das eine Geisterstadt? Ich versuchte meine Freundin anzurufen, um ihr zu sagen, dass ich in Duma sei. Es gab keine Verbindung. Die Ortschaft war also von der Außenwelt abgeschnitten. Es gab noch zwei weitere Checkpoints, dort lief es ganz ähnlich ab. Nach dem zweiten Checkpoint sah ich dieselben riesigen Busse der Regierung, allerdings waren es noch mehr. Junge Männer stiegen aus. Waren es dieselben, die ich in Harasta gesehen hatte? Es kam mir vor, als hätten sich heute alle Sicherheitsdienste hier versammelt, die Spannung war deutlich spürbar, und ihre massenhafte Präsenz zeugte davon, dass sie mehreren Abteilungen angehörten. Ich bedauerte diese ausgehungerten jungen Männer, die sich in den Bussen drängten und in denen kleine Bestien steckten. Ich versprach dem Offizier am vierten Checkpoint, Duma zu verlassen. Am Ende der breiten Straße, wo auch die Ortschaft endete, bat ich den Fahrer jedoch abzubiegen. Wir drangen in die schmalen Gassen ein. Ein Zehnjähriger auf einem Fahrrad war uns behilflich, er forderte mich auf, ihm zu folgen, er würde uns zum Rathausplatz in der Nähe der großen Moschee führen. Wir fuhren um die Olivenplantagen herum.

Eine große Fläche mit einzeln stehenden Häuschen, Ziegenställen, der Geruch von Armut. Die meisten Männer trugen Bärte, die Frauen waren schwarz verhüllt, ausnahmslos. Nur die Augen schauten hervor. Ich erfuhr später, dass sich die Einwohner zu Dutzenden in den Seitengassen versammelt hatten, um sich den Demonstranten auf dem Platz anzuschließen. Wir befanden uns mitten im Zentrum von Duma. Überall Checkpoints des Militärs und des Geheimdienstes. Die Demonstranten sollten daran gehindert werden, den Platz zu erreichen. Sogar in den Gassen waren Checkpoints!

Ich sagte zum Fahrer: «Tun Sie so, als hätten Sie sich verfahren. Wir wollen hier raus, weil wir uns verfahren haben. Das sagen wir den Soldaten und den Männern vom Geheimdienst.» An den Checkpoints sagte ich dasselbe: «Ich habe mich verirrt und will hier raus. Was ist denn der Grund für den ganzen Aufwand hier?» Sie antworteten immer das Gleiche: «Es ist gar nichts los!» Als ich an ihnen vorbei war und die Männer des Ortes sah, fragte ich nach dem Rathausplatz. Endlich waren wir da. Wir stellten das Auto neben einen Wagen des Roten Halbmonds. Der Platz war von Sicherheitskräften umstellt, die sich zumindest bis drei Uhr – so lange war ich dort – den Demonstranten nicht näherten. Es waren nicht mehr als zweitausend Demonstranten. Die Demonstranten trugen syrische Fahnen und Spruchbänder: «Gott, Syrien, Freiheit – mehr zählt für uns nicht!» Ein anderes: «Keine Sunniten, keine Alawiten, keine Drusen, keine Ismaeliten. Wir alle sind Syrien!» Auch einige Olivenzweige wurden in die Höhe gestreckt. Die Oliven schienen ihre Freunde zu sein! Frauen gab es keine. Als ich versuchte, näher heranzukommen, kamen drei Männer auf mich zu, nahmen mich bei der Hand und flüsterten: «Was wollen Sie hier?» – «Ich gucke zu, ich habe mich verirrt. Wieso? Was gibt es hier?», entgegnete ich naiv. Die beiden Männer ließen mich los, einer sagte im Befehlston: «Nichts, es ist gar nichts los. Nun gehen Sie schon!»

Auf dem Rückweg erkundigte ich mich bei den Bewohnern, was letzten Freitag geschehen war. Sie reagierten zurückhaltend und bedrückt, aber sie erzählten mir, wie sie friedlich demonstriert hatten und wie die Kugeln über ihre Köpfe gepfiffen waren. Und wie sie das gegenüberliegende Gebäude in Brand hatten setzen müssen, um die Heckenschützen herunterzuholen, die auf die Dächer gestiegen waren und die Männer erschossen. Sie erzählten von den Getöteten, und während sie erzählten, blickten sie mir nicht ins Gesicht. Als ich auf einen von ihnen zuging, um ihn etwas zu fragen, reagierte er mit den Worten: «Ich nehme Zuflucht vor dem verfluchten Teufel.» Ich fühlte mich provoziert, aber nun begriff ich, was die Anwesenheit einer unverschleierten Frau in diesem Moment für sie bedeutete. Da ich mich aber stets zwischen Hammer und Amboss befinde, hatte ich mir angewöhnt, so etwas zu ignorieren. Ich setzte meinen Weg fort, aber nun schien ich mich wirklich verirrt zu haben. Ich wollte nur noch raus. Ein Checkpoint nach dem anderen, immer wieder Sicherheitskräfte und Soldaten. Am letzten Checkpoint fühlte ich mich erschöpft, ich hatte das Gefühl zu ersticken. Ich blickte zurück nach Duma, der Ort war besetzt. Ich hatte viele Geschichten mitgenommen.

Auf dem Weg nach Hause über Harasta fragte ich mich, ob es wohl ein Tag ohne Blutvergießen war. Das wäre wundervoll. Da wusste ich noch nicht, dass in Deraa das Blut in Strömen geflossen war und dass an diesem Freitag über vierzig Tote oder womöglich noch mehr zu beklagen waren. In allen syrischen Städten hatte es ähnliche Protestkundgebungen gegeben. Sogar in Damaskus war es zu Protesten gekommen, war geschlagen und geschossen worden. Ich hörte sogar die Geschichte eines Offiziers aus Homs, der von den Sicherheitskräften mit zwei Kugeln in den Kopf getötet worden war, weil er sich geweigert hatte, seinen Soldaten zu befehlen, das Feuer auf die Demonstranten zu eröffnen. Und ich wusste noch nicht, dass dieser Freitag, den die Demonstranten den «Freitag des Standhaltens» genannt hatten, eine Wende in der Geschichte Syriens darstellen sollte und dass es zu den größten Protesten mit den meisten Toten überhaupt gekommen war. Sogar die Kurden hatten Seite an Seite mit den Arabern demonstriert, obwohl ihnen die Staatsbürgerschaft gewährt worden war. Das hieß, dass die Ankündigung des Präsidenten bezüglich der Reformen ihnen nichts bedeutete und dass sie dies ablehnten.

Ich wusste bis zu jenem Augenblick, als wir, von Duma kommend, nach Harasta hineinfuhren, auch noch nicht, dass ich kurze Zeit später zum ersten Mal in meinem Leben das Antlitz eines Toten sehen würde – und den Schatten eines Mörders!

Auf dem Rückweg von Harasta sah ich wieder die jungen Männer, die aus den Bussen gestiegen waren, aber die Uniformierten, die sie dorthin gebracht hatten, waren verschwunden. Nur die Sicherheitskräfte waren massenhaft präsent. Man erzählte mir, dass noch mehr Männer eingetroffen seien, die sich auf die demonstrierenden Menschen stürzten. Einer der Männer berichtete mir, dass jene von sich selbst behaupteten, sie seien Unterstützer des Regimes. Ich versuchte, näher heranzukommen, dort waren Männer, die mit Stöcken auf die Menschen einschlugen. Das Geräusch von Schüssen war zu hören. Ich lief zu einem der Geschäfte und konnte dort die jungen Gesichter der Männer sehen, die aus den Bussen gestiegen waren und nun auf die Menschen losgingen. Die Augen der Angreifer waren weiß. Vielleicht bildete ich mir das auch nur ein. Obwohl eine trügerische Sonne von Zeit zu Zeit herabschien und die Gesichtszüge beleuchtete, konnte ich nur leere weiße Augen sehen.

Dann bemerkte ich dieses Blut, ich wusste nicht, wie es geschehen war, ich kroch durch die Beine hindurch und versuchte, von dort wegzukommen. Ich war umzingelt und fand mich plötzlich auf dem Boden wieder. Dann sah ich ein schlafendes Gesicht, die Augen halb geschlossen. Meine Großmutter sagte immer, diese Art von Schlaf nenne man «Gazellenschlaf». Die Menschen trampelten um das schlafende Gesicht herum. Meine Haut wurde zu Stein. Ich floh vor den drängelnden Menschen. Ein heftiger Stoß gegen meinen Rücken. Ich blickte mich um, da war so ein Lederknüppel, wie ich sie in den Händen der Sicherheitskräfte gesehen hatte. Ich hatte keine Ahnung, woher der Schlag gekommen war. Ein brennender Schmerz unten am Rücken, der mir in die Beine fuhr. Furchterregende Augen starrten mich an. Nachdem ich es geschafft hatte aufzustehen, lief ich los, ich sah noch einmal das Gesicht des Toten – und unweit von ihm alle Gesichter der Mörder. Wer schoss? Woher kamen die Schüsse? Vielleicht gab es Scharfschützen, vielleicht war mein Kopf ein Ziel! Ein junger Mann schrie und zeigte auf einen Mann hoch oben auf einem Gebäude. Zwei Jungs packten mich und retteten mich aus der Menschenmenge. «Bitte gehen Sie fort, Schwester!»

Alle hier nannten die Frauen Schwester! Die meisten Frauen waren tief verschleiert, andere trugen Kopftuch.

Ich versuchte, wenigstens eine Frau zu finden, mit der ich ungezwungen sprechen konnte, aber es gab keine einzige Frau auf der Straße. Aber das Geschrei von Frauen und das Geräusch von weit entfernten Schüssen waren zu hören. Ich ging zurück zum Auto. In diesem Moment war ich am Ende meines Tages angelangt, meines Tages, von dem ich mit Papier zurückkehrte, Papier aus Fleisch und Blut und Wehklagen und Schüssen und dem Gesicht der Mörder, die nicht wussten, wohin sie gehen sollen!

Ich musste unbedingt eine Zigarette rauchen, ich öffnete das Wagenfenster und blies den Qualm meiner Lunge hinaus. Harasta und Duma lagen hinter mir, der Schmerz im Rücken, das Wehklagen, das Blut waren in meinem Kopf, die Augen des jungen Mannes, der den Gazellenschlaf schlief. Plötzlich nahm ich ein Geräusch wahr. Ich sah den jungen Fahrer im Spiegel, es war die letzte Überraschung des heutigen Tages: Ich sah die Tränen des Jungen in Strömen fließen, er war stumm, unfähig, etwas zu sagen. Erst da vernahm ich das Knirschen meiner Zähne.

Freitag, 15. April 2011

O du runde Welt, mein Herz ist so klein wie ein Stückchen Kohle. Ist es weiträumiger als du? Ich weiß, wie begrenzt du bist!

Das Auto zitterte, und ich dachte, wie eng begrenzt die Welt doch ist. Mir war ganz beklommen zumute, ich bekam kaum Luft. Heute wurden Männer im Fernsehen gezeigt, die aus ihren Wohnungen in Baida geführt wurden, einem Dorf, das immer noch von der Armee und der Sicherheit umstellt ist. Auf dem Platz mussten die Männer sich auf den Boden legen, die Hände wurden mit dünnen Plastikschnüren zusammengebunden, die scharf wie Messer in die Haut schnitten. Das Bild ließ mich nicht mehr los. Die Gesichter waren gegen den Asphalt gedrückt, die Rücken zum Himmel gekehrt.

Die Männer durften nicht einmal den Kopf bewegen; sie wurden brutal geschlagen, getreten, dann zwang man sie, Pro-Regime-Parolen zu rufen. Schließlich lud man sie auf Lastwagen, die sie zu einem unbekannten Ort brachten, wo sie verschwanden.

Im offiziellen Fernsehen hieß es, sie seien Verräter und besäßen Waffen. Nachdem das kurze Video gezeigt worden war, hieß es, diese Bilder seien gefälscht. Einige Tage später aber erzählte mir ein Freund aus Banjas, dass es sich ganz anders zugetragen habe, dass einige Männer demonstriert und friedliche Parolen gerufen hätten, Parolen, in denen sie Freiheit forderten und die nicht gegen eine andere Religionsgemeinschaft gerichtet gewesen seien. Plötzlich seien einige Gruppen aufgetaucht, die das Feuer eröffnet und viele von ihnen getötet hätten. Die anderen wurden abgeführt, der Ort wurde umstellt.

Ich bin nicht nach Banjas hineingekommen, um zu sehen, was wirklich dort geschehen ist. Ich habe es über mehrere Straßen versucht, aber es war unmöglich. Selbst als wir auf unserem Weg in die Stadt und zum alten Suk schon an einigen Gebäuden vorbei waren, trafen wir auf Checkpoints, die uns um unserer Sicherheit willen am Weiterfahren hinderten. Ich musste mich auf die Erzählungen der Leute und der Freunde sowie auf Fotos stützen. Eines davon zeigt, wie Männer auf dem Boden liegen, gefesselt, gedemütigt.

Nicht nur wurden die Männer verhaftet, auch wurden die Wohnungen gestürmt und zum Teil sogar Kinder in die Gefängnisse gebracht. Armee und Geheimdienst durchkämmten Baida, das seit Tagen ohne Strom und ohne Vorräte war, es war verboten, den Ort zu betreten, und genauso, ihn zu verlassen. Die männlichen Bewohner wurden verhaftet, und die Frauen hielten daraufhin, wie ich heute gehört habe und wie mir dann bestätigt wurde, mit ihren Kindern eine Kundgebung an der Autobahn ab, um die Freilassung ihrer Männer zu fordern. Ich bin hingefahren und habe es mir angesehen. Die Straße war gesperrt, die Busse standen zu Dutzenden davor. Es gab Meldungen über Verwundete, die nicht versorgt werden konnten. Frauen und Kinder riefen Parolen, am Tag darauf sollte eine Frau im Fernsehen erscheinen, die lauthals schrie: «Wir sind die Leute von Banjas, wir sind die Leute der Freiheit!» Und die anderen Frauen taten es ihr nach: «Freiheit, Freiheit». Alle Frauen trugen Kopftuch. Als ich einen der Soldaten nach der Geschichte fragte, bestätigte er sie mir, kommentierte sie aber mit keinem Wort. Er machte einen besorgten Eindruck.

An dem Checkpoint auf der Straße, die die Stadt Banjas mit den Gebirgsdörfern verbindet und zur Autobahn führt, kam ein Mann in den Vierzigern auf mich zu. Nach einer Weile sagte er zu mir, er sei Polizeioffizier. Dann meinte er, dass die Menschen Angst vor den Bewaffneten hätten. Er entgegnete kein Wort, als ich zu ihm sagte: «Ich bezweifle, dass die Männer von Baida all diese Waffen getragen haben.» Dann setzte ich hinzu: «Und sie wurden auf bestialische Art und Weise verhaftet und ermordet.» Er antwortete nicht, sondern machte mir nur ein Zeichen, dass ich gehen solle. Das Auto stand in meiner Nähe, er öffnete die Tür und sagte äußerst höflich: «Ich bitte Sie, meine Dame, fahren Sie weg von hier!» Dann drehte er mir den Rücken zu. Seine Wut war deutlich auf seinem Gesicht abzulesen. Ich konnte das verstehen, weil ich selbst wütend war. Ein Mann in unserer Nähe sagte, der Bruder dieses Offiziers sei in dem Bus ermordet worden, der vor zwei Tagen zum Anschlagsziel von Soldaten geworden sei. Eine ganze Reihe von Offizieren und Soldaten sei dabei getötet worden. Ich sagte zu dem Mann, es gäbe aber Leute, die behaupteten, dass die Männer, die die Soldaten und einige Sicherheitskräfte getötet hätten, wie Banden agierten, und ob sie den Bewohnern von Banjas bekannt seien? Er entgegnete: «Ja. Aber wer sagt das?» Ich antwortete, ich hätte das gelesen. Da sagte der Mann mit dem gestutzten Bart, der groß und schlank war: «Alle kennen sie. Aber alle haben Angst.» – «Vor wem?» – «Die Alawiten haben Angst vor den Gerüchten, die unter ihnen kursieren. Ich wohne mitten unter ihnen in einem alawitischen Viertel und habe Angst zurückzukehren. Es gibt einige Viertel, in denen Sunniten und Alawiten zusammen wohnen, und jeden Moment kann sich der Funke zwischen ihnen entzünden.» Ich sagte: «Aber es gibt Leute, die die Menschen einschüchtern und Zwietracht säen.» – «Ja, die gibt es. Das Problem ist, dass sie damit Erfolg haben.» Er nannte mir sogar die Namen einiger Familien, aus denen die Bewaffneten stammten, welche die Menschen in Angst und Schrecken versetzten. Sie stünden bei einem Verwandten des Präsidenten im Dienst. Und tatsächlich fand ich danach im Internet etwas über sie, und sogar ihre Fotos waren beigefügt. Er nannte noch zwei weitere Namen und sagte: «Alle kennen die, aber wer traut sich schon, Hinweise auf sie zu geben!» Ich wunderte mich über seinen Mut. Dann erfuhr ich den Grund. Er war kurz davor, das Land zu verlassen. Ich bedankte mich bei ihm, und er sagte noch: «Sie werden niemanden finden, der Ihnen etwas sagt. Die können nur über ihre Angst erzählen. Außerdem glauben viele die Geschichten von den Infiltranten und den Verrätern.» Er war Arabischprofessor und reiste nach Griechenland. Ich sagte: «Alle kennen die Geschichten aus dem Internet.» – «Und wer sagt Ihnen, dass die Leute hier alle ins Internet schauen?», entgegnete er verzweifelt.

Ich kehrte zu dem nervösen Fahrer zurück und sagte, wir sollten versuchen, auf einem anderen Weg hineinzukommen. Vielleicht könnten wir zu den Frauen gelangen, die die Kundgebung abhielten. Er antwortete, dass er mich hier stehen lassen würde, wenn ich nicht freiwillig gehen wolle, denn die Heckenschützen hätten sich unterhalb der Markab-Zitadelle und auch sonst überall positioniert. Durch ihre Kugeln seien viele Zivilisten, Sicherheitskräfte und Soldaten gestorben. Der traurige wütende Offizier konnte meinen Anblick nicht mehr ertragen und kam plötzlich auf uns zu. «Los, verschwinden Sie von hier!», schrie er. Ich fragte: «Warum schreien Sie?» – «Weil die Menschen hier sterben, und weil jetzt vielleicht gerade eine Kugel auf Sie zukommt.» Ich fragte: «Wer sind diese Heckenschützen?» – «Was weiß denn ich, diese Heckenschützen bringen die Leute und die Sicherheitskräfte um und auch die Soldaten.» – «Sind diese Heckenschützen denn die Schabbiha?» – «Welche Schabbiha?» – «Wer kennt denn nicht die Schabbiha?» Dann machte ich mich ängstlich davon. Er blieb dort stehen und sah mir voller Wut hinterher.

Wir fuhren wieder auf die Autobahn, um nach Dschableh zurückzukehren. Banjas lag hinter uns.

Vor vierundzwanzig Stunden waren wir in der Nähe von Banjas gewesen, und die Lage hatte völlig anders ausgesehen. Zuerst hatten wir die Berge überquert und mussten um die Stadt herumfahren, da die Straße gesperrt war. Die Armee hatte die Stadt umzingelt. Wir nahmen den Weg durch die Bergdörfer. Die Mahnung des Polizisten am Checkpoint, es sei zu gefährlich, die Autobahn zu überqueren, hatte mich nicht überzeugt. Auf meine Nachfrage erklärte er, die Heckenschützen hätten unter der Markab-Zitadelle Position bezogen und die Armee würde die Menschen dort beschützen. «Dann können wir ja hinfahren, wenn die Armee die Menschen dort beschützt», sagte ich. «Die Straße ist gesperrt», entgegnete er, «fahren Sie nach Damaskus zurück, oder nehmen Sie den Weg durch die Berge.»

Durch die Berge. Eine verschämte Pracht erwartete uns dort. Ein explodierendes Grün in den Bergen und Tälern, und als wir das Grün hinter uns gelassen hatten, wurde eine Erde aus unterschiedlichen Rottönen sichtbar. Dörfer, in denen Christen und Alawiten wohnen, und unterhalb davon, näher zum Meer hin, von Sunniten bewohnte Dörfer. Als wir Dahr Safra und Karkafti hinter uns gelassen hatten, lag Baida direkt unter uns. Das Wärmekraftwerk, die Raffinerie, tiefe Täler. Die Volkskomitees, die die Leiter der Abteilungen der Baath-Partei ins Leben gerufen hatten, hatten sich mit den Sicherheitskräften und der Armee dort verteilt. Ein fünfjähriger Junge trug wie ein Gewehr einen Holzstock auf dem Rücken.

Seine Haut war von der Sonne gebräunt, doch seine Augen glänzten, das lange honigfarbene Pony bedeckte seine Stirn. Er wirkte wie ein Gemälde. Ich lächelte und gab ihm meinen Ausweis. Er prüfte ihn mit einem strengen Blick, dann reichte er ihn mir zurück und deutete mit einer Geste an, dass ich weiterfahren könne. Ich unterdrückte ein Lächeln und fragte: «Auf welcher Seite stehst du?» – «Ich stehe auf Ihrer Seite!» Zum ersten Mal seit Tagen, seit in den Städten und Dörfern das Blut floss, musste ich richtig lachen. Ich lachte laut, zwinkerte ihm zu, dann setzte das Auto seinen Weg fort.

Die Checkpoints, die die Angst der Bewohner widerspiegelten, waren kein Hindernis für mich. Ich verstehe ihre Angst und glaube, was sie mir über die bewaffneten Banden erzählen, die sie in Angst und Schrecken versetzen und in ihren Tälern und auf den Berggipfeln herumschießen. Aber die Frage ist: Wer sind diese Banden? Die meisten Dorfbewohner hier sind arm, einfache Menschen, vollkommen verängstigt. Ich sagte zu einem von ihnen: «Ich glaube, die Geschichte ist anders, als man sie erzählt.» Er blickte mich erstaunt an: «Nein, meine Tochter, Sie haben keine Ahnung. Die wollen uns umbringen. Das Militär ist hier, um uns zu beschützen.» – «Aber Sie beschützen sich doch selbst!» – «Ja, schon, aber das Militär steht an der Vorderfront und wir dahinter.» – «Wo sind die Frauen, warum ist es hier im Dorf so ruhig?» Er schlug sich mit seiner Hand, auf der die Adern hervortraten, auf den Schenkel, dann sagte er: «Wir beschützen das Dorf hier und haben Angst um unsere Frauen.» – «Ich habe gehört, dass die, die die Menschen in Angst und Schrecken versetzen, Schabbiha sind.» Wir schwiegen beide einen Augenblick, dann sagte er: «Wer sie auch sind, sie werden nur über unsere Leichen unsere Häuser betreten!»

Die besorgten Dorfbewohner waren in Alarmbereitschaft, und mit den vielen Checkpoints in den Bergen hätte man meinen können, es herrsche Krieg. Das war jetzt nur in der Region um Banjas herum deutlich sichtbar, aber die Volkskomitees der meisten Küstenorte bewachten ihre Dörfer nachts aus Angst vor den Banden. An den Checkpoints, die aus mehreren Gruppierungen bestanden – aus Sicherheitskräften, Soldaten, Dorfbewohnern, Volkskomitees –, wurden die Leute zurückhaltend und mit großem Respekt kontrolliert. Nachdem wir mehrere Checkpoints überwunden hatten, sagte ich zu einem Offizier, dass uns ein Auto folge, in dem ich einen Mann mit einer Pistole hätte hantieren sehen. Es habe bereits mehrere Checkpoints passiert. Was sei denn dann der Nutzen von diesem ganzen Aufwand? Der Offizier forderte mich auf, am Straßenrand stehenzubleiben, bis das Auto vorbeigefahren sei, das uns seit Beginn der Straße in den Bergen verfolgte und in dem vier junge Männer mit ihren Pistolen herumfuchtelten. Sie sahen aus wie diese Typen, die kürzlich in Damaskus aufgetaucht waren, ich kannte ihre Mördergesichter mittlerweile. Der Offizier hielt sie an und forderte sie auf auszusteigen. Der Fahrer reagierte zuerst nicht und hätte beinahe den Soldaten überfahren, doch der Offizier stoppte ihn schließlich. Selbstherrlich stiegen sie aus. Das waren sie! Ich habe einen untrügerischen sechsten Sinn, was das Erkennen ihrer Gesichter angeht, seit sie sich in den Straßen von Damaskus und Latakia breitgemacht hatten: aufgeblähte Muskeln, Tätowierungen, eine breite Brust und dazu ein anmaßender Blick, aus dem der Tod spricht. Der Offizier redete mit ihnen, die Soldaten prüften ihre Ausweise, einer der Typen warf mir einen wütenden Blick zu. Ich bekam Angst, denn ich hatte schon vorher bei zwei Checkpoints von ihnen erzählt, und es sah ganz so aus, als wüssten sie davon. Der Offizier gestattete ihnen weiterzufahren, was mich überraschte. Ich schrie: «Sie untersuchen sogar die Dateien auf meinem Computer und meine Taschen, und diese Bewaffneten lassen Sie einfach weiterfahren?» Da entgegnete der Offizier ganz ruhig: «Setzen Sie Ihren Weg fort, Madame, die haben einen Auftrag in Sachen Sicherheit.»

Ich hörte das Aufheulen ihres Autos, eine Staubwolke umhüllte den Wagen, der wie wahnsinnig lospreschte. Ich schrie: «Das sind Verbrecher! Sie haben Pistolen!» Er drehte mir den Rücken zu und ließ mich bei seinen Soldaten zurück. Der Soldat, der beinahe von dem Auto angefahren worden wäre, war wütend. Er kam zu mir und sagte: «Fahren Sie weiter, Schwester, das sind Sachen, die uns nichts angehen.»

Die Situation in Baida war eindeutiger als zuvor.

Baida lag direkt unter uns. Beunruhigt schaute ich mir die Gegend an. Ich konnte mir vorstellen, was passiert war. Banjas wird von Gewächshäusern aus Plastik verdeckt, die sich die ganze Küste entlangziehen und die Luft und das Meer verschmutzen. Die Menschen hatten schreckliche Angst. Sie dachten nicht mehr darüber nach, was passierte, sie wollten nur noch in Sicherheit leben. Geschichten und Gerüchte kursierten. Und da war die Angst vor der alten Schmach, die die Alawiten erlebt hatten, die Angst vor Vertreibung und Verfolgung. Deshalb neigten sie dazu, der Version des Regimes Glauben zu schenken und sich mit allem, was sie haben, auf seine Seite zu stellen. Es waren einfache Menschen, die glaubten, was man ihnen sagte, und sie hatten seit Jahrzehnten nicht mehr solche Angst gehabt. Nur eine Minderheit von ihnen war gegen diese Gewalt und das Töten.

Sie erklärten den Menschen in Banjas, dass der Konflikt nichts mit sunnitischem Konfessionalismus zu tun habe und dass die Islamisten friedlich demonstrierten und keinen einzigen Schuss abfeuerten und dass sie als Alawiten sich ihnen sogar angeschlossen hätten. Einige dieser Alawiten wurden von der Sicherheit besonders hart angegangen, sie wurden eingeschüchtert, ihr Ruf wurde beschmutzt, einige wurden verhaftet, anderen drohte man mit Ehrskandalen. Am schlimmsten aber war, dass sie von Angehörigen ihrer eigenen Religionsgemeinschaft ausgegrenzt und als Verräter beschimpft wurden. Einige sahen sich gezwungen, Banjas aufgrund des nicht mehr erträglichen Drucks zu verlassen.

Heute ist der «Freitag der Entschlossenheit». Mehr als fünfzehn Menschen wurden in Latakia getötet. In Damaskus sperrten die Sicherheitskräfte die Straßen und Plätze mit Checkpoints, besonders die Zugänge zum Abbasiden-Platz. Sie schossen auf die Demonstranten aus Dschobar, Duma und Harasta, damit sie den Abbasiden-Platz nicht erreichten. Obwohl in Deraa Hunderttausende demonstriert hatten, wurden dort die Demonstranten nicht beschossen. Die Bewohner von Rastan stürzten die Statue des ehemaligen Präsidenten Hafes al-Assad, die größte in ganz Syrien. In Latakia versuchten die Sicherheitskräfte, sich unter die Demonstranten zu mischen, und als die Demonstranten gegen die Waffen protestierten, behaupteten jene, sie trügen sie nur zur Selbstverteidigung. Die Jungs aber packten sie, und es stellte sich heraus, dass es Geheimdienstler waren, die den Eindruck vermitteln wollten, es sei eine bewaffnete Demonstration. Geheimdienstler und Armeeangehörige zertrümmerten Geschäfte. Die Stadt Dmair wurde umzingelt, Massen von Sicherheitskräften verteilten sich dort. Duma ist immer noch umstellt, und täglich kommt es zu immer mehr Verhaftungen.

Die Straßen in Banjas sind jetzt menschenleer, die Geschäfte geschlossen, viele zerstört. Das Rathaus wurde in Brand gesetzt, ebenso die Post. Am nächsten Tag baten die Bewohner die Armee, sich in der Stadt zu postieren und die Sicherheitskräfte herauszuhalten. Die Panzer haben sich rund um die Stadt aufgestellt. Es herrscht die Angst, es könne jeden Augenblick zu konfessionellen Zusammenstößen kommen. Sie haben es geschafft, die Ereignisse so darzustellen, als handle es sich um eine Auseinandersetzung zwischen den Religionsgemeinschaften. Es sei die Pflicht des Regimes, einen Bürgerkrieg zu verhindern, heißt es. Auch wenn viele Bewohner der Stadt zweifellos wissen, dass es nicht so war, dass gezielt die friedlichen Demonstrationen als Verrat von bewaffneten Verschwörern hingestellt werden. Vielleicht hat das Regime keinen anderen Grund gefunden, um den Tod der Männer aus Banjas zu rechtfertigen. Aber wer tötet die Soldaten? Und die Sicherheitskräfte? Und wer sind diese Heckenschützen? Vielleicht kann man ganz einfach herausfinden, wer hinter diesen Aktionen steckt, aber ich wusste nicht, wie. All diese Gedanken, die mir durch den Kopf gingen, als ich die Stadt Dschableh erreichte, vergrößerten noch meinen Zorn und meinen Schmerz und meine Bitterkeit. Aber die kleine Freude darüber, dass ich nach diesem alptraumhaften Trip durch die Berge heil zurückgekehrt war, veranlasste mich, über eine Pause nachzudenken. Ich wusste noch nicht, dass es mein letzter Besuch in Dschableh sein würde.

Ich war direkt vor dem Tod vorbeigegangen und bereitete mich nun auf einen neuen Tod vor.

Freitag, 29. April 2011

Im umzingelten Deraa vermischt sich das Aufschlagen von Hagelkörnern mit dem Geräusch von nicht allzu weit entfernten Schüssen. Bevor die Getöteten ihre Lider schließen, benetzen die Mütter ihre Münder mit etwas Wasser. Auf den Plätzen liegen verstreut die Leichen junger Männer, deren Zerfall durch die Fensterscheiben beobachtet wird. Der Gestank der Verwesung steigt in der Dunkelheit auf, nachdem der Strom abgestellt wurde, man starrt auf diese geliebten Körper, die einst voller Leben waren und nun zu Staub zerfallen.

Dort, nicht weit von meinem Fenster, vor dem der Hagel niedergeht und wo mein Herz angesichts meiner Ohnmacht zu einem Stück alten Eisens wird, stirbt die Stadt Deraa langsam unter den Augen der ganzen Welt. Unter den Augen von uns allen, die wir schlafen, eingehüllt in die Sorglosigkeit unserer Kinder.

Dort, unweit von Damaskus, nur eine Stunde mit dem Auto entfernt, sehen wir uns einer Katastrophe gegenüber, wie wir sie in Büchern gelesen haben. Doch wir hätten niemals geahnt, dass sich so etwas in direkter Nähe ereignen könnte. Ganze Familien sind umstellt von Panzern, Soldaten und Scharfschützen. Familien mit Frauen, die sich in ihren Wohnungen verstecken, die zittern und erschaudern beim Geräusch der Schüsse. Jeder, der das Haus verlässt, ist ein potentielles Todesopfer. Zuerst fand sich niemand, der die vor der Omari-Moschee verstreut liegenden Toten beerdigt. Lautstark forderten die Bewohner von den Behörden, den Angehörigen die Beisetzung ihrer Toten zu gestatten, doch das Blut der Verwundeten, die ihre Wohnungen aus Angst, ermordet zu werden, nicht verließen, fließt unaufhörlich weiter, ohne dass ihnen Hilfe zuteil wird. Die Meldung, dass einige Apotheken in die Luft gesprengt und in Brand gesetzt wurden, hat sich als wahr herausgestellt. Warum setzt man Apotheken in Brand? Damit die Menschen ihre Verletzten nicht behandeln können! Einige Bewohner flohen aus der Stadt und überquerten die Grenzen nach Libanon oder Jordanien. Hinter sich ließen sie Tod und Zerstörung. Wie wird dieser Tag für diese Stadt verlaufen? Werden die Demonstranten am Freitag auf die Straße gehen? Am Freitag des Zorns, zu dem Protestierende in allen Städten Syriens aufgerufen haben? Wird auch nur einer von ihnen es wagen, die Schwelle seines Hauses zu überschreiten, während die Panzerkanonen, die Maschinengewehre und die Heckenschützen ihn von allen Seiten umzingeln?

Damaskus glich letzten Freitag einer Geisterstadt. Das war nicht Damaskus!

In allen syrischen Städten waren die Menschen auf die Straßen gegangen, und viele junge Männer wurden getötet. Die Sicherheitskräfte hatten sich zu Tausenden auf allen Plätzen verteilt. Am Abbasiden-Platz hatten sie die Straße nach Dschobar gesperrt. Ich befand mich mit meiner Freundin im Auto, wir wunderten uns über diese tödliche Stille. Wir fuhren um den Platz herum, nur Sicherheitskräfte waren dort zu sehen, es war noch zu früh für die Demonstrationen. Meine Freundin steuerte das Auto durch die Straßen von Damaskus, in denen wir das Leben suchten. Meine Augen schienen mich zu betrügen, ich weinte, als ich die Stadt so leer sah. Nur Todesschreie und diese tötenden Blicke. Blicke der jungen Männer, die aus den Bussen der Regierung stiegen. Sie hatten Stöcke und Ketten dabei. Ich musste immer wieder daran denken, dass ich vierzig Jahre lang in Syrien gelebt und niemals solche Gesichter gesehen habe, solche finsteren Mienen, solche harten und hölzernen Körper und hasserfüllten Augen. Reichten vierzig Jahre aus, um eine solch hungrige, mörderische, verängstigte Generation zu schaffen?

Als wir nachmittags zum zweiten Mal über den Abbasiden-Platz fuhren, hatte sich die Lage verändert. Die Zahl der Sicherheitskräfte war noch größer, selbst in den Seitenstraßen standen sie. Ihre Checkpoints versperrten die Straße nach Dschobar. Wir sahen Menschenansammlungen, und es hieß, es würde geschossen. Während unserer Rundfahrten durch die Stadt hatten wir keine Schüsse gehört, aber als ich mich am nächsten Tag mit einer Freundin traf, erfuhr ich, was in Zablatani, unweit des Abbasiden-Platzes, geschehen war. Sie war dort gewesen und hatte gesehen, wie eine Gruppe junger Christen vor den Geheimdienstlern gestanden und demonstriert hatte. Es waren nicht mehr als einige Dutzend. Einer von ihnen habe sein Hemd ausgezogen und sich mit entblößtem Oberkörper den Gewehren entgegengestellt. Etwa eine Minute habe er da gestanden, bevor der Schuss fiel. Der Junge stürzte zu Boden. Ich fragte sie, was mit ihm geschehen sei, und sie antwortete, die Sicherheitskräfte hätten zu schießen begonnen. Dann forderten sie die Anwesenden auf, in die Wohnungen zu gehen, die anderen flohen von den Straßen. Dann waren nur noch Sicherheitskräfte auf dem Platz, das Geräusch von Schüssen war zu hören, und die Körper von fünf jungen Männern lagen auf dem Boden. Im staatlichen Fernsehen wurde gemeldet, die Sicherheitsdienste hätten fünf Saboteure verhaften wollen, die im Gefecht getötet worden seien.

Wie lange brauche ich, um die Sprache des Lebens zu verstehen? Wie viel Trauer brauche ich, um dieses neue Blut zu begreifen in einem Land, das vom Wahnsinn des Tötens schier erdrückt wird? Macht ihnen der nackte Oberkörper eines unbewaffneten jungen Mannes, der sich ihnen wortlos entgegenstellt, solche Angst? Fragen über Fragen, doch an jenem Vormittag befanden wir uns im Auto nach Barzeh, und noch bevor wir dort ankamen, tauchte vor uns eine Straßensperre auf. Aber sie wirkte anders, nur fünf Männer unterschiedlichen Alters standen dort, es waren eindeutig keine Sicherheitskräfte, aber sie kamen mit ihren Maschinenpistolen auf uns zu, obwohl das Auto nicht den geringsten Verdacht erregte. Ein junger Mann, nicht älter als fünfundzwanzig, richtete seine Waffe direkt auf uns, seine Blicke waren mörderisch. Mir rutschte das Herz in die Hose, und wir machten kehrt. Hinter diesem Checkpoint waren Mörder, Schüsse waren zu hören. Man ließ uns nicht nach Barzeh hinein.

Das war am vergangenen Freitag. Ich wollte eigentlich Tagebuch schreiben, doch der Schmerz hinderte mich daran. Ich war viel zu angespannt, um mich dem Schreiben zu widmen. Ich ging von einer Freundin zur anderen, meine Wohnung vermeidend, um nicht verhaftet zu werden. Meine Tochter befand sich im umstellten Dschableh, und die Geheimdienste veröffentlichten noch mehr verlogene Berichte über mich auf ihren Websites.

Es wurde immer schwieriger für mich, nach Dschableh zu fahren oder mich in Latakia zu bewegen. Ich war zu einer Verräterin an meiner Religionsgemeinschaft geworden, weil ich an der Seite der Demonstranten stand. Ich schrieb zwei Artikel über die Protestbewegung, über die Gewalt und das Töten und die Verhaftungen durch die Sicherheitsdienste. Die Reaktion waren Artikel auf einer Website des Geheimdienstes über meine Beziehung zu amerikanischen Institutionen. Ein ewiger Vorwand des Geheimdienstes, um Menschen mit anderen Meinungen zu diffamieren. Ich war zerrissen zwischen meiner Unruhe und meiner Angst, meiner Tochter und meiner Familie, die direkter Bedrohung ausgesetzt war und unter dem Skandal im Dorf litt, weil das Regime den Eindruck vermittelte, dass ihre Tochter ihre Religionsgemeinschaft und ihr Land verraten habe. Ich war unfähig zu schreiben. Die täglichen Meldungen über das Töten waren drängender als irgendein Bedürfnis. Dazu kamen die Meldungen über die Verhaftung von Freunden. Und zu all diesem Unglück kam noch die Blockade von Deraa, die bis zum heutigen Tag, dem «Freitag des Zorns», aufrechterhalten wird.

Ich erwachte von den Hagelkörnern an meinem Fenster. Es war noch früh. Ich war nach Hause zurückgekehrt. Ich hatte zurückkehren müssen, trotz der Drohungen der Geheimdienstler und trotz der Gerüchte, die unter den Alawiten über mich kursierten. Es war offenkundig, dass die ganzen Küstenbewohner gegen mich aufgehetzt wurden. Ich hätte mich still verhalten sollen, um sicherzugehen, dass meiner Tochter nichts geschieht, denn man hatte gedroht, ihr etwas anzutun. Aber ich beschloss, den Aufständischen vor Ort effizienter zu helfen, sei es bei den Demonstrationen, sei es durch die Unterstützung der jungen Leute, die, nachdem sie vom Geheimdienst verfolgt wurden, abgetaucht waren.

Vor fünf Tagen haben die syrischen Behörden die Grenze zu Jordanien geschlossen. Damit ist die Wirtschaft zwischen Deraa und dem jordanischen Ramtha zum Erliegen gekommen. Fünfzig Tote in einer Woche, und noch immer sind die Meldungen nebulös. Die Bevölkerung von Deraa lebt unter dem Druck des Geheimdienstes, des Militärs und der Schabbiha im Unbekannten, in der Dunkelheit. Aber der Geruch des Todes ist deutlich spürbar. Vor zwei Tagen tauchte der Sohn eines Parlamentsabgeordneten auf und weinte im Fernsehen. Er sagte: «Was auch in Deraa passiert ... Warum sperrt ihr ihnen den Strom und das Wasser ab und lasst die Leute verhungern? Warum erlaubt ihr ihnen nicht, ihre Toten zu begraben? Warum rettet ihr die Verletzten nicht?» Es war natürlich klar, dass das syrische Regime durch Deraa ganz Syrien bestrafen wollte. Es würde die Stadt sogar dem Erdboden gleichmachen.

Am heutigen Vormittag warten wir auf neue Nachrichten. Die Armee hat Damaskus umstellt, Militärlastwagen und Soldaten patrouillieren um die Stadt. Dareia ist vollständig von der Außenwelt abgeschnitten, es heißt, dass der Strom abgestellt sei und die Bevölkerung sich nachts vor den Scharfschützen auf den Dächern fürchte. Das Militär hat sich mit großem Aufgebot an den Grenzen zu Jordanien und zum Libanon bereitgestellt. Außerdem dringt die Armee in einige Städte ein. Und jetzt, um zwölf Uhr mittags, gibt es Demonstrationen in Amouda und in Latakia, und immer wieder hört man, dass geschossen wird. Und ich warte noch immer.

Ich sitze zu Hause neben meiner Tochter. Zwei Wochen hat sie im Dorf verbracht. Verängstigt sagt sie zu mir: «Sie werden dich umbringen, im Dorf haben sie gesagt, sie werden dich umbringen. Alle haben das gesagt. Alle haben dich beschimpft und beleidigt, und in Dschableh haben sie Flugblätter verteilt, in denen sie dich beschuldigen, eine Verräterin zu sein!»

Ich versichere ihr, dass ich die Wohnung nicht mehr verlassen und an ihrer Seite bleiben werde. Sie schaut gerade glücklich die Hochzeit von William und Kate im Fernsehen. Ich versuche im Internet etwas über die Situation in den verschiedenen Städten Syriens zu erfahren, doch sie bittet mich, den Computer stehen zu lassen und mich neben sie zu setzen. Sie weint und beschuldigt mich, sie im Stich gelassen zu haben. Ich sage nichts dazu und versuche ihr zu erklären, dass die Aktionen des Geheimdienstes, mich öffentlich bloßzustellen und die Leute dazu anzustacheln, mich umzubringen, nur das Ziel hätten, die Stimme der Wahrheit zu unterdrücken. Als sie mit mir zu streiten beginnt, weil die Sache es nicht wert sei, dass ich dafür mit meinem Leben bezahle und dass sie außer mir niemanden habe auf der Welt, schweige ich und gehe in mein Zimmer, um zu weinen. Ich möchte nicht, dass sie meine Tränen sieht. Sie schreit weiter, und ich lasse sie schreien, weil ich weiß, welchem Druck sie im Dorf und in Dschableh ausgesetzt war.

Jetzt hindert der Geheimdienst die Menschen in den syrischen Städten daran, zu den Demonstrationsorten zu gelangen. Jeden Freitag habe ich ein Rendezvous mit dem Schmerz. Nicht mit einem Schmerz, der mich antreibt, etwas zu tun, sondern mit einem Schmerz, der mich nicht schlafen lässt. Seit Beginn des Aufstands kann ich nur mit Beruhigungstabletten schlafen.

Gerade ist eine Meldung aus Deraa gekommen: eine heftige Schießerei, die Scharfschützen befinden sich noch auf den Dächern. Und es herrscht Mangel an Mehl. Warum tun sie das? Selbst das Brot verwehren sie den Leuten, nachdem sie schon den Strom und das Wasser abgesperrt haben und keine Medikamente in die Stadt hineinlassen! Werden sie die Menschen verhungern lassen? Alle Zeugen bestätigen, dass die Heckenschützen alle töten, die sich in der Stadt bewegen. Auch im Vorort Sakba bei Damaskus kommt es zu großen Demonstrationen, auf denen der Sturz des Regimes gefordert wird.

In Damaskus hagelt es jetzt wie wild, es gibt Meldungen, dass die Jordanier ihre Truppen in der Nähe der Grenze verstärkt haben. Mir stockt das Herz.

Noch immer wandere ich wie eine Verrückte durch die Wohnung. Ich verspüre ein Gefühl von Ohnmacht. Ich kann nicht auf die Straße, das Internet ist gekappt, ich erhalte keine Nachrichten darüber, was draußen passiert. Der Hagel schlägt gegen die Fensterscheibe. Mein Herz zieht sich zusammen, ich fühle mich verloren. Es hagelt immer weiter, in großen Körnern. Ich denke an die Demonstranten in diesem Hagelregen. Plötzlich erreicht mich eine Nachricht von einer Kindheitsfreundin auf dem Handy: «Hallo, du Verräterin! Sogar Gott steht dem Präsidenten bei, und du gehst weiterhin irre!»

Ich reagiere nicht.

Endlich ist das Internet wieder da.

In allen syrischen Städten gibt es Demonstrationen. Alle fordern Freiheit und den Sturz des Regimes.

Der südliche Eingang nach Damaskus ist gesperrt, das Militär kehrt nach Muaddamija zurück. Die Bewohner von Homs halten Olivenzweige in die Höhe. Alle Meldungen besagen, dass die Menschen auch bei dem stürmischen Wetter auf die Straßen gegangen sind. Dieses großartige Volk, das trotz der Todesgefahr hinausgeht, wird nicht zurückweichen. Dies ist die Botschaft des heutigen Tages. Das syrische Volk wird nicht wieder in seinen alten Zustand zurückfallen. Neu ist auch, dass in ganz Damaskus die Menschen auf die Straße gegangen sind, im Zentrum und in den Vororten.

Dieser Tag wird nicht ohne Blutvergießen enden. Ich vermute es, auch wenn ich das Gegenteil hoffe. Auch in meiner Stadt Dschableh haben Frauen und Männer demonstriert, es gibt Meldungen über Truppen der Vierten Division dort, über Feuerwehrautos. Was passiert in jenen Straßen, in denen ich aufgewachsen bin? Ich weiß, was die Schabbiha und die Schergen des Regimes machen werden, um die Alawiten gegen die Sunniten aufzuhetzen. Sie werden auf die Alawiten schießen, um sie glauben zu machen, dass die Demonstranten sie töten wollen. Jeden Augenblick erwarte ich, dass sich der Funken des Bürgerkriegs in Dschableh entzündet. Bis jetzt ist das nicht geschehen, aber das Regime wird nicht zögern, es jederzeit zu provozieren. Auch die Alawiten werden von den Leuten des Regimes getötet, sie werden geopfert, um den Bürgerkrieg zu entfachen.

Nun kommt die bestätigte Nachricht, dass auch die Stadt Aleppo entflammt ist. In Aleppo wird demonstriert! Angesichts der strategischen und ökonomischen Bedeutung der Stadt wird dies das syrische Regime beunruhigen. Ich werde auf eine Meldung über Demonstrationen in der Stadt Hama aufmerksam. Jene Stadt, die die Erinnerung an Tod und Zerstörung zu Beginn der achtziger Jahre noch nicht überwunden hat.

Meine Finger beginnen zu zittern, während ich hier in meiner Wohnung eingeschlossen bin. Ich will auf die Straße gehen, doch Nawwaras Tränen und ihre Angst hindern mich daran. Ich muss ihr jetzt ein wenig das Gefühl von Sicherheit vermitteln, wenigstens ein kleines bisschen. Inmitten all dieser täglichen Angst, die wir erleben, verspürt niemand ein solches Gefühl.

Ich habe überlegt, nicht mehr lange hierzubleiben, innerhalb der nächsten zwei Tage sollte ich in eine Wohnung im Zentrum der Hauptstadt umziehen.

Die arabischen und nichtarabischen Satellitenkanäle übertragen die Hochzeit von William und Kate. Ich werde hinuntergehen, um ein paar Dinge einzukaufen. Ich sage zu meiner Tochter, dass ich etwa eine Stunde fort sein werde, nur einmal mit dem Auto durch die Straßen von Damaskus fahre. Fast heulend schreit sie mich an: «Du darfst nicht gehen. Ich weiß, wohin du willst!» Dann vergießt sie wieder Tränen. Ich gehorche und setze mich neben sie.

Ich warte bis zum Ende des Tages, bis ich weiß, dass heute zweiundsechzig Demonstranten getötet wurden.

Samstag, 30. April 2011

Die syrischen Städte sind umzingelt, in Nawa wurden vor zwei Tagen Wasser und Strom abgestellt, und nun droht eine humanitäre Katastrophe. Die Menschen senden inzwischen Hilferufe wegen der Kinder aus, die verhungern könnten.

Ich bin aufgebrochen, um einen alten Freund aus Banjas zu sehen, ich wollte von ihm erfahren, was tatsächlich passiert ist. Er hat seine Wohnung und seine Familie verlassen, weil er sich als Alawit auf die Seite der friedlichen Demonstranten in Banjas gestellt hat. Er wohnt zusammen mit seiner Frau in einem kleinen Zimmer in Mezzeh. Er ist Rechtsanwalt, seine Frau Angestellte. Als wir die Gassen dieses Teils von Mezzeh betraten, wurde mir angst und bange. Ich weiß, dass die meisten Bewohner hier Alawiten sind, aus denen Rifaat al-Assad, der Bruder des ehemaligen Präsidenten Hafes al-Assad, in den achtziger Jahren die Seraja al-Difaa, die sogenannten Verteidigungskompanien, gebildet hat, jene Formationen, die die Gemetzel in Hama und im Gefängnis von Tadmor verübt hatten. Ich sagte zu meiner Freundin, die mich begleitete: «Wenn sie mich erkennen würden, würden sie mich zerfleischen!» – «Hier in diesem Viertel wohnen Kurden zusammen mit Alawiten. Niemand kennt dich hier», entgegnete sie. Ich war äußerst erschöpft, ich fühlte mich kraftlos und schwach.

Vor dem syrischen Parlament hatten heute fünfzig Frauen demonstriert, die eine Aufhebung der Belagerung von Deraa forderten. Der Geheimdienst stellte sich ihnen in den Weg und nahm ein paar Verhaftungen vor. Aus Deraa erreichten uns noch immer Meldungen, dass dort getötet wurde, die Stadt wurde mit Artillerie beschossen. Die Toten hatte man in ein Kühllager zur Aufbewahrung von Gemüse gelegt. Aber was mir die größte Sorge bereitete, war das Gefühl der Frustration, das sich langsam in mir breitmachte, und die spürbaren Anzeichen dafür, dass sich die Situation in Syrien noch lange so hinziehen würde, bevor das Regime stürzt oder irgendetwas anderes Wahnsinniges passiert. Die jüngsten Drohungen machten mir Angst, ich fürchtete mich vor dem Hacken meiner Facebook-Seite und dem Löschen der Kommentare. Und ich machte mir schreckliche Sorgen, dass man meiner Tochter etwas antun könnte, wie man mir angedeutet hatte. Ich war an einem Punkt, an dem ich beschloss, zu Hause zu bleiben und dieses Tagebuch zu schreiben. Ich will in Erfahrung bringen, wie der Aufstand begonnen hat. Mich an den Demonstrationen zu beteiligen ist unmöglich geworden. All das half aber nichts gegen mein Problem, nämlich das Gefühl, nichts tun zu können, außer aufzuzeichnen, was in Banjas geschehen war. Ich hatte auch einen Termin mit einem jungen Journalisten am nächsten Tag, der es geschafft hatte, die Blockade von Deraa zu durchbrechen. Er hatte mir versichert, mir alle Informationen über jenen unheilvollen Tag zu geben, an dem das Abschlachten begonnen hatte.

Obwohl es Vormittag war, machte Damaskus einen bedauerlichen Eindruck. Die Sicherheitskräfte waren überall, sie hatten Checkpoints auf den Brücken, an den Kreuzungen und um die Regierungsgebäude herum aufgebaut. Die Autos mit den Bewaffneten, die einfach drauflosballern, konnten jeden Augenblick vorbeikommen, das Feuer eröffnen und wieder verschwinden, als sei nichts gewesen.

Wir saßen in der kleinen, aus einem Raum bestehenden Wohnung. Es war eine bittere Zusammenkunft, und mein erschöpfter Freund konnte nicht viel erzählen. Doch es genügte, um zu erfahren, wie alles in Banjas begonnen hatte. Hier ist sein Bericht:

«Die Demonstration begann bei der Rahman-Moschee in Banjas. Ein Mann namens A. Sch. rief die Leute auf, hinauszugehen und zu demonstrieren. Es ist bekannt, dass er kein Islamist ist. Das war am 8. März. A. Sch. forderte die Leute nach dem Freitagsgebet auf, gegen den Despotismus und für die Freiheit zu demonstrieren. Etwa zweihundert bis dreihundert Männer sind also durch die Tür der Moschee hinaus, und während sie vor der Moschee auf und ab gingen, wurden drei Personen vom Kriminalgeheimdienst verhaftet und zur Polizei gebracht. Also gingen die Demonstranten auch in Richtung Polizeiwache, die in der Nähe des Busbahnhofs liegt, um ihre Freilassung zu fordern. Da strömten plötzlich Leute auf die Straße und zum Busbahnhof und zertrümmerten die Busse. Die Demonstranten versuchten sie davon abzuhalten und stellten sich diesen Rowdys in den Weg. Außerdem riefen sie sogleich zu Spenden auf, um die Besitzer der Busse zu entschädigen. Es wurde Geld gesammelt und den Geschädigten übergeben. Diese Rowdys waren Sunniten, die die Busse der Alawiten zerstörten, und damit war die erste Demonstration beendet.

Da begannen alawitische Geheimdienstler gegen andere Konfessionen zu hetzen. Auch einige Schergen des Regimes und einige Schabbiha, die für ihre konfessionalistische Einstellung bekannt sind, gingen auf die Straße und verbreiteten das Gerücht, die Sunniten hätten die Läden der Alawiten in Banjas angegriffen und würden alles dem Erdboden gleichmachen. Dann rief man einige Rowdys in den alawitischen Bergen zum Quartier des politischen Geheimdienstes, das auf der Grenze zwischen dem alawitischen und dem sunnitischen Viertel liegt. Dort begannen sie die Menschen zu provozieren und zu bedrohen, doch eine Anordnung des politischen Geheimdienstes verhinderte einen Zusammenstoß zwischen Alawiten und Sunniten, und so zogen sie sich in die Alawitenviertel zurück, doch die Hetze von Seiten der Geheimdienstler und der Schabbiha hielt weiter an.

Am nächsten Tag wurden jene aktiv, die sich selbst ‹die Stimme der Alawiten› nennen. Auf Anweisung des politischen Geheimdienstes trafen sie sich und versuchten, Scheich E. A. aufzutreiben. Das ist ein sunnitischer Scheich, der in Banjas ‹Die Stimme der Wahrheit› genannt wird. Wichtig ist noch zu erwähnen, dass der Geheimdienst während der Demonstration und der Versammlungen einige bedeutende sunnitische Persönlichkeiten geholt hatte, um die Demonstranten dazu zu überreden, nach Hause zurückzukehren. Einer von ihnen war der Bürgermeister, doch die Demonstranten skandierten: ‹Hau ab, du Dieb!› Es hieß, er habe an die Mitglieder der Baath-Partei und die Geheimdienstler eine Million Lira bezahlt, um Bürgermeister zu werden. Dann brachten sie Scheich E. H. und einen anderen Scheich, doch sie wurden von den Demonstranten ähnlich empfangen: ‹Haut ab, ihr Lügner!› Auch sie waren korrupt.

Dann forderten die Demonstranten von den Sicherheitskräften, Scheich Anas Ayrut zu holen, da man Vertrauen in ihn habe. Er ist ein Mystiker. Die Demonstranten überreichten Scheich Ayrut ihre Forderungen auf einem Blatt Papier: Freilassung der Verhafteten, unter anderem von Tal al-Mulouhi; Aufhebung des Ausnahmezustands; Rückkehr der Vollverschleierten an ihre Arbeitsplätze; Wiedereröffnung der religiösen Sekundarschule; Verbot der Koedukation in den Schulen, wie es in den anderen syrischen Provinzen der Fall ist; größere Eigenständigkeit; Absetzung des Hafendirektors von Banjas, weil er sich wie ein Geheimdienstoffizier verhalte und den armen Fischern, die kaum ihr täglich Brot zu essen haben, Gebühren auferlege.»

Hier hörte mein Freund auf zu erzählen. Ich erhielt eine Nachricht aus Damaskus:

«Aus einer armeeinternen Quelle: Unter großer Geheimhaltung vor den Medien transportierte die Armee gegen drei Uhr mindestens zweiundvierzig Leichen von Zivilisten in einem Kühlwagen aus Tafas, das zu Deraa gehört, nach Damaskus ins Tischreen-Militärkrankenhaus. Sie waren in der Nähe der Unterkünfte der Fünften Division getötet worden. Dazu die Leiche eines Soldaten, der in den Unterkünften der Fünften Division wohnte und der vermutlich aus der Küstenregion stammt. Die dreiundvierzig Personen seien alle von Heckenschützen aus großer Entfernung mit einem einzigen Schuss in den Kopf oder die Brust getötet worden (die Kugel der Heckenschützen hinterlässt eine kleine Schusswunde beim Ein- sowie beim Austreten).»

Wir brauchten eine Weile, um das Gespräch wieder aufzunehmen. Wir zappten durch die Fernsehkanäle, es wurde Abend, und meine Tochter rief an. Sie war vollkommen verängstigt. Ich sagte, ich würde sofort kommen und sie solle die Wohnungstür gut abschließen und niemandem öffnen. Dann bat ich meinen Freund, seinen Bericht ein wenig zu straffen.

«Nach diesen Ereignissen und direkten und indirekten Anweisungen vom Geheimdienst begannen Gerüchte in den Straßen der Alawiten zu kursieren, dass die Leute, die sich an den Demonstrationen beteiligten, extremistische Islamisten und Menschen seien, die nur an ihre Religionsgemeinschaft dächten. Ihr einziges Ziel sei es, die Alawiten zu vertreiben. Dies bewiesen schon ihre Forderungen bezüglich der Vollverschleierten, der religiösen Schulen und der Koedukation. Das alles trug natürlich zu einer Verschlechterung der Beziehungen zwischen den Alawiten und den Sunniten bei und führte dazu, dass die Alawiten in Banjas noch näher an das Regime und den Geheimdienst rückten.

Am nächsten Freitag gab es eine Demonstration von etwa tausend Personen. Auch eine Gruppe von Alawiten war dabei, es waren aber nur wenige. Eine junge Alawitin hielt allerdings eine Rede vor den Demonstranten, in der sie das Regime hart kritisierte. Sie wurde von den Demonstranten begeistert aufgenommen. Die Parolen, die gerufen wurden, waren alle patriotisch, in allen wurde ein Konflikt unter den Religionsgemeinschaften zurückgewiesen. Bis zu diesem Moment wurde nicht zum Sturz des Regimes aufgerufen. Das war am 15. April.»

Auf dem Gesicht meines Freundes zeigte sich die Erschöpfung. «Vielleicht machen wir ein anderes Mal weiter», schlug er vor. «Und Baida? Ich möchte wissen, was in Baida los war. Im staatlichen Fernsehen haben sie gesagt, dass es kein Massaker in Baida gegeben hat.» – «Doch, was du auf dem Video gesehen hast, ist wahr. Sie haben ganz Baida besetzt und Leute getötet und verhaftet und gedemütigt. Was auf dem Video zu sehen ist, ist nur ein kleiner Teil von dem, was wirklich geschehen ist.» – «Und du?», fragte ich.

«Wir befinden uns in einer Phase, in der jeder Mensch, der nicht in den Kategorien von Religionsgemeinschaften denkt, als Verräter beschuldigt wird. Ich weiß, dass die sunnitischen Viertel von Banjas mehr als vier Stunden lang beschossen wurden. Die Hilferufe kamen aus den Moscheen, und niemand weiß, wer eigentlich geschossen hat. Und da waren Heckenschützen. Weißt du, wer diese Heckenschützen sind? Es ist allgemein bekannt, dass es die Schabbiha des Regimes sind. Tatsächlich stellte sich heraus, dass sich die Sunniten Waffen zur Selbstverteidigung beschafft haben. Aber diese Waffen wurden nicht gegen die Alawiten gerichtet. Aber weil sich der Hass zwischen den Religionsgemeinschaften in Banjas konzentriert, ist die Lage dort inzwischen sehr explosiv. Trotzdem kam es bis jetzt zu keinen konfessionellen Kämpfen. Und die Sunniten in Banjas bemühten sich später eindringlich um die Meldung, dass es in Banjas keine Salafisten gebe und dass nicht die Bewohner von Banjas Soldaten getötet hätten, sondern die Sicherheit und die Schabbiha. Es gibt Schabbiha, die den Bewohnern der alawitischen Dörfer anbieten, ihnen Waffen zu besorgen, wenn sie das wollen.»

«Aber wer hat den Bus mit den Offizieren und Soldaten in die Luft gesprengt?» – «Warum der Bus mit den Militärs, der von Terroristen gesprengt worden sein soll, angefordert wurde, ist nicht bekannt. Die Frage lautet: Warum fuhr der Bus ausgerechnet dort vorbei, von wem hat er den Befehl erhalten? Und warum hat er seine Strecke geändert? Es sind einige hohe Offiziere darin verwickelt, dass der Bus dort war. Den Soldaten wurde auch befohlen, dort auszusteigen. Wer ist in der Lage, Soldaten eine solche Anweisung zu geben, dass sie auf diese Weise sterben?

Es gab auch eine Untersuchung des Falls, von fünf Ermittlern aus Banjas zusammen mit Offizieren und Soldaten eines Bataillons der 23. Brigade. Sie gehört zur Luftverteidigung, die in Banjas für den Schutz der Ölraffinerien und des Wärmekraftwerks zuständig ist. Was die Ermittler sagen, deutet darauf hin, dass einer der Offiziere, die für Maher al-Assad arbeiten und der in derselben Militäreinheit wie die getöteten Soldaten gedient hat, ihnen den Befehl erteilte, loszufahren. Und die Schabbiha hätten die Leute dann umgebracht.»

Heute gab es wieder Massenverhaftungen, darunter Hunderte junge Leute und sogar moderate Oppositionelle. Zabadani wurde umstellt. Außerdem war da noch das lebendig begrabene Deraa. In den letzten zwei Tagen gab es zudem Demonstrationen in allen Städten Syriens, auch in Damaskus, Aleppo, Deir al-Zor, Homs, Hama, Latakia, Kamischli, Amouda und Dareia. Syrische Regierungswebsites, unter anderem die Website des Parlaments und der staatlichen Tageszeitung Tischreen, wurden gehackt. Es wurde eine Botschaft hinterlassen, «die die Verbrechen der Baath-Partei aufzudecken» verspricht, sowie Bilder als Aufruf zur Demonstration.

In Damaskus wurden die Stadtviertel voneinander abgeschnitten und Checkpoints zwischen der Stadt und den Vororten eingerichtet. In Deraa wurden vier Soldaten getötet. Dort stürmte die Sicherheit auch eine Privatpraxis, um die Verletzten zu verhaften, von denen sich viele in einem kritischen Zustand befinden. In Latakia wurde in den Orten Kalaa und Awaina direkt auf die Menschen geschossen, es gab viele Verhaftungen. In Slaiba wurde ein Kind zu Hause am Fenster getötet. Gleichzeitig forderten in Tell die Frauen bei einer Kundgebung die Freilassung ihrer Söhne aus der Haft. Und in Zabadani demonstrierten Tausende, obwohl die Stadt von Sicherheitskräften umzingelt ist und Strom, Wasser und Telefon abgestellt sind. Auch alle Viertel von Dschableh, wo Demonstrationen stattfinden, sind umstellt. Draibe und Slaibe sind eingekesselt, es wurde heftig geschossen, und die Feuerwehrautos standen neben den Demonstrationen in Bereitschaft. In Salamija trieben die Sicherheitskräfte die Demonstranten mit Elektrostöcken auseinander. Und laufend kommen weitere Nachrichten ... Ein Massaker in Rastan, drei Tote und Dutzende Verletzte ...

Die Bewohner von Banjas demonstrierten mit Blumen in den Händen. Das syrische Fernsehen brachte Bilder von Saboteuren in Dschableh. Diese jungen Männer können einem wirklich leid tun. Der erste war eine junge Waise, der seine Mutter und seine Schwestern ernährt und von morgens bis abends in einer Rösterei für Kerne und Nüsse in der Dscharkas-Straße arbeitet. Alle kennen ihn und wissen, dass er weder Terrorist noch Salafist noch sonst etwas ist. Der andere hat einen Gemüsekarren. Der dritte ist gleichfalls Gemüseverkäufer. Arme Leute, die ihrer Arbeit nachgehen, um ihre Kinder zu ernähren. Die Nachrichten über Schießereien reißen nicht ab, und ich sitze hier und kaue an meinen Nägeln. Zehn Männer sind bei einem Massaker auf der Brücke von Saida von den Sicherheitskräften getötet worden. Es waren friedliche Demonstranten, die zur Unterstützung der Menschen von Deraa und zur Aufhebung der Belagerung aufgerufen haben. In Hama haben sich zwei Geheimdienstler als normale Bürger unter die Demonstranten gemischt und plötzlich versucht, das Feuer zu eröffnen. Die Bewohner von Hama stürzten sich auf sie und schlugen so lange auf sie ein, bis ein Trupp des politischen Geheimdienstes auftauchte und sie rettete.

Am Ende gab es dreiundachtzig Getötete, unter ihnen Kinder und Frauen aus Deraa, wo Dutzende Häuser beschossen wurden!

Gibt es noch weitere schlimme Nachrichten? Gibt es in meinem Herzen Platz für noch mehr Tod?

Endlich bin ich zu Hause. Meine Tochter ist wütend, und ich bin wütend. Ich empfinde nichts anderes außer dieser Wut.

Ich bin nur eine wandelnde Leiche, ich habe einen rostigen Geruch in meiner Nase. Meine Tränen trocknen nicht. Auch im Mund ein Geschmack von Rost. Mir fällt ein, dass ich einen wichtigen Termin mit dem Journalisten habe, der die Belagerung von Deraa durchbrochen hat.

Vollkommen verzweifelt kauere ich mich hin. Ich schlafe eine Stunde im Sitzen, dann öffne ich mitten in der Nacht die Augen. Rauchend erwarte ich das Morgengrauen und hüte meine Sorgen in Erwartung des kommenden Todes.

Mittwoch, 4. Mai 2011

Ich beginne meinen Tag mit dieser Meldung: «Gemäß einer vertrauenswürdigen ärztlichen Quelle brachten die Sicherheitskräfte am Samstag 182 Leichen von Zivilisten von Deraa in das Tischreen-Krankenhaus in Damaskus, am Sonntag noch einmal 62 Leichen, also insgesamt 242 Leichen. Darüber hinaus wurden 81 Leichen von Militärangehörigen in dasselbe Krankenhaus gebracht, die meisten von ihnen mit einem Schuss in den Rücken.»

So ist das Land …

Es trennt Meer und Wüste, Berge und Küste voneinander, in Schmerz gehüllt, hängt es an haarfeinen Fäden, die an Himmelspfeilern befestigt sind, welche im Nichts enden.

So ist das Land …

Als ich vor einigen Tagen unweit des Meeres in der Stadt spazieren ging – das war, bevor ich vom Tod meiner Liebsten umzingelt wurde –, verfiel ich auf den Gedanken, mich dem Körper eines Panzers zu nähern. Ich sage Körper, weil ich mir in meiner Kindheit die Panzer, die ich auf Bildern und im Fernsehen sah, stets wie Amphibien vorgestellt habe, die verschwinden, sobald wir die Badewanne mit Wasser füllen und sie darin ertränken. Die Militärcheckpoints sind befremdlich. Für uns gab es solche Checkpoints nur in der Nähe der Grenze oder in Filmen zwischen zwei feindlichen Staaten! Aber dass diese Panzer zwischen den Häusern stehen und ihre Kanonenrohre auf die Fenster richten …!

Den bedauerlichen Soldaten, die sich um den Körper des Panzers scharen, kam es nicht in den Sinn, dass ich mich ihnen nähern könnte, jenen Soldaten, die den rätselhaften Tod genauso erwarten wie die unbewaffneten Menschen, die alle die Antwort auf die eine Frage wissen wollen: Woher kommen diese Mörder?

Ich wollte das Eisen berühren. Ich legte meine Hand darauf und schloss die Augen, während ich ein zartes Brummen vernahm. Ich berührte den Panzer ein zweites Mal, meine Finger erschauderten, die Kälte des Eisens übertrug sich auf meine Hand. Vor Schreck schloss ich die Augen und öffnete sie wieder. Der Soldat stand direkt vor mir und blickte mich bestürzt an. Ich stand stocksteif da und ließ die Hand auf dem Eisen liegen.

Der Soldat lachte. Ich ging ein Stück zurück und blickte zum Kanonenrohr, das auf die Häuser gerichtet war. Der Berg schaute schweigend von hinten zu, das Grün des Lebens umhüllte den Ort. Ein grüner Berg mit rötlicher Erde vor blauem Meer. Ich hätte auf ein wunderschönes Gemälde blicken können, wäre da nicht dieser durch das Eisen verursachte Schauder gewesen. Was mag das wohl für ein Dialog sein, der zwischen der Kanone und einem friedlichen Haus stattfinden könnte? Lass uns einen Dialog führen! Nein, kein Dialog!

Die Geschwindigkeit einer Kugel ist die Geschwindigkeit des Todes. Ich streckte meine Hand noch einmal aus, und es schien, als würde der Soldat meiner überdrüssig. Ich versuchte, mit ihm ins Gespräch zu kommen. Er war erschöpft. Was wäre, wenn ich wie eine Spinne mit meinem Faden den Panzer einwickeln und einfach hochheben könnte? Was wäre, wenn das Ganze nur ein Spiel wäre? Was wäre, wenn ...

Wir sind den Anblick dieser Eisenkörper in unserer Nähe einfach nicht gewöhnt.

Während ich unter den gigantischen Bäumen durch die Straßen von Damaskus laufe, fährt plötzlich ein weißer Suzuki vorbei, auf dessen offener Ladefläche drei vermummte Männer hocken. Zwei von ihnen halten je eine Maschinenpistole in den Händen und schießen willkürlich in die Luft. Gestern wurde in der Nähe meiner Wohnung heftig geschossen, und auf der gegenüberliegenden Seite der Flughafenstraße wurden zwei Männer verletzt. Und heute rast das weiße Auto vorbei, und es wundert einen nicht, dass es so weiß ist wie ein Leichentuch. Es überrascht mich auch nicht, dass ich, wenn die Fußgänger plötzlich von den Straßen verschwunden sind und man unvermittelt ein Stillleben vor sich zu haben vermeint, das Rascheln der Blätter des Chinabaumes zu hören versuche. Die Bewaffneten sind verschwunden, und es bleiben nur Stille und Leere.

So ist das Land ...

Das Land, das mich mit seinen winzigen Details wie den trügerischen Sonnenfäden oder dem Rascheln der Chinabaumblätter gefangen nimmt. Heute wurde ein Bericht von Menschenrechtsaktivisten veröffentlicht. Darin heißt es, dass täglich durchschnittlich fünfhundert Personen verhaftet werden. Studenten demonstrierten vor der Handelsfakultät in Damaskus; sie wurden verhaftet. Die Telefonverbindungen mit der Stadt

Tell wurden gekappt, nachdem die Sicherheitskräfte dort eingedrungen waren und achthundert Personen festgenommen hatten. Dreißig Panzer aus der Region Jaafour waren auf dem Weg nach Damaskus, zusammen mit sechs Bussen voller Soldaten. In Dareia wurden weiterhin Wohnungen gestürmt und Menschen verhaftet. In Banjas gingen Tausende auf die Straße und forderten die Aufhebung der militärischen Belagerung von Deraa.

So ist das Land ...

Donnerstag, 5. Mai 2011

Diese nervenaufreibenden Tage werden vorübergehen. In einigen Jahren werde ich mich mit gekrümmtem Rücken fortbewegen, denn jeden Tag verneige ich mich ein bisschen tiefer vor euch, ihr mutigen Syrer, so lange, bis meine Lippen die Erde berühren, die aus euren Überresten entstanden ist. Und ich werde mich für mein warmes Blut schämen, wenn ich an die Kälte denke, die eure Gesichter überzieht, sobald die Kugel in eure Brust eindringt.

Ich habe meine Wohnung verlassen und wohne jetzt im Zentrum der Hauptstadt. Alle Oppositionellen haben in diesen Tagen ihre Wohnungen verlassen. Viele Freunde und Freundinnen sind untergetaucht. Die meisten von ihnen haben bereits früher jahrelang in syrischen Gefängnissen gesessen. Sie haben kein Bedürfnis, in diese einsame Finsternis zurückzukehren. Was mich betrifft, so ist die Sache komplizierter. Inmitten der Welle von Verhaftungen und Hausdurchsuchungen habe ich versucht, meine Tochter zu beschützen, ich wollte nicht, dass man mich in ihrer Gegenwart eine Verräterin nennt, mich der Mithilfe beschuldigt. Ich wollte diese schwarzen Tage, die sie im Dorf verbracht hatte, ausradieren. Nachdem ich sie, aus Angst, sie würde mit mir zusammen verhaftet werden, dort zurückgelassen hatte. Als ich meine Wohnung das erste Mal verließ, lebten wir in einem Zustand der Angst, aber es war keine Angst im landläufigen Sinn. Ich musste über das Schicksal meiner Tochter nachdenken, darüber, welcher Gefahr ich sie ausgesetzt hatte. Und über meine Familie, die geduldig und schmerzerfüllt die Konsequenzen meines Lebens in einer konservativen Gesellschaft ertrug, besonders nachdem ich erfahren hatte, dass mein Bruder sich beinahe erschossen hätte. Die Dorfbewohner waren auf ihn losgegangen, weil seine Schwester die Religionsgemeinschaft verraten hatte.

Ich war vollkommen durcheinander, gefühllos wie eine Vogelscheuche, und fand nicht genügend Zeit, Tagebuch zu schreiben. Das Gefühl beschlich mich, dass es sinnlos sei, all das, was mit mir passierte, aufzuschreiben. Aber ich stellte fest, dass dieses Tagebuch mir dabei half zu überleben. Es war in jenen Tagen mein Stock, auf den ich mich stützte. Ich musste unbedingt weiter schreiben, und sei es, um mir die Seele zu erleichtern und den Schmerz zu ertragen, wo ich nun in einer unbekannten Wohnung mitten in der Hauptstadt sitze. Ich war mir sicher, dass sie mich nicht verhaften wollten. Sie wollten nur meinen Ruf ruinieren und mich als bezahltes Mitglied einer ausländischen Verschwörung hinstellen. Es ist das gleiche dumme Geschwätz, wie sie es im staatlichen Fernsehen über die Oppositionellen wiederkäuen.

Mein Bewegungsspielraum ist geschrumpft. Nicht nur, weil Nawwara jeden Freitag die Wohnungstür abschließt und zu schluchzen beginnt, wenn ich hinauswill, sondern weil der Geheimdienst mich nun kennt. Vielleicht glaubte ich seit der letzten Demonstration, an der ich zusammen mit anderen Frauen teilgenommen hatte, jeder Gang auf die Straße bedeute gleich den Gang ins Gefängnis. Ich wollte tatsächlich so lange wie möglich draußen bleiben, mindestens bis Nawwara ihre Prüfungen hinter sich hätte. Außerdem wollte ich den Aufständischen nützlich sein. Ich hatte mit meiner Familie gebrochen, das zerriss mich schier, und ich hatte Angst um sie, denn ich wusste, welchem Druck sie ausgesetzt war. Aber ich würde nicht den Preis bezahlen, den Despotie und Brutalität des Regimes von mir verlangten, und ich wollte mich nicht durch die Drohung eines konfessionellen Bürgerkriegs erpressen lassen. Wie jedes Mal, wenn ich mich an einer Wegscheide befand, tendierte ich dazu, mich für das Schicksal zu entscheiden ... für meine Freiheit. Es war ähnlich wie damals, als ich meine Familie mit nur sechzehn Jahren verließ, als ich mich von meinem Mann scheiden ließ und mit meiner zweijährigen Tochter nach Damaskus flüchtete. Es war wie in so vielen Momenten meines Lebens, die nichts mit meinem politischen Standpunkt zu haben, sondern in denen ich mich einfach für meine Freiheit entschied, für das, was ich bin und wie ich denke und schreibe. Aber all das bedeutet am Ende gar nichts, denn ich bin in dieser engen Welt nur eine Frau, die allein mit ihrer Tochter lebt. Wie eng ist dieser Hort für meine Seele! Ich kann meinen Arm ausstrecken und den Himmel berühren.

Trotzdem habe ich vor einigen Tagen beschlossen, wieder auf die Straße zu gehen. Ich wollte die Demonstration, zu der einige Frauen aufgerufen hatten, aus der Ferne beobachten. Es sollten etwa fünfhundert Frauen auf den Arnous-Platz mitten im Salihija-Viertel kommen. Mit den vielen Geschäften ist es ein neuralgischer Punkt. Eine Demonstration an einem solchen Platz, auf der ein Ende des Tötens und die Aufhebung der Belagerung von Deraa gefordert werden, stellt eine Provokation für das Regime und seine Büttel dar. Eine solche Demonstration hatte eine besondere Bedeutung für mich, denn es waren syrische Frauen gewesen, die dazu aufgerufen hatten. Ich musste einfach hingehen. Eine meiner Freundinnen, die zwar beschlossen hatte, neutral zu bleiben, wollte mich nicht alleine gehen lassen und begleitete mich. Gegen halb drei Uhr trafen wir in der Salihija-Fußgängerzone ein. Es war nur wenig Betrieb. Die meisten Kunden waren Frauen. Die wirtschaftliche Lage begann sich langsam zu verschlechtern, die Ladenbesitzer klagten über das entstandene Chaos. «Wenn die Situation noch ein oder zwei Monate so bleibt», sagte einer zu mir, «dann sind wir pleite.»

Wir klapperten die Läden ab und schauten uns um. Am wichtigsten war herauszufinden, wo sich die Sicherheitskräfte postiert hatten. Ob sie von der Demonstration Wind bekommen hatten. Die Demonstranten gaben die Plätze, wo sie sich versammeln würden, nicht mehr öffentlich bekannt, sondern tauschten die Informationen bei kurzen Begegnungen auf der Straße aus. Das hatte ich auch mit den Jungs so gemacht; wenn wir eine Information weitergeben wollten, trafen wir uns für einige Minuten auf der Straße, dann ging jeder seines Weges.

Der Geheimdienst war nicht da. Ich prüfte die Gesichter und beobachtete jeden Schritt der Männer auf dem Arnous-Platz. Ich entdeckte auch einige Frauen, die das taten, sogar einige männliche Freunde, die als Schutz der demonstrierenden Frauen um den Platz zirkulierten. Ich gestehe, dass ich eine leise Trauer empfand, während ich sie um die Demonstrantinnen herumgehen sah, eine zarte Trauer, die der Sehnsucht nach der Familie ähnelt oder der Sehnsucht nach dem Gefühl menschlicher Nähe. Menschen fürchten um Menschen, Menschen schützen Menschen. Vielleicht waren es meine Einsamkeit und meine Unabhängigkeit, die mir diese Trauer verschafften, aber ich freute mich, als ich sah, wie sich die Frauen zu sammeln begannen, während die männlichen Freunde sie aus einigem Abstand beobachteten. Es waren nur wenige Frauen, ungefähr sechzig, nicht die geplanten fünfhundert. Viele kannte ich, sie waren unterschiedlichen Alters und gehörten verschiedenen politischen Strömungen an. Die meisten trugen kein Kopftuch. Vor zwei Tagen hatten verschleierte Frauen demonstriert, aber die heutige Demonstration war anders. So ist es mit den Menschen in Syrien – was auch passieren wird, es wird immer Vielfalt und Unterschiedlichkeit geben. Dies ist ein Teil des syrischen Wesens. Die Spruchbänder sprühten vor Leben: «Stoppt das Töten!», «Hebt die Belagerung von Deraa auf!», «Nein zum Tod ... Ja zum Leben!» ...

Die Frauen hoben die Plakate in ihrem Eifer, so hoch sie konnten, damit sie deutlich sichtbar waren. Doch kaum waren wir zehn Minuten gegangen, da gab es eine seltsame Bewegung. Ich spürte sie, denn ich achte sehr genau darauf, was um mich herum geschieht. Mittlerweile spüre ich Gefahr wie die Tiere. Ich sah einen Mann auf uns zukommen und einen anderen, der auf mich zeigte. Ich drehte mich um, verließ die Gruppe und lief los. Ich war mir sicher, dass sie mich erkannt hatten. Wie hatte die Sicherheit so unvermittelt auftauchen können? Während ich lief, stürzten sich die Sicherheitskräfte auf die Demonstrantinnen, schlugen sie, beleidigten und traten sie. Einer Frau brachen sie einen Finger und schlugen ihr ins Gesicht, eine andere wurde verhaftet. Die anderen Frauen rannten auseinander. Wie hatten die Männer einen so plötzlichen Angriff unternehmen können? Woher waren sie gekommen? Ist die Hälfte der Einwohner Syriens zu Sicherheitskräften geworden? Es waren wie üblich Männer in Zivil, furchterregende Gestalten, die aus dem Nichts auftauchten. Die Syrer kennen sie mittlerweile, zumindest die demonstrierenden Syrer.

Während meiner Flucht stieß ich wieder auf meine Freundin und unseren jungen Freund. Sie schoben mich in eine Gasse hinein, und plötzlich befanden wir uns in der Hamra-Straße. Der junge Mann lief zurück, um zu sehen, was mit den Frauen passierte; mir riet er, den Ort sofort zu verlassen, weil die Sicherheitskräfte in die Gassen stürmten. Wir nahmen rasch ein Taxi, ich bat den Fahrer, am Arnous-Platz zu halten. Ich wollte wissen, was mit den Frauen geschah. Es waren nur fünf Minuten vergangen, seit ich losgeprescht war, und trotzdem war nichts mehr zu sehen, sie hatten die Demonstration schon aufgelöst. Nur die Sicherheitskräfte waren jetzt auf dem Platz. Ich rief eine Freundin an: «Ich stehe hier an der Seite, wenn eine der Frauen in Not gerät, soll sie zum Auto kommen.» Sie sagte, sie hätten den Platz auf der Stelle verlassen.

Plötzlich sah ich eine der Frauen an der Seite des Platzes stehen. Dann tauchten drei Sicherheitskräfte auf, die einen jungen Mann hinter sich herzogen und brutal auf ihn einprügelten. Sie schlugen ihn ins Gesicht – die Hiebe sind immer auf die Gesichter gerichtet, als sollten die Geschlagenen auch noch gedemütigt werden. Was hat der Mensch denn außer seinem Gesicht, um sich von anderen zu unterscheiden? Sie boxten ihn, zogen ihn an den Haaren, beschimpften ihn. Die Leute standen da und schauten zu. Sie waren vollkommen verängstigt, und der Taxifahrer meinte: «Man legt sich doch nicht mit dem Staat an!» Ich hieß ihn näher heranfahren, ich wollte wissen, wohin sie den Jungen schleppten. Als der Fahrer etwas vor sich hin murmelte, sagte ich, ich würde ihm mehr bezahlen. Da erst fuhr er näher heran.

Die Sicherheitskräfte standen vor einem kleinen weißen Bus, sie schafften es kaum, den jungen Mann hineinzustoßen, so sehr wehrte er sich. Doch dann bekamen sie Verstärkung und schlugen noch härter zu. Sie stießen seinen Kopf gegen den Bus, dann warfen sie ihn hinein. Ich schrie plötzlich auf, ich hatte mich nicht mehr beherrschen können. Als der Mann, der den Kopf des Jungen gegen den Bus gestoßen hatte, meinen Schrei hörte, kam er auf uns zu. Ich sah seine Augen. Ich sehe in diesen Tagen die Augen von Mördern, Augen, wie ich sie vorher noch nie in Damaskus gesehen habe. Ich weiß, dass ich diesen Satz oft wiederhole, aber ich werde ihn nicht los. Wie leben all diese Mörder unter uns? Der Mann war ein dunkelhäutiger Typ, seine Gesichtszüge hatten dieses Fremde an sich, was uns allen fragwürdig ist. «Fahren Sie los», sagte ich zum Taxifahrer. Die Augen des Mannes waren dem Wagenfenster schon so nah gekommen, dass er nur wenige Sekunden gebraucht hätte, um mich, hätte er es gewollt, am Hals zu packen, denn ich hatte den Kopf aus dem Fenster gestreckt, um den jungen Mann besser zu sehen. Der Fahrer raste los, ein Stück weiter blieb er stehen und warf uns aus dem Auto. Meine Freundin hatte Angst. Auch ich hatte Angst. Es kam mir vor, als zitterte ich am ganzen Körper. Wir blickten uns um, dann liefen wir zu dem Büro eines Freundes, das in der Nähe lag. Dort würden wir bleiben, bis sich die Lage beruhigt hätte.

Ungefähr zehn Minuten hatte die Demonstration gedauert, dann waren die Frauen geschlagen und getreten worden. Eine Frau war verletzt, eine verhaftet, viele aber hatten der Sicherheit entkommen können. Aber sie hatten die Plakate mit ihren Forderungen in die Höhe gehalten! Besser kann es für eine Demonstration in Damaskus gar nicht laufen. Militärische Checkpoints, Barrikaden aus Panzern, Sicherheitskräfte, Schläger und Mörder – all das, um sich ein paar Menschen entgegenzustellen, die unbewaffnet und nur mit der Forderung nach Freiheit auf die Straße gehen. Ich kehrte verbittert und enttäuscht nach Hause zurück, aber ich war glücklich darüber, dass wir wenigstens einige Minuten dort ausgeharrt hatten, um dem Regime zu sagen, was wir wollten.

Heute werde ich meine Angelegenheiten für die nächsten Tage ordnen. Meine neue Wohnung, mein neues Leben, halb im Untergrund. Noch mehr finanzielle Lasten, noch mehr Enttäuschung, noch mehr von allem, was schmerzt. Ich muss auf die kommenden Tage vorbereitet sein. Morgen ist der «Freitag der Herausforderung», er wird für die Protestbewegung entscheidend sein.

Samstag, 7. Mai 2011

Auch heute sitze ich hier und schreibe über ein neues Massaker. Banjas ist wieder von Panzern umstellt, Panzer beschießen Baida und Kumsija. Banjas gleicht jetzt einer Geisterstadt, und das Militär und die Sicherheitskräfte beschießen die Stadt entsprechend den Religionsgemeinschaften.

Sie beschießen die sunnitischen Viertel. Ich versuche dort anzurufen, die Telefonverbindungen sind gekappt, ebenso das Internet. Die Menschen sind auf einer Fläche von nicht einmal vier Quadratkilometern eingekesselt.

Was passiert da? Besetzt das Regime die Städte? Will es sein Volk umbringen?

Latakia ist in vier Teile geteilt. Die Telefonverbindungen zwischen den Städten sind unterbrochen. Wir befinden uns im Kriegszustand. Ja, wir erleben einen Krieg. Mein Blut kocht, ich verliere die Nerven. Ich versuche, meine Gedanken zu sortieren. Kaum ist eine Belagerung beendet, da beginnt eine neue. Und genau heute hat man begonnen, Frauen zu töten. Drei Frauen wurden in Markab, in der Nähe von Banjas, umgebracht. Bei mir zu Hause funktioniert das Internet nicht, und ein Internetcafé aufzusuchen, ist schwierig, denn der Geheimdienst beobachtet die Internetcafés und verhaftet willkürlich junge Männer und Frauen. Es wird wohl besser sein, zu Hause zu bleiben. Die Informationen über den «Freitag der Herausforderung», die ich sicher bestätigen kann, besagen, dass insgesamt in allen syrischen Städten dreißig Tote zu beklagen sind. Sie wurden während der Demonstrationen durch Kugeln der Sicherheitskräfte getötet. Ich versuche zu verstehen, nach welchem Plan Militär und Sicherheit vorgehen, denn am Freitagvormittag wurde das Feuer auf die Menschen in allen syrischen Städten gleichzeitig eröffnet.

Die Politik der Kriegserklärung gegen das Volk ist offenkundig, es steht fest, dass das Regime sein Volk töten will. Die unaufhörlichen Drohungen über das Telefon legen meine Nerven blank. Was wollen sie denn noch? Ich schweige doch, ich habe meine Wohnung verlassen und lebe im Untergrund, ich habe die Beziehung zu meiner Familie abgebrochen, und ich schreibe in aller Stille. Vielleicht wissen sie, dass ich mich doch nach draußen wage und unter die Leute mische.

Ich versuche jetzt, ruhiger zu werden, mich auf die Details der Geschehnisse zu konzentrieren, darauf, so viele Zeugenaussagen wie möglich von Menschen zu sammeln, die an verschiedenen Orten waren. Aber selbst das scheint schwierig. Selbst die Telefonate sind gefährlich, denn der Geheimdienst hört mit. Dazu kommen die Bestürzung und die Trauer, die sich der Menschen bemächtigt haben. Selbst der Journalist, den ich hätte treffen sollen, sagte den Termin ab, nachdem er aus Angst vor Verhaftung seine Wohnung verlassen hat. Ich habe mir vorgenommen, in den nächsten zwei Tagen die Situation in Syrien in aller Ruhe seit Beginn der Protestbewegung zu rekonstruieren.

Doch bevor ich diese Akte schließe, versuche ich, Leute in Banjas zu erreichen. Die Leitungen sind noch immer unterbrochen, nur bei einer Familie, deren Wohnung direkt am Meer liegt, komme ich durch, aber sie behauptet, sie wüsste nichts. Ich vermute, sie hat Angst, dass der Geheimdienst die Handygespräche belauscht. Aber es sind nicht mehr nur Telefongespräche, die mitgehört werden, der Geheimdienst lauscht sogar, wenn die Geräte ausgeschaltet sind, weshalb wir die Handys mittlerweile mindestens zehn Meter entfernt von uns ablegen.

Was für eine Belagerung!

Wir atmen den Geheimdienst mit der Luft ein.

Es stimmt nicht, dass wir keine Angst verspüren. Nachdem ich gesehen habe, wie leichtfertig die Menschen getötet werden, beginne ich zu zittern, sobald ich ein ungewöhnliches Geräusch vernehme. Ich bin noch zerbrechlicher und noch stärker geworden. Ja, diese beiden Eigenschaften haben sich tief in meinem Herzen eingegraben, so tief, dass ich gestern Nacht, als der Wind pfiff und auf den Dächern das Geklapper zu hören war, nicht richtig schlafen konnte. Ich stellte mir vor, jeden Augenblick könne jemand hereinkommen. Der hohe Offizier hatte zu mir gesagt, sie ließen mich wie einen Fisch vor Schmerz und Angst zappeln, bevor sie mich verhaften.

Ich wusste, dass das Regime in Banjas genauso vorgehen würde wie in Deraa. Sie würden die Stadt umstellen, die Leute verhaften und töten, aber ich hatte deshalb besondere Angst, weil Banjas als Zentrum für religiöse Spannungen gilt. Und das Regime hat diese Spannungen in letzter Zeit noch geschürt.

Ein Freund rief an, und plötzlich bestätigten sich die Informationen über die heutigen Ereignisse im Dorf Markab: drei getötete und fünfzehn verletzte Frauen.

Die Armee war in Markab eingedrungen und hatte mehrere Leute verhaftet. Und nachdem das Militär den Ort wieder verlassen hatte, gingen die Frauen auf die Straße, um die Freilassung ihrer verhafteten Kinder zu fordern. Die Sicherheit und die Schabbiha schossen daraufhin willkürlich in die Menge. Mein Informant aus Banjas fügte noch hinzu, dass nicht nur mit Panzern geschossen worden sei, sondern auch mit Gewehren. Auch zwei Männer seien getötet worden, einer von der Rustum-Familie und der andere von der Familie Karkur mitten aus Banjas.

Auch in Dschableh waren die Frauen auf die Straße gegangen. Nachdem Ehemänner und Söhne im Gefängnis saßen, übernahmen die Frauen die Aufgabe des Demonstrierens.

Ich habe mit noch mehr Gewalt gerechnet, und tatsächlich ist die Anzahl der Toten bis zu dieser Stunde, am 7. Mai um kurz vor neun Uhr abends, auf sechs gestiegen.

Ich notiere die wichtigsten Ereignisse seit Beginn des Aufstands. Seit zwei Monaten nimmt die Protestbewegung zu. Sie hat im Februar klein begonnen, hat sich im März ausgeweitet. Dann ereigneten sich die Vorfälle in Deraa, am 25. März war der «Freitag der Würde», an dem der erste Tote in Damaskus zu beklagen war. Auch in Deraa waren Menschen getötet worden, dann hielt der Präsident seine erste Rede und sprach über eine Verschwörung gegen Syrien. Und am «Freitag des Standhaltens» wurden siebenunddreißig Personen getötet. Danach kam Bewegung in die Studentenschaft in Damaskus, dann in Aleppo.

Mitte April war der «Freitag der Beharrlichkeit», und am «Bedeutenden Freitag» war die Anzahl der Getöteten am größten. Dann kam der «Freitag der Herausforderung», schließlich folgten Sanktionen gegen Verantwortliche. Alles Gedanken, die ich zu ordnen versuche. Achthundert Zivilisten wurden von den Sicherheitskräften getötet. Auch unter den Militärangehörigen gibt es zahlreiche Tote. Die Protestlinie in Syrien steigt immer weiter nach oben. Es gibt unzählige Details über den Schmerz, das Leid und den Tod, über die Angst und das fortwährende Keuchen des Lebens ... des Lebens, das hier langsam erstirbt, vor den Augen der Welt!

Sonntag, 8. Mai 2011

Ich bin nicht wie sonst zeitig erwacht, denn die Schlaftabletten haben mich tief und fest schlafen lassen. Ich bin süchtig nach ihnen geworden. Es war mir nicht vergönnt, wie gewohnt die Morgendämmerung zu sehen. Es ist bereits neun Uhr, und ich sitze hoch oben auf dem Balkon im fünften Stock gegenüber dem Arnous-Platz. Vom Balkon aus blickt man auf die Hamra-Straße, das Schaalan- und das Rauda-Viertel. Von meiner neuen Wohnung aus kann ich in alle Richtungen sehen. Das ist – abgesehen von der Sicherheit – ihr einziger Vorzug. Ich versuche mein Gedächtnis zu sortieren, das seit Beginn der Proteste, seit das tägliche Töten in diesem Land seinen Lauf genommen hat, Lücken aufweist. Heute denke ich, ich müsse mich stärker konzentrieren, doch die Nachrichten aus Homs, wo in einigen Stadtvierteln der Strom abgestellt ist, sowie die Meldungen über heftigen Beschuss lenken mich erneut ab. Was mich noch wahnsinniger macht, ist die Tatsache, dass es kein Internet gibt. Sicher ist, dass die Belagerung von Banjas anhält und dass immer noch Strom und Wasser abgestellt und die Telefonleitungen gekappt sind. Immerhin gibt es keine Meldungen über neue Tote. Die Verhaftungen gehen weiter. Ich leide unter großer Niedergeschlagenheit, vielleicht verfalle ich in eine Depression. Ich habe keine Lust, irgendjemanden oder irgendetwas zu treffen, weder möchte ich die Nachrichten sehen noch schreiben. Ich zittere.

Heute Morgen sah ich zu allem Überfluss als erstes eine Szene im Fernsehen, wie ein junger Mann über eine leere Straße läuft und von einem Heckenschützen erschossen wird. Sie war von weitem aufgenommen worden. Am Straßenrand standen Bäume, man hörte Schüsse, und plötzlich fiel der junge Mann zu Boden, nachdem man ihn in den Rücken geschossen hatte. Er fiel wie ein Blatt. Ich zittere noch stärker. Dieser junge Mann hat Familie, Freunde, er hat einen Namen. Ich weiß nicht, wer er ist, aber ich weiß, dass er ein Leben hatte und dass er ein syrischer Bürger war, der durch die Hand eines anderen syrischen Bürgers getötet wurde.

Die Erinnerungen an die ersten Proteste kehren zurück, als ich noch aktiv sein konnte. Ich war nicht vorbereitet auf dieses ungeheure Ausmaß an Gewalt. Nicht Gewalt im übertragenen Sinne, wie ich sie selbst erfahren habe, als man mich Verräterin schimpfte und meinen Ruf ruinierte. Nein, ich meine Gewalt im konkreten, realen Sinn. Ich wusste nicht, dass die Mörder wie Bäume in den Straßen wachsen. Sogar diese magische Stadt, die jetzt von Panzern umstellt ist und beschossen wird, Banjas, die Stadt, die ich wie meine Westentasche kenne, wo mir jede Straße, jeder Baum, jedes Haus vertraut sind, deren Topographie ich im Kopf gespeichert habe, Banjas, wo ich mich vom Gipfel der Markab-Zitadelle bis zum Meeresufer schwingen kann, weil die Berge zum Meer hin so sanft abfallen, wo ich das Zirpen der Grillen am Ende der Gassen hören und wo ich hundert Jahre sitzen und alle meine Romane schreiben kann, ohne der Schönheit dieser Stadt überdrüssig zu werden ... Dieses Banjas ist jetzt eine Anhäufung militärischer Straßensperren, die die Stadtviertel voneinander trennen, die Viertel der Sunniten und die der Alawiten, wo das Militär und die Sicherheit die Leute verhaften und ermorden.

Ich kann mir den Anblick des Strands oder der Bewohner oder die Rufe der Gemüseverkäufer in der Stadt nicht mehr vorstellen. Meine Vorstellungskraft beschränkt sich auf Schüsse, Töten, Bilder von Menschen, die getötet, geschlagen, verhaftet werden, und auf die getöteten Frauen. Ich kann nicht lachen oder irgendetwas machen. Eine nach der anderen werden die syrischen Städte umzingelt, Deraa, Banjas, Homs.

Ich gehe hinaus, um eine Journalistin zu treffen. Ich versuche sie anzurufen, erreiche sie nicht. In diesem Augenblick ruft eine Freundin an und erzählt mir, dass der Geheimdienst diese Journalistin verhaftet habe, weshalb ich noch vorsichtiger sein müsse. Ich bleibe einen Augenblick stehen, ich befinde mich am Beginn der Hamra-Straße. Ich denke darüber nach, dass ich sie gestern noch getroffen habe und dass wir lange miteinander sprachen, weil sie an einem Artikel über mich arbeitet. Ich bin äußerst niedergeschlagen. Das Geschrei einer Chinesin, die ihre Waren auf der Straße anbietet, lässt mich wieder zu mir kommen. Die Hamra-Straße ist wirklich zum Lachen, die schicken Geschäfte haben geöffnet, die Ladenbesitzer sitzen davor, und am Ende des Bürgersteigs bieten die chinesischen Händler ihre Billigwaren an. Alle stürzen sich auf diese chinesischen Waren. Ich muss über diesen Anblick lachen, eine Einkaufsstraße inmitten einer anderen, alle möglichen Waren, Kleidung,

Schuhe, Taschen, Accessoires, und die niedlichen Chinesinnen zwitschern mit den Kunden in ihrem gebrochenen Arabisch und bewegen sich agil dabei.

Ich gehe ein Stück zurück, meine Wohnung liegt da vorn, ich betrachte sie von weitem. Die Journalistin ist jetzt im Gefängnis. Es war richtig, ihr nicht zu sagen, wo ich wohne. Ich war nahe dran, verhaftet zu werden, täglich wird jemand verhaftet, mit dem ich entweder zusammen war oder den ich treffen wollte. Ich denke an den Journalisten, mit dem ich zwei Termine gemacht hatte, die er beide nicht eingehalten hat. Sofort rufe ich ihn an, sein Telefon klingelt, und er geht dran. Wir sprechen ein bisschen, und ich verspüre ein kleines Glücksgefühl. Die Verhaftungswelle geht weiter, und in Homs gab es heute noch mehr Tote und unzählige Verhaftungen.

Ich gehe nach Hause zurück, und angesichts all der Bilder von Beerdigungen, die mir durch den Kopf schwirren, wünsche ich mir, eine gute Nachricht zu hören, und sei sie noch so unbedeutend, eine Nachricht, die meine Anspannung ein wenig löst. Mehr noch, eine Nachricht, die mir hilft, weiterzuleben, zu schlafen wie normale Menschen, ohne Schlaftabletten. Aber die einzige Nachricht, die ich höre, handelt vom Eindringen der Panzer in die Stadt Tafas, die unweit von Deraa liegt, sowie vom Tod von zwölf Zivilisten, als die Armee Homs stürmte, wo am «Freitag der Herausforderung» neunzehn Menschen gestorben sind. Und schließlich war unter den Verhafteten in Banjas heute ein elfjähriges Kind.

Getötete und Beerdigungszüge ziehen neue Beerdigungszüge nach sich. Immer wenn die Syrer einen Getöteten zu Grabe tragen, wird wieder jemand getötet, der wiederum beerdigt wird ...

Ich erhalte einen Anruf von einer befreundeten Moderatorin und bitte sie um ein Treffen.

Die Bestialität des Regimes macht vor keiner Grenze halt. Es hat Bestien nach eigenem Muster produziert, normale Menschen, die vielleicht Nachbarn sein könnten. Und das Gefährlichste ist, dass die Selbstverständlichkeiten des Menschseins vielen Menschen aus dem Herzen gerissen wurden. Die humane Barmherzigkeit, die nicht mit einer politischen und noch nicht einmal mit einer kulturellen Haltung zusammenhängt, diese selbstverständliche Barmherzigkeit in der Beziehung von

Mensch zu Mensch machen das staatliche Fernsehen und Addounia TV zunichte, die auf Hass und die Verbreitung von Lügen spezialisiert sind und die gegen jede anders lautende Meinung hetzen. Nicht nur ich war einem Angriff der Sicherheit und der Mitglieder der Baath-Partei im Internet ausgesetzt, bloß war der Angriff gegen mich vielleicht aufgrund meiner familiären Zugehörigkeit zur Religionsgemeinschaft der Alawiten und meiner Eigenschaft als Frau noch bösartiger. Mich durch solche Gerüchte und durch die Beleidigungen übers Internet zu brechen und persönlich zu diffamieren ist leicht. Einige meiner Schauspielerfreundinnen, die mit den Kindern von Deraa sympathisierten und die Aufhebung der Belagerung gefordert hatten, wurden verleumdet und als Verräterinnen beschimpft, so dass sie gezwungen waren, ihren Standpunkt im staatlichen Fernsehen zu widerrufen. Freunde, die Anteilnahme für die Familien der Getöteten zeigten, wurden mit Beschimpfungen überschüttet, auch sie wurden als Verräter bezeichnet und der Mithilfe bezichtigt. Die Menschen fürchten sich inzwischen, auch nur die geringste Anteilnahme mit den Selbstverständlichkeiten des Lebens zu zeigen, mit einem Minimum dessen, was man als die Gesetze der menschlichen Natur bezeichnen kann. Vorausgesetzt, Barmherzigkeit ist Teil der menschlichen Natur!

Das Abtöten des Menschen im übertragenen Sinn wurde nach einem penibel durchdachten Plan durchgeführt, ein dummer Plan zwar, aber zielgerichtet, ein idiotischer Plan, doch er hinterließ seine Spuren in den Seelen. Ich hatte ein Gespräch mit einer Freundin aufgezeichnet, die in meiner Zeit beim syrischen Fernsehen auch meine Kollegin war. Die junge Frau, die die Kluft zwischen dem, was sie sah, und dem, was sie im Fernsehen präsentierte, erlebte, war mit der Veröffentlichung einverstanden, sofern ich ihren Namen weder jetzt noch in Zukunft nennen würde. Hier ist ihr Bericht:

«Der Diskurs der syrischen Medien spaltete das Volk in zwei Teile: dafür oder dagegen. Das bedeutet, dass du, selbst wenn du ein Demonstrant bist, der nichts mit bewaffneten Banden zu tun hat, ein Verräter bist. Wenn ein Sohn zum Beispiel gezwungen wird, sich in Addounia TV öffentlich von seinem oppositionellen Vater zu distanzieren, dann bedeutet das, dass man die grundlegendsten Gefühle des Menschen verletzt. Oder wenn man zu den Familien der getöteten Soldaten geht, wenn man das Schluchzen und Weinen und die schrecklichen Bilder der Toten zeigt, die einem in der Seele wehtun, wenn man aber nicht die Bilder von den getöteten Zivilisten zeigt, dann produziert all dies grauenvollen Hass unter den Menschen. Überall sagen die Menschen nun: Möge Gott den Übeltätern nicht verzeihen.

Die staatlichen Medien richten sich an die Emotion und erregen die Gemüter. Außerdem konzentrieren sie sich auf die leidenschaftlichen patriotischen Lieder und die Liebe zum Vaterland, was ausschließlich die Liebe zum Präsidenten bedeutet. Wenn man in der Sendung anrufen konnte, haben die meisten Zuschauer Liebesgedichte auf den Präsidenten der Republik aufgesagt. Einmal hat ein Mädchen live ein Gedicht auf den Präsidenten vorgetragen. Da habe ich es gefragt: ‹Warum liebst du denn den Präsidenten?› Da hat es nicht geantwortet. Nach den letzten Ereignissen wurde der mediale Diskurs noch stärker ideologisch und indoktrinär. In der Praxis kann ich für den Medienbereich nicht sagen, dass es irgendeine Reform gab, ganz im Gegenteil. Die erste Meldung, die wir bei den Nachrichten bringen mussten, war, dass der Präsident immer wieder mit dem Volk zusammentrifft. Die zweite wichtige Meldung musste die fortgesetzte Verfolgung der bewaffneten Banden behandeln. Dann die Verlautbarungen des Innenministeriums, dann internationale Nachrichten. Nur in einem Punkt hat es wirklich eine Veränderung im offiziellen medialen Diskurs gegeben: Nachdem man sich vorher auf die Palästinafrage konzentriert hat, ist das Thema zugunsten der Lage in Syrien zurückgefahren worden.

Wir haben als Journalisten auch gefordert, auf die Straße gehen zu dürfen, um die Wahrheit zu erfahren. Wir wollten zu den Sicherheitskräften und den Demonstranten, aber unsere Forderung wurde unter dem Vorwand abgelehnt, dass man unsere Sicherheit nicht gewährleisten könne. Wir haben diese Forderung gestellt, weil wir nicht zwischen wahr und falsch unterscheiden konnten, aber wir sind rigoros davon abgehalten worden. Also senden wir ausschließlich das, was wir von der Nachrichtenagentur Sana bekommen. Die Nachrichtenagentur Reuters wird total abgelehnt, genau wie alle anderen internationalen und arabischen Nachrichtenagenturen – aber nur, was Syrien betrifft. Und du weißt, dass Sana gleichbedeutend mit dem Büro des Palastes der Republik ist. Seit Beginn der Ereignisse und bis jetzt haben wir gehofft, dass sich ein Verantwortlicher mit uns Journalisten zusammensetzt, um angesichts der Ausnahmesituation über ein Medienkonzept mit uns zu sprechen. Aber die Befehle kommen nur über das Telefon, weil alle Angst haben.

Tatsache ist, dass bei uns als staatlicher Medienanstalt bei Interviews nur eine Meinung gilt, die Journalisten können nicht zwei unterschiedliche Meinungen bringen, weil die Nachrichten uns von oben diktiert werden. Wir sind in Wirklichkeit nur Angestellte, die ein Gehalt bekommen, wir sind keine Journalisten. Zum Beispiel erfolgt die Einsetzung einer Moderatorin nicht ohne Vermittlung des Geheimdienstes oder der Regionalführung der Baath-Partei. Und jetzt sieht man, dass gezielt Radio- zu Fernsehmoderatoren gemacht wurden. Die Radiomoderatoren haben eine religiöse Ausrichtung und stammen aus Damaszener Familien und aus alten Stadtvierteln. Ich glaube, das Ziel besteht darin, die Bevölkerung von Damaskus stärker an das Regime zu binden und damit zu leugnen, dass die Alawiten das syrische Fernsehen beherrschen. Sie wollten in letzter Zeit ein Gleichgewicht im medialen Erscheinungsbild schaffen, und genauso haben sie es bei der Verteilung der Posten in der Verwaltung von Fernsehen, Radio und Medien gemacht.

Die Nachrichten bekommen wir fertig gedruckt. Selbst wenn wir eine Frage bezüglich der Formulierung einer Meldung haben, ist die Antwort immer schon parat: So kam es von Sana oder von der Nachrichtenabteilung.

Die Medien bei uns sind keine richtigen Medien, sie sind nur ein Instrument, das sich strengen einheitlichen Regeln beugt, angefangen von der Formulierung der Nachricht bis zur Auswahl der Gäste. Das alles wird vom Geheimdienst kontrolliert. Und wer politische Interviews vorbereitet und präsentiert, muss mit der Verwaltung und dem Geheimdienst kooperieren. Aber die Sender, die sich als privat bezeichnen und deren Besitzer regimetreue Geschäftsleute sind, wie zum Beispiel Addounia TV, spielen eine noch schädlichere Rolle als die staatlichen Medien. Sie beschmutzen den Ruf der Oppositionellen und stacheln Bevölkerungsgruppen je nach Regimetreue zu gegenseitigem Hass an. Sie setzen Gerüchte in die Welt und vergiften das Klima. Wir haben zum Beispiel im Funk- und Fernsehgebäude seit etwa zwei Monaten ein neues Gerät, auf dem der Eintretende seinen Fingerabdruck hinterlassen muss. Der Vorwand ist, dass man wissen möchte, wer sich an die Arbeitszeiten hält und wer abwesend ist. Aber dazu muss man wissen, dass die Angestellten von Funk und Fernsehen, die den Geheimdiensten zugerechnet werden, ihre Gehälter bekommen, auch wenn sie zu Hause sitzen.

Was die Berichte betrifft, die im Fernsehen gesendet werden, so werden sie von bestimmten Leuten angefertigt, die dem Regime und den Entscheidungsträgern sehr nahe stehen. Zum Beispiel: Die Reportagen vor Ort über die Protestbewegung macht der Neffe des Ministers. Und wie wir alle wissen, gibt es eine Anweisung darüber, was die Leute sagen sollen, damit ein bestimmtes Bild im Fernsehen entsteht.»

Was ist heute passiert? Hohe Dichte von Sicherheitskräften im Ort Sakba, Soldaten stürmten die Ortschaft. In Deraa stehen die Panzer noch immer an ihrem Platz, viele Sicherheitskräfte und Soldaten sind dort. Die Scharfschützen haben sich auf den Gebäuden verteilt und die Minarette erklettert. Die Verhaftungswelle hält an.

Dienstag, 10. Mai 2011

Ein seltsamer Morgen.

Ich wache auf und berühre meine Haut. Ich bin vollkommen davon überzeugt, dass ich eine Romanfigur bin. Ich trinke Kaffee und denke, dass ich an eine Frau denke, über die ich schreiben werde. Ich bin ein Roman.

Ich bin der wahrhaftigste Roman überhaupt, den ich eines Tages schreiben werde. Gestern Abend wurden viele junge Männer und Frauen verhaftet, die in der Hamra-Straße in der Nähe meiner Wohnung demonstrierten. Die Freunde informieren mich nicht mehr über Termine der Demonstrationen, weil sie meinen Versprechungen, mich nicht an der Demonstration zu beteiligen, sondern mich damit zu begnügen, sie aus der Ferne zu beobachten, um darüber zu schreiben, keinen Glauben mehr schenken. Seit der letzten Frauendemonstration haben sie Angst um mich. Ich habe viel Tadel einstecken müssen. Die Demonstration, die am Arnous-Platz ihren Auftakt nahm, ging in der Nähe meiner Wohnung vorbei, ich hörte Autos und Krankenwagen und sah von weitem eine Menschenansammlung, Gedränge, Leute, die wegliefen. Ich traf mich mit meiner Freundin, einer Schriftstellerin, die an der Demonstration teilgenommen hat, und sie erzählte mir Folgendes:

«Wir haben uns am Arnous-Platz getroffen. Ich hatte eigentlich nicht gehen wollen, weil wir sowieso schon überwacht werden. Ich dachte, ich könnte anders aktiv sein, als auf Demonstrationen zu gehen, aber ich war auch der Ansicht, es sei wichtig, auch auf den Plätzen zu demonstrieren und nicht nur von den Moscheen aus. Ich bin also mit meiner Freundin hingegangen. Wir sind alle um den Ort herumgeschlichen und haben geschaut, ob Sicherheitskräfte in der Nähe sind, damit sie sich nicht gleich auf uns stürzen. Anfangs gelang es uns nicht, uns zu versammeln, deshalb haben wir uns auf die Stufen auf dem Platz gesetzt und begonnen, patriotische Lieder zu singen. Dann sind die Jungs zusammen gekommen, und wir haben gemeinsam Syrien besungen. Wir waren etwa hundertfünfzig Demonstrantinnen und Demonstranten. Wir haben die Demonstration auch gefilmt. Dann haben wir die syrische Nationalhymne angestimmt und unsere Plakate ausgerollt und in die Höhe gehalten, darauf stand: ‹Nein zur Belagerung – Nein zur Gewalt – Wir wollen einen Zivilstaat›. Die Nationalhymne auf den Lippen und die Plakate in die Höhe haltend, sind wir in Richtung Salihija losgezogen. Wir sind mitten durch die Fußgängerzone der Salihija gegangen, und die Leute sind auf beiden Seiten stehengeblieben und haben uns verwundert und verängstigt, aber auch mit Sympathie angeschaut. Etwa siebzehn Minuten lang haben wir die Nationalhymne gesungen. Dann begann der brutale Angriff der Sicherheitskräfte. Sie umstellten uns von vorne und von hinten, und als sie angriffen, sind wir losgelaufen. Einige sind gestürzt, auch meine Freundin ist hingefallen, und ich habe ihr aufgeholfen. Da hat ein Mann sie in die Schaufensterscheibe eines Geschäfts gestoßen. Ein Ladenbesitzer der Salihija hat uns daraufhin bei sich versteckt. Als einer der Sicherheitskräfte den Laden stürmte, in dem wir uns versteckten, sagte der Ladenbesitzer zu ihm: ‹Drinnen sind Frauen, die sich gerade umziehen.› Er hat uns dann einen sicheren Fluchtweg gezeigt. Einer Frau, die auf der Demonstration gefilmt hat, haben die Sicherheitskräfte das Handy weggenommen. Eine andere junge Frau wurde verhaftet. Die demonstrierenden jungen Männer haben sie in einen Laden geschleift, dann haben sie einen Bus geholt, der vor dem Laden hielt, und die Männer mussten einsteigen. Als sich die Leute erkundigten, was denn da los sei, sagte einer von der Sicherheit zu ihm: ‹Hier ist gar nichts los, Leute, das da sind Diebe.›

Sie haben die Jungs mit Schlägen und Fußtritten aus dem Laden gestoßen. Voller Hass und mit aller Gewalt haben sie auf sie eingeschlagen, und die Leute haben schweigend zugeschaut. Und dann haben sie einige verhaftet. Ich habe mit eigenen Augen gesehen, wie einer der Sicherheitskräfte mit einem dicken Knüppel einen der Jungs brutal auf den Kopf geschlagen hat. Und im Bus wurden sie weiter bestialisch traktiert. Das ist alles filmisch dokumentiert.

Alle, die verhaftet wurden, sind bis jetzt im Gefängnis. Überall waren plötzlich Sicherheitskräfte, das Regime hat die Angestellten des Rathauses und der Regierungsbehörden zu Spitzeln und Geheimdienstlern gemacht, die sie in den Straßen und auf den Plätzen verteilen, um Informationen über Aktivitäten der Leute oder Menschenansammlungen zu erhalten. Man droht ihnen, sie zu entlassen, wenn sie sich weigern, mit den Sicherheitskräften zu kooperieren.»

Hier endete der Bericht meiner Freundin. Ich kehre zu meiner Unruhe zurück und denke an die sich verschlingenden Fäden meines seltsamen Lebens und an das merkwürdige Schicksal, das mich so nah mit einer explosiven Lage in Berührung gebracht hat.

Ich bin an einem lächerlichen Ort, versinke in seiner Schwermut. Hätte der Geheimdienst, bevor er auf seinen unterschiedlich benannten Internetseiten alle möglichen Lügen über mich fabriziert, gewusst, dass ich verwandt bin mit Ben Laden, hätte er das vielleicht gegen mich verwendet. Ich muss lachen, während ich jetzt meinen Kaffee trinke. Ich denke an Nadschwa Ghanim, eine Verwandte mütterlicherseits. Sie ist die erste Frau von Ben Laden und Mutter seiner geliebten Söhne. Ich denke an Nadschwa, die ich in meiner Kindheit kannte, und an Ben Ladens Tod und an die Geheimdienstberichte über mich. Ich muss wirklich lachen.

Vor Jahrzehnten heiratete Usama Ben Ladens Vater ein bezaubernd schönes Mädchen. Sie hieß Ulja Ghanim. Dieses Mädchen hatte einen Bruder, der die Tochter des Onkels meiner Mutter heiratete, die Nabiha hieß. Sie gebar zwei Töchter und drei Söhne. Die älteste von ihnen war Nadschwa, die den Sohn ihrer Tante, den jungen Usama Ben Laden, heiraten sollte. Ich verbrachte viele Tage meiner weit entfernten Kindheit bei Nadschwas Familie, ich kannte ihre Kinder, und ich kam mit meiner Tante auf Besuch in das Chalet, in dem sie in Latakia wohnte. Ich war ein Kind und habe nur vage Erinnerungen an jene Familie, die bis heute dort lebt. Nadschwa wird von den syrischen Sicherheitsdiensten und von Fawwaz al-Assad persönlich beschützt, der ganz in der Nähe ihrer Villa lebt, in der sie mit ihren Kindern wohnt.

Ich bin jetzt hier in meiner Dachwohnung gegenüber der Hamra-Straße. Ich lebe in Sorge und Angst, und ich verfolge jeden Schritt meiner Tochter, ich habe Angst um sie wegen der Drohungen, die ich per E-Mail und per Telefon erhalten habe. Obwohl ich zumindest nach außen hin schweige. Aber ich habe Angst, denn ich komme aus einer bekannten alawitischen Familie, einer absolut regimetreuen Familie, die mich jetzt als Verräterin betrachtet, als Schande. Einige Familienmitglieder aus Dschableh haben sogar auf Facebook verkündet, dass sie sich öffentlich von mir losgesagt haben. Ich habe mich nie um sie geschert. Nur meine kleine Familie hat mir etwas bedeutet, meine Mutter, mein Vater, meine Geschwister, trotz unserer ständigen Meinungsverschiedenheiten. Ich war auf ganz besondere Art emotional mit ihnen verbunden, was die ganze Sache noch tragischer und schmerzvoller machte. Es genügte mir, mich an jene Tage und an die Augen meiner weinenden Mutter zu erinnern, um einen hysterischen Heulanfall zu bekommen.

Es genügte, daran zu denken, dass das Regime aus den Alawiten einen menschlichen Schutzschild für sich gemacht hatte, um wieder in eine abgrundtiefe Depression zu verfallen. Es war, als wäre alles, was innerhalb der Grenzen Syriens passierte, gegen mich gerichtet.

Immer war ich die große Verliererin, zwischen meiner Familie, meinen Freunden und meiner Kindheit einerseits und der Wahrheit und der Gerechtigkeit andererseits. Mein Leben war mit einem Mal für immer gespalten. Ich bin der wahrhaftigere Roman, über den ich eines Tages schreiben werde, wenn es mir dann noch vergönnt ist zu leben. Ich bin es, die viele Geheimnisse über die Familie Makhlouf bewahrt, die Familie Assad und alle alawitischen Familien, die den religiösen Pfad verlassen und die alawitische Religionsgemeinschaft zerstört haben!

Vor etwa einer Woche habe ich auf meiner Facebook-Seite geschrieben: «Unser Großvater, Aziz Bek Hawasch, war der Führer, der die Aufforderung Frankreichs, einen alawitischen Staat zu errichten, um der Einheit Syriens willen abgelehnt hatte. Und Osman, mein Großvater mütterlicherseits, hat sich den Osmanen widersetzt. Er vollbrachte Heldentaten, die allen Bewohnern der Berge und der Küste bekannt sind. Mein Großvater Ibrahim Salih Yazbek wiederum hat vor den sechziger Jahren seinen Besitz und sein Land für die Bauern aufgegeben. Ja, ich bin die Enkelin dieser Männer und die Nichte von al-Maksun al-Sindschari und al-Khusaibi und der Brüder al-Safa und al-Mutanabbi.

Ihr seid die Enkel des Rechts und nicht die Enkel des Unrechts.»

Dieser Kommentar hat die Situation bei der Familie und den Sicherheitskräften noch explosiver werden lassen. Und wieder wurde ich vorgeladen von einem hohen Geheimdienstoffizier. Ich wollte mit diesem Kommentar noch einmal an die tatsächliche Realität der Alawiten erinnern. Das hatte ich auch vorher bereits getan, als ich geschrieben hatte, dass der Imam Ali Ibn Abi Talib, als er vor die Wahl zwischen der Wahrheit und der Macht gestellt war, sich für die Wahrheit entschieden und das mit seinem Leben bezahlt hatte.

Derartige Briefe schickte ich an die Mitglieder der Baath-Partei und an die alawitischen Sicherheitskräfte, die in Dschableh und den umliegenden Dörfern diese Flugblätter über mich verteilten, in denen die Leute gegen mich aufgehetzt wurden, mich zu töten. Ich verschickte auch Botschaften durch einige alawitische Geistliche, aber vergeblich, die Situation wurde nur noch schlimmer.

Bei der ersten Zusammenkunft mit dem hohen Offizier war ich vollkommen am Ende, denn zwei der Männer, die mich in dem weißen Auto von zu Hause abgeholt hatten, hatten mir die Augen verbunden, was ich höchst verwunderlich fand. Mir ging durch den Kopf, dass ich niemanden informiert hatte, und Nawwara war noch immer im Dorf. Ich vermutete, dass meine Verhaftung wohl unmittelbar bevorstehe und dass ich lange im Gefängnis bleiben würde. Dies war in der Zeit, bevor sie auf einer Website des syrischen Geheimdienstes einen Artikel veröffentlichten, in dem sie mich des Agententums und des Verrats bezichtigten.

Ich kam an einen merkwürdigen Ort, vielleicht in Mezzeh, genau wusste ich es nicht, aber plötzlich fand ich mich in einem geräumigen Büro mit dem hohen Offizier wieder. Er musterte mich so angewidert, als hätte er es mit einer verwesten Leiche zu tun. Dann packte er mich derart hart am Handgelenk, dass er mir fast die Hand zerquetschte und meine Haut zu brennen begann, und plötzlich verpasste er mir eine Ohrfeige, die mich zu Boden warf. Er spuckte auf mich herunter und sagte: «Du Miststück!» Meine Augen waren geschlossen, in meinen Ohren vernahm ich ein gellendes Dröhnen. Mir war, als würde mir schwindelig werden, es glich einem Gefühl wie ein Erschauern. Ich stand nicht auf, ich konnte es nicht, obwohl er schrie, ich solle aufstehen, aber ich war nicht dazu in der Lage. Mein Körper war zerbrechlich, mir schwindelte. Was für eine Ironie! Eine einzige Ohrfeige hatte mich zu Boden geworfen! «Steh auf!», schrie er. Ich rührte mich nicht, ich hielt die Augen geschlossen und dachte bei mir, ich werde nicht aufstehen, soll er doch machen, was er will. Das Messer, das ich normalerweise in meiner Tasche bei mir trage, steckte in meinem Büstenhalter, das gleiche kleine Klappmesser. Ich dachte, ich werde nicht darauf warten, dass er oder irgendjemand anderer mich beleidigt, ich werde mir das Messer ins Herz stoßen. Bis zu jenem Augenblick glaubte ich noch, sie würden mich für lange Zeit ins Gefängnis stecken. Ich hatte begriffen, dass ihre Wut auf mich grenzenlos war. Ich vernahm das Geräusch seiner Schritte, spürte, wie er seine Hand ausstreckte und mich hochzog. Ich weiß nicht genau, wie er mich auf den Stuhl setzte, aber als ich aufrecht saß und meinen Kopf gerade halten konnte, hörte das Schaukeln in meinem Kopf auf. «Was für eine großartige Heldin!», lachte er. «Ein Schlag, und schon bist du hinüber!» Ich öffnete die Augen. Ich weinte nicht. Ich wollte weinen, weil der Schlag demütigend gewesen war, aber ich würde ihn meine Tränen nicht sehen lassen. Ich starrte ihn an. Nachdem er mit den Fingern über meine Wange gestrichen hatte, sagte er: «Ist das nicht eine Schande, wenn so ein Engelsgesichtchen geschlagen wird?»

Er setzte sich wieder auf seinen Stuhl, dann hob er zu einem langen Vortrag über die Bande des Blutes und der Verwandtschaft an, über Familie, Verrat, Schande und die ganze Litanei, die ich seit Jahren zu hören bekomme. Als er fertig war, starrte ich immer noch auf seine Hand und seine Finger, die vermutlich ihre Spuren auf meiner Wange hinterlassen hatten, rote Spuren, die in den nächsten zwei Tagen blau anlaufen würden.

«Hat die Katze deine Zunge gefressen?», fragte er. «Deine lange Zunge, die man dir rausreißen muss?» Er schlug mich ein zweites Mal, diesmal weniger heftig. Ich erhob mich, zückte mein Messer und hielt es ihm vors Gesicht. Wenn er nicht aufhöre, mich zu schlagen, würde ich mir dieses Messer ins Herz stoßen, sagte ich zu ihm. Ich würde weder ihm noch jemand anderem erlauben, meine Würde zu verletzen. Wie vom Donner gerührt sprang er auf und glotzte auf das schwarze Messer. Er wich einige Schritte zurück, ich hatte den Knopf des Messers schon gedrückt, die Klinge war ausgeklappt, und ich zielte damit direkt auf mein Herz, dessen Schläge ich nun hören konnte.

Bleiernes Schweigen. Er war verblüfft, kam wieder auf mich zu, und ich trat einen Schritt zurück: «Nicht näher kommen!» Er blieb stehen, blickte mich erstaunt an, während ich ihm, ohne mit der Wimper zu zucken, in die Augen starrte. Ich schrie: «Was wollt ihr?» – «Wir haben Angst um dich. Du lässt dich von Salafisten verführen und du glaubst ihren Märchen.» – «Ich glaube niemandem. Ich bin immer wieder auf die Straßen gegangen und habe keine Salafisten gesehen. Aber ich habe gesehen, wie ihr die Leute schlagt und verhaftet und tötet.» – «Weil sie Salafisten sind.» – «Das stimmt nicht, ich weiß das, und ihr wisst das genauso.» – «Wenn du weitermachst, lass ich dich vom Erdboden verschwinden.» – «Dann tu es doch.» – «Nicht nur dich, sondern auch deine Tochter.» In diesem Augenblick blieb mein Herz stehen. Schließlich setzte er sich wieder hinter seinen Schreibtisch und sagte: «Lass jetzt das Messer los, du Wahnsinnige, wir sind anständige Leute und vergreifen uns nicht an unserem eigenen Blut. Wir sind keine Verräter wie du. Du bist eine Schande für die Alawiten.» – «Die Alawiten haben mit dir und deinesgleichen nichts zu tun!» – «Weißt du, was für dich am besten wäre?» Ich antwortete nicht. «Du trittst im syrischen Fernsehen auf, und wir vereinbaren, was du sagst.» Bevor er ausgeredet hatte, schrie ich: «Das mache ich nicht, und wenn du mich mit deinen eigenen Händen umbringst!» Ich starrte ihm in die Augen, meine schrille Stimme machte ihn wütend. «Du brauchst gar nicht weiterreden, ich werde das nicht machen. Lasst mich in Ruhe!» – «Und du lass uns in Ruhe!» Er schwieg, dann sagte er: «Und diese Artikel in al-Kuds al-Arabi und auf Facebook und deine ständigen Treffen mit Leuten und deine Teilnahme an Demonstrationen?» – «Ich stehe auf der Seite des Rechts.» Er brach in schallendes Gelächter aus und sah mich mitleidig an.

Ich steckte mein Messer an seinen Platz zurück. Er würde mir nichts tun, zumindest dieses Mal nicht. Später, als ich begann, Zeugenaussagen von ehemaligen Inhaftierten zu sammeln, würde ich erfahren, was für eine besondere Behandlung ich genossen hatte. Sein Telefon klingelte. Er ging hinaus, er wollte nicht in meiner Gegenwart reden. Einige Minuten später kehrte er zurück. Ich war niedergedrückt und hatte Angst. «Das ist die letzte Warnung», sagte er. «Danach gehörst du zu den Feinden.»

«Ich gehöre niemandem», sagte ich. «Ich gehöre dem Recht.» Er lachte höhnisch. «Bei Gott, ich werde dafür sorgen, dass dich die Leute auf der Straße anspucken, sogar deine Freunde von der Opposition werden dich anspucken. Du wirst zappeln wie ein Fisch auf dem Trockenen, bevor ich dich ins Gefängnis stecke. Und jetzt hau ab, los!»

Zwei Hünen in Zivil betraten den Raum. Sie hatten in Habachtstellung vor der Tür gestanden. Jetzt stellte sich einer rechts, der andere links von mir auf. Der hohe Offizier machte ein Zeichen in meine Richtung, da hoben mich die beiden Männer hoch, nicht gewaltsam, sie nahmen mich, als könne man mich wie eine Sache einfach forttragen. Als sie mich an den Schultern von meinem Stuhl zogen, leistete ich keinen Widerstand, sondern stand von selbst auf. Ich fragte mich verwundert, was sie mit mir machen würden. Würden sie mich endlich verhaften, auf dass dieser Albtraum ein Ende habe? Das wäre leichter zu ertragen als dieser Irrsinn. Der Offizier warf mir einen verächtlichen Blick zu, und ich blickte zurück, um zu verstehen, was nun passierte. Ich versuche, in den Augen der Menschen zu lesen, sie durch ihre Gesten, ihr Verhalten zu verstehen. Jetzt schien er gleichgültig, starrte einfach auf irgendeinen Punkt in dem großen Raum. Die beiden Männer legten mir eine Augenbinde um, plötzlich war meine Welt schwarz.

Von dem Stück Stoff ging ein seltsamer Geruch aus. Eine starke Hand packte mich, ein fester Griff legte sich um meinen Ellbogen und zog mich fort. Ich bewegte mich schwerfällig, dann blieb ich stehen und schrie: «Wo bringen die mich hin?» – «Eine kleine Exkursion. Damit du besser schreiben kannst», säuselte er. Ich war sicher, dass sie beschlossen hatten, mich zu verhaften. Ich tat so, als nähme ich mich zusammen, ich wollte glauben, dass das, was ich seit einem Monat und jetzt hier erlebte, nur ein Albtraum war, aus dem ich bald erwachen würde. Es vergingen nur zwei Minuten, all diese Gedanken schossen mir in noch kürzerer Zeit durch den Kopf, dann stürzte ich fast zu Boden. Als die beiden neben mir gehenden Männer mich auffingen, bemerkte ich, dass wir dabei waren, eine Treppe hinabzusteigen. Einer von ihnen ließ mich los, die Treppe schien eng zu sein. Ich versuchte, unter der Augenbinde durchzuspähen, aber sie saß zu stramm. Mein Atem wurde flach. Ich glaubte, wir stiegen einige Stockwerke hinunter, aber ich war mir nicht sicher. Mir wurde schwindelig, es stank, und in den Gestank von Fäulnis mischten sich mir unbekannte Gerüche. Schließlich blieben wir stehen. Mich durchfuhr dieser stechende Schmerz, ganz unten am Rücken, ich begann zu zittern, ich kannte meinen fragilen Körper. Eine Hand löste die Binde von meinen Augen. Ich hatte nicht damit gerechnet, dass mich ein solches Grauen erwarten würde. Obwohl es nur schwarz vor meinen Augen wurde ... Das Gefängnis ... Alles, was ich darüber gehört und mir vorgestellt hatte, war nichts im Vergleich zu diesem Augenblick, in dem ich die Augen öffnete: Ein langer Gang, die Zellen auf beiden Seiten kaum zu erkennen. Mit Mühe nur erspürte ich, dass das ein realer Ort war und kein Hirngespinst. Es war die Realität! Der Gang war so schmal, dass kaum zwei Körper aneinander vorbeikamen. Alles um mich herum war schwarz. Ein Gang, der abgetrennt war von der Welt. Ich schaute zurück und sah nichts. Vor mir absolute Schwärze. Ein Gang ohne Anfang und Ende, im Nichts hängend, mit mir mittendrin und mit geschlossenen Türen. Der Mann, der vor mir stand, öffnete eine dieser Türen. Ein hartes schnelles Quietschen ertönte, dann mündete es in langsame Schläge. Es waren traurige Schläge, sie ähnelten einer Melodie, die ich einmal in einer griechischen Bar gehört hatte. Der Mann packte mich am Ellbogen und stieß mich durch die geöffnete Tür, und dort ... sah ich sie. Eine Zelle mit zwei oder drei Personen. Ich konnte es nicht genau ausmachen, aber vermutlich sah ich drei Körper irgendwo hängen, ich wusste nicht, wie! Er stieß mich weiter, ich war fassungslos, ich spürte ein flaues Gefühl im Bauch. Die Körper waren fast nackt, ein fahler Lichtschein drang von irgendwo herein. Ich wusste nicht, ob es eine Öffnung in der Decke war, man konnte drei junge Männer wahrnehmen, knapp zwanzig oder etwas älter. Ihre jugendlichen Körper waren unter dem Blut zu erkennen. Die Hände hingen in Eisenfesseln, ihre Zehen berührten kaum den Boden. Blut klebte an ihren Körpern, frisches Blut, trockenes Blut, tiefe Wunden zeichneten sich auf ihren Leibern ab, wie willkürlich mit einem Pinsel da hingemalt. Ihre Gesichter waren zu Boden gerichtet, sie waren bewusstlos und schaukelten hin und her wie Schlachtvieh. Ich schreckte zurück, da packte mich einer der Männer und schob mich wieder nach vorne, schweigend. In jenem Moment hob einer der Jungen kraftlos den Kopf, es gelang ihm nur mit Mühe. Die schwachen Lichtstrahlen ermöglichten es mir, sein Gesicht zu erkennen.

Er hatte kein Gesicht. Seine Augen waren vollkommen geschlossen. Ich konnte kein Schimmern darin erblicken. Kein Platz für die Nase, nicht einmal für die Lippen, sein Gesicht glich einem roten Bild ohne jede Kontur. Rot, gemischt mit Schwarz, das einmal rot gewesen war!

In diesem Augenblick sank ich zu Boden. Die beiden Männer rissen mich wieder hoch. Einen Moment stakste ich auf einem glitschigen Flecken herum, es dauerte eine Weile, bis meine Füße wieder fest auf dem Boden standen. Ich hörte den einen sagen: «Die verträgt keinen einzigen Schlag. Guck mal, wie die jetzt schon dran ist. Die verreckt, wenn man die in den Reifen steckt!»

Dann schlug mir dieser Gestank entgegen, ein Gestank von Blut, Urin, Kot. Ein Geruch nach rostigem Eisen. Ein Geruch, der an Verwesung denken ließ. Ein Geruch ... Die geöffnete Zelle ... Der Gestank musste von dort kommen.

Plötzlich stieß er mich aus der Zelle und öffnete eine andere. In diesem Augenblick drangen von irgendwoher Folterschreie an mein Ohr, von einem weit entfernten und doch nahen Ort. Ich zitterte. Ich hatte noch nie solche Schreie vernommen, sie schienen tief aus der Erde zu kommen und trafen mich bis ins Mark. Die Schreie verstummten nicht, bis wir den Gang verlassen hatten. Die zweite Zelle wurde geöffnet. Die Wirbelsäule des jungen Mannes darin glich einer anatomischen Zeichnung. Auch er schien bewusstlos zu sein. Sein rissiger Rücken sah aus, als hätte man mit einem Messer eine Landkarte hineingeritzt.

Sie schlossen die Zelle. Und so ging es Zelle für Zelle. Sie hielten mich am Ellbogen fest und stießen mich hinein. Dann zogen sie mich wieder heraus. Körper lagen hingeworfen auf anderen Körpern. Es war die Hölle! Als seien die Menschen nur Stücke von Fleisch, aufgetürmt, um die Meisterwerke der hohen Kunst des Mordens und des Folterns auszustellen. Männer, die keine dreißig waren, hatten Gesichter, die keine Gesichter mehr waren, und Körper mit einer neuen Topographie. Hier hatte das Wort Gott keine Bedeutung, denn wenn Gott existierte, würde er nicht dulden, dass seine Schöpfung auf diese grauenhaft entstellte Art neu erschaffen würde.

«Sind das die Jungs von den Demonstrationen?», fragte ich die Männer, die mir die Augen wieder verbanden.

«Das sind die Verräter von den Demonstrationen!», antwortete einer der beiden barsch. Meine Frage hatte ihn verärgert. Er nahm meinen Ellbogen und drückte so fest zu, dass ich das Gefühl hatte, er würde ihn zertrümmern. Ich wusste nicht, was in ihren Köpfen vor sich ging, aber mein Bauch fing wieder an zu rumoren. Während der Mann mich festhielt und zog, stolperte ich und fiel, doch er ließ mir keine Zeit aufzustehen, er riss weiter an mir, so dass meine Knie gegen die Treppenstufen stießen. Dann packte er mich noch härter an und zog mich schließlich wie einen Kartoffelsack die Treppe hoch. Mir brannten die Knochen vor Schmerz, als ich an die jungen Männer dachte, die an den Demonstrationen teilnehmen. Ich begann wieder zu zittern, ganz tief innen in meinem Bauch. Der Gestank füllte meinen Mund, der Anblick der Zellen legte sich über die Dunkelheit vor meinen Augen. Wir blieben stehen, sie nahmen mir die Augenbinde ab, ich sah ihn hinter seinem schicken Schreibtisch sitzen. Jetzt glaubte ich, dass das alles kein Albtraum ist. Er blickte mich höhnisch an und fragte: «Und? Hast du deine Kollegen gesehen, diese Verräter?»

In diesem Augenblick begann etwas sich in rasender Geschwindigkeit den Weg aus mir zu bahnen, als ob ich aus meiner Haut fahren wollte. Im normalen Leben pflege ich zu meinen Freundinnen zu sagen: «Wenn die Berührung eines Mannes dich nicht wie eine Schlange deine Haut abstreifen lässt, dann ist es keine Liebe.» Jetzt konnte ich behaupten, dass es andere Dinge gibt, die uns unsere Haut abstreifen lassen: der Weg in den Tod und das Gleiten in den Abgrund!

Für mich war es ein Gleiten in den Abgrund, und statt zu fliegen, erbrach ich mich. Gerade stand ich noch, und jetzt sank ich auf die Knie. Das machte ihn furchtbar wütend, er stand auf und starrte bestürzt das prachtvolle Möbelstück an, das jetzt besudelt war. Und ich kotzte weiter. Meine Augen füllten sich mit Wasser, es waren aber keine Tränen, sondern etwas anderes. Da war er wieder, dieser Gedanke: Jeder, der hier zu den Demonstrationen geht, wird entweder durch Kugeln getötet, oder er lebt versteckt auf der Flucht, oder er wird verhaftet und gefoltert wie diese Jungs. Was für ein Mut ist plötzlich aus diesem Feuerstein hervorgebrochen?

Meine Stimme klang schwach, aber ich konnte mich selbst hören: «Sie sind der Verräter!» Ich wusste, dass er es gehört hatte, denn er beugte sich vor und versetzte mir mit voller Wucht eine Ohrfeige, so dass ich endgültig zu Boden ging. Dann begannen sich die Dinge um mich herum zu drehen; das konnte ich noch spüren, bevor ich ohnmächtig wurde. Mein Mund lag auf dem Boden, geöffnet, warmes Blut begann zu fließen. Jetzt wusste ich, was es heißt, wenn sie drohen: «Du wirst Blut spucken!»

– – –

Ich kehrte nach Hause zurück. Ich war nicht mehr die, die ich gewesen war. Ich betrat die Wohnung und beobachtete mich. Ich war eine Frau zwischen Leben und Tod. Ich sah sie, sie warf einen Schlüsselbund auf den Tisch, dann zündete sie sich eine Zigarette an. Die Frau schloss die Augen, legte sich wieder die Augenbinde um. Sie tat dies, als befände sie sich auf einer Theaterbühne. Die Bilder der zerschundenen Körper kehrten zurück. Das Lachen ihrer Tochter, die schönen Augen ihrer Mutter zogen an ihr vorbei, sie erhaschte sich einen Lichtschimmer, sie schloss die Augen so fest, dass sie blind wurde. Sie spürte dieses riesige Loch, das sich in ihrem Herzen auszubreiten begann, das Loch wurde größer, die Frau steckte ihre Finger in das Loch, das schon bis ganz oben an ihren Hals reichte.

Zwei Tage nach diesem Vorfall wurde ich auf der Website meiner Peiniger als Verräterin und Agentin bezeichnet. Dann vergingen einige Tage, und die Flugblätter selben Inhalts wurden vor die Häuser in Dschableh und den umliegenden Dörfern geworfen.

Was will er denn noch? Ich habe meine Wohnung verlassen und bin untergetaucht. Ich veröffentliche keine Artikel mehr. Weiß er von meinen Aktionen mit den jungen Leuten? Ich glaube nicht. Ich habe wirklich Angst, Angst um meine Tochter. Ich bin nicht zur Vorladung gegangen, in der Hoffnung, sie würden mich in all den sich überschlagenden Ereignissen vergessen. Aber ich erhielt einen Anruf, von ihm. «He, du Miststück, ich krieg dich, und wenn du ans Ende der Welt gehst», sagte er mit rauher Stimme. Ich versuchte zu taktieren und so viel Zeit wie möglich zu gewinnen, um aufzuschreiben, was in diesem Land passiert: «Ich tue doch gar nichts.» – «Das ist die letzte Warnung», sagte er. Ich wollte explodieren vor Wut, ich versuchte mich zu verstecken. Anders als einige Oppositionelle, die Kontakt zum Regime haben, lehne ich jeglichen Dialog ab. Ich bin sogar aus Facebook verschwunden. Was also meinte er? War es nur Einschüchterung, Angstmacherei, der Versuch, mich in den Wahnsinn zu treiben?

Ich denke, dass ich ein richtiger Roman bin. Das Schreiben hat mir dabei geholfen, die Hürden des Lebens zu meistern.

In diesen zehn Tagen, in denen sie zu mir nach Hause kamen, versuchte ich mich zu konzentrieren. Drei oder vier Männer, die mir eine Augenbinde umlegten und zu dem gleichen Offizier brachten. Ich weiß nicht, ob das wirklich sein Büro war und ob wir in Dschisr al-Abjad oder in Kafr Susseh waren. Ich konnte die Entfernung nicht abschätzen, bevor ich meine Wohnung wechselte. Und nach dem Wohnungswechsel drehte das Auto unzählige Runden, bevor es anhielt. Ich verliere meine Konzentration, schaffe es nicht, die Dinge genau zu beschreiben. Auch beim vierten Mal bin ich in die Zellen hinuntergestiegen. Sie haben mich nicht verhaftet, mich nicht in eine Zelle gesteckt. Stattdessen ging ich zwischen den Zellen hin und her. Ich werde ein anderes Mal über meine Höllenreise schreiben.

Ich werde versuchen, mich im Detail an das zu erinnern, was geschehen ist.

Die Augen verbunden, stellte ich mir vor, dass ich gegen meinen Willen in die Blindheit eintrete. Blind darauf wartend, dass Hände sich um mich herum bewegen. Ich behalf mich mit Situationen, über die ich gelesen hatte. Einmal, als ich mich nicht mehr konzentrieren konnte, dachte ich, die Blindheit sei ein Fenster, um die Außenwelt auszuschließen, eine geheime Tür, um in die Finsternis des Lichts einzutreten, eine Gelegenheit zum intensiven Reflektieren. Deshalb sind die Blinden halbe Philosophen. So kämpfte ich gegen die schwarze Binde an, versuchte sie zu ignorieren. Ich stellte mir vor, ich sei ein Mensch aus Papier, eine Romanfigur, und nicht aus Fleisch und Blut, und ich sei es, die jetzt über eine Frau mit verbundenen Augen liest, die gewaltsam zu einem unbekannten Ort geführt wird. Einem Ort, an dem sie verflucht und bespuckt wird, weil sie es gewagt hat, etwas über die Wahrheit zu schreiben, das den Tyrannen missfiel. Und an diesem Punkt der Phantasie fühle ich mich stark, ich vergesse die Schwäche meines Körpers, den Gestank und all das Unbekannte, das auf mich zukommen wird.

Mittwoch, 11. Mai 2011

Panzer der syrischen Armee beschießen Baba Amru in Homs. Die Sicherheitskräfte dringen in die Häuser ein und plündern sie. Der Beschuss hält über Stunden an. Neunzehn Menschen sterben. Das Regime wird bekanntgeben, dass es in Kürze ein Komitee für die Ausarbeitung eines Wahlgesetzes ins Leben rufen wird.

In Damaskus herrscht im Moment Ruhe. Die Ruhe ist das Resultat eines Sicherheitsplanes. Heute wird der internationale Druck auf das Regime verstärkt. Cathrine Ashton sagt, die syrische Regierung habe seine Legitimität verloren. Ban Ki-moon ruft den Präsidenten zum Dialog mit den Demonstranten auf und bringt seine Enttäuschung über das Vorgehen des Regimes gegen sein Volk zum Ausdruck.

In Banjas gibt es wieder Strom und Wasser, auch das Telefon funktioniert wieder. Dreihundert Inhaftierte werden freigelassen. Es wird bekanntgegeben, dass noch elftausend Menschen in Haft sind.

Mein Morgen beginnt mit Meldungen über die Beschießung von Homs, über die Toten. Ich habe kaum die Augen geöffnet, Kaffee gemacht und den Fernseher eingeschaltet, da spricht ein Wissenschaftler aus Homs über Baba Amru, ein Viertel in Homs, wo arme Bauern leben. In den Nachrichten, die mich erreichen, wird von überallher gefragt, wie es möglich ist, dass die Häuser der Syrer von Panzern beschossen werden. Mörder und immer wieder Mörder. Gestern Abend bin ich mit Tränen auf den Wangen eingeschlafen. Ich hatte die Zeugenaussage eines Journalisten aufgezeichnet, der während der Belagerung in Deraa gewesen war. Als ich erwachte, begannen meine Augen wieder zu brennen, und ich verfiel erneut in einen Weinkrampf. Ich kann es nicht mehr ertragen. Mich packt der Gedanke, mir den Tod zu wünschen. Keine Zeugenaussagen mehr aufzuzeichnen, sondern meine Tochter bei ihrem Vater zu lassen und dann in den Untergrund zu gehen. Dieses wahnsinnige Blutvergießen macht mich verrückt. Anfälle von Kopfschmerzen kann ich nur mit Beruhigungstabletten bekämpfen, von denen ich allerdings einschlafe.

Gestern bekam ich mitten in der Nacht einen Drohanruf, schon wieder. Ein kleiner Junge, keine Ahnung, wie alt er war. Seit zwei Tagen hatte ich keine Drohung mehr erhalten. Ich hatte gemeinsam mit einer Freundin überlegt, heimlich nach Dschableh zu fahren, in meine Stadt, die der Sicherheitsapparat der Baath-Partei für mich unzugänglich gemacht hatte. Wir wollten mit dem Auto eines Freundes fahren. Ich müsste meine Identität verbergen, ich müsste nur ein Kopftuch und eine dicke Brille aufsetzen und ein langes Kleid anziehen. Ich hätte ins Draiba-Viertel gehen und dort Menschen treffen sollen. In diesem Viertel ist man der alawitischen Religionsgemeinschaft gegenüber angeblich feindlich gesinnt. Das zumindest wollen die Sicherheitskräfte den Alawiten weismachen, in Wahrheit aber ist es ein Viertel, von dem auch eine Protestbewegung ausging.

Himmel, steh mir bei, dieses fortgesetzte Töten zu ertragen. Es ist schwierig für mich, Tochter einer bekannten Familie, dorthin zu gehen. Vielleicht werde ich aus Rache für den Tod seiner Familie von einem extremistischen Sunniten getötet. Oder von einem der Alawiten, die mich als Verräterin betrachten. Vielleicht aber auch von einem Scharfschützen? Unzählige Fragen. Ich sehe wieder die Szene aus Banjas zu Beginn der Krise vor mir, als einige alawitische Fanatiker das Haus von Scheich Abud mit Raupen zerstören wollten, weil sein Sohn zu den Demonstranten gehörte. Und dies, obwohl er zu den alteingesessenen Bewohnern der Stadt zählt. Und obwohl sein Sohn verhaftet worden war und drei Tage im Gefängnis verbrachte. Aber das reichte ihnen nicht. Ein Salafist muss nicht zwangsläufig Sunnit sein, es gibt auch unter den Alawiten Salafisten! Der Besuchsplan scheiterte, wir kehrten unverrichteter Dinge aus dem Viertel zurück, denn nachdem wir gesehen hatten, dass Sicherheitskräfte den Ort umstellt hatten, machte sich meine Freundin große Sorgen. Sie wollte mein Leben nicht aufs Spiel setzen. Die ganze lange Strecke von Damaskus nach Dschableh ... und dann endete die Mission in einem Besuch von einer halben Stunde! Zudem tauchte der junge Mann, der zum vereinbarten Treffpunkt hatte kommen sollen, nicht auf. Also kehrten wir wieder um, nachdem wir eine Zeitlang vor dem Tor zum alten überwölbten Suk gewartet hatten. Einige Sicherheitskräfte kamen auf uns zu, da machten wir uns rasch aus dem Staub. «Sie verlangen die Ausweise», sagte meine Freundin, «und wenn sie dich erwischen, dann gnade dir Gott.»

Ich hatte schon einmal einen Besuch in Dschableh verschoben, damals hatte ich abwarten wollen, bis meine Tochter ihre Prüfungen beendet hatte. Es vergingen zwei weitere Wochen, und nun hatte ich wie ein alter Baumstumpf vergeblich dort gewartet.

Immer wieder neue Nachrichten, aber es gibt kein Internet. Ich sollte das Haus nur selten verlassen, ich sollte darauf warten, dass die Sicherheitskräfte mich vergessen, dass sie sich meiner einfach nicht mehr erinnern. Aber werden sie mich wirklich vergessen? Selbst wenn ich schweige und mich verstecke? Meine Freunde raten mir, das Land sofort zu verlassen, sie drängen, rufen mich immer wieder an, sind um meine Sicherheit besorgt. Aber ich kann nicht. Dabei sollte ich in Betracht ziehen, dass meine Ersparnisse aufgebraucht sind. Die Miete für die Wohnung ist teuer, weil sie in der Innenstadt liegt. Ich muss überlegen, wie ich mich und meine Tochter ernähren soll.

Ich wünsche mir einen Morgen ohne Blut. Einen einzigen Morgen, an dem ich nicht diesen salzigen Geschmack im Mund habe, der meine Finger lähmt und mich wie versteinert dastehen und ins Leere starren lässt.

Ich versuche, die Aussage des Journalisten, der die Belagerung von Deraa durchbrochen hat, in den Computer zu tippen.

«Ich bin durch die Vermittlung eines Tierarztes nach Deraa gekommen, also nicht in meiner Eigenschaft als Journalist. Die Soldaten standen an jeder Kreuzung in der Stadt, überall militärische Checkpoints und Sicherheitskräfte, immer wieder mussten wir anhalten und wurden kontrolliert. Es war, trotz der geringen Entfernung, eine lange Fahrt. Das Militär schaute immer wieder auf Namenslisten, erst dann kontrollierten sie uns und ließen uns weiterfahren. Wir machten einen Rundgang durch die Stadt, dann gingen wir zur Omari-Moschee. Dort begann gerade eine Demonstration, etwa tausend Demonstranten versammelten sich. Unzählige Sicherheitskräfte warteten nur darauf, sich auf die Demonstranten zu stürzen, obwohl an jenem Tag eigentlich Waffenstillstand gewesen war. Man wollte vor dem kommenden Freitag die Forderungen erfüllen. Wir gingen zu einem der Notabeln, der uns erzählte, was geschehen war. Es handelte sich um die allseits bekannte Geschichte von den Kindern von Deraa, die brutal gefoltert worden waren und denen man die Fingernägel ausgerissen hatte. Der Notable berichtete uns, was Atef Nadschib, der Geheimdienstchef von Deraa, zu den Notabeln gesagt hatte: ‹Ihr könnt eure Kinder haben, wenn ihr sie gegen eure Frauen eintauscht!›

Deshalb, weil ihre Ehre verletzt worden war, wollten die Demonstranten weiter protestieren. Es waren Clan- und Stammesscheichs. Abgesehen von der Bestrafung der Männer, die die Kinder gefoltert hatten, forderten sie auch die Aufhebung des Ausnahmezustands und das Ende der Korruption.»

Er hielt inne und starrte vor sich hin, dann sagte er plötzlich: «Es waren auch keine Tränengasbomben, sie verwendeten Nervengas.»

Er machte erneut eine Pause. Ich wartete darauf, dass er fortfahren würde, doch er schwieg. «Was ist danach passiert?», fragte ich.

«Der Notable, mit dem ich gesprochen hatte, gehörte in den sechziger Jahren der nationalistischen Strömung an. Er sagte erregt, dass sie nicht bewaffnet seien und dass es bei ihnen auch keine bewaffneten Banden gebe, wie das Regime behaupte. Während ich mit ihm sprach, passierte etwas Schreckliches. Es gab einen Aufruf zur Rettung der Demonstranten, die von den Sicherheitskräften angegriffen worden waren. Ich ging mit den Leuten hinaus, meine Kamera hatte ich dabei, alles, was ich Ihnen erzähle, ist durch Bilder belegt. Als ein dreizehnjähriges Kind einen Stein vom Dach warf, um ihn zerbersten zu lassen und mit den Bruchstücken die Sicherheitskräfte zu bewerfen, geboten die Demonstranten ihm Einhalt. Das sei eine gewalttätige Aktion, sie aber wollten friedlich demonstrieren. Damals hatte man France24 und BBC schon aus dem Land geworfen. Als sie fragten, wer ich sei, sagte der Notable: ‹Der gehört zu mir.› Das waren magische Worte, von da an wollten die Leute mich beschützen. Während der Demonstration habe ich Interviews geführt, die ich auch bei mir habe. Darin haben die Demonstranten ihrem Ärger und ihrer Wut über den Präsidenten Luft gemacht. Nach dem Blutbad in Deraa besuchte der Präsident die nahe gelegene Stadt Suwaida und hat sich überhaupt nicht um die Getöteten geschert. Ein Demonstrant sagte zu mir: ‹Wir schützen Baschar al-Assad, aber nicht die Sicherheitsapparate.› Ein anderer sagte: ‹Die Heckenschützen sind von der Hisbollah.› Da schrie einer: ‹Sag nichts, wessen wir uns nicht sicher sind. Ganz so ist das nicht.› Dann kam ein Mann mit einem langen Bart, der aussah wie ein radikaler Islamist. Er wollte über die Problematik zwischen Sunniten und Schiiten reden, doch die Demonstranten forderten ihn wütend auf zu schweigen. Sie redeten nur über die Sicherheitskräfte und die Unterdrückung. Die Frauen wollten auch auf die Straße und protestieren, und da die Männer es ihnen erlaubten, protestierten Frauen und Männer gemeinsam in der Moschee. Das war vor dem Massaker.

Ich habe noch etwas vergessen. Wieder zurück bei dem Notabeln, bat ich ihn, noch eine zweite Meinung hören zu können. So ließ er den ehemaligen Scheich der Omari-Moschee holen. Ich kann Ihnen nicht erzählen, was er gesagt hat, obwohl ich das gefilmt habe, aber ich habe ihm versprochen, dass ich seine Worte nur im Falle seines Todes veröffentliche oder wenn er mir seine Genehmigung gibt. In diesem Augenblick sitzt er im Gefängnis, nachdem sein Sohn getötet wurde.

Dann kam ein Verwandter eines der verhafteten Kinder. Soweit ich mich erinnere, war es sein Onkel. Er erzählte: ‹Die Kinder sind im Gefängnis verschwunden, weil sie etwas auf Mauern gekritzelt haben. Sie haben Ungeheuerliches mit ihnen gemacht.›»

M. schwieg, dann fragte er: «Wissen Sie, was das heißt: Ungeheuerliches?» Ich nickte. «Er meinte damit, dass sie sie vergewaltigt haben. In der Wohnung des Notabeln, bei dem ich war, hingen übrigens Bilder von Hafes al-Assad, Baschar al-Assad und Gamal Abdel Nasser.

Die Sicherheitskräfte hatten die Wohnungen gestürmt und die Kameras und die Mobiltelefone der Leute eingesammelt. Um ein Uhr nachts, vielleicht auch halb eins, rief mich einer der Protestierenden aus der Moschee an und sagte: ‹Wir haben uns hier versammelt. Es hat ein Massaker gegeben.›»

Er hielt wieder inne, dann fuhr er fort: «Bis zu jenem Augenblick hatte es keine medizinischen Einrichtungen in der Moschee gegeben, aber nach diesem Blutbad errichteten die Demonstranten dort ein Feldlazarett für mögliche kommende Massaker. Das war an einem Mittwoch oder Donnerstag im März.

Damals standen die Sicherheitskräfte in jedem Viertel, das habe ich mit eigenen Augen gesehen. Außerdem waren da ein Auto und Bewaffnete, und es war klar, dass aufgrund der hohen Präsenz und der dichten Kontrolle durch die Sicherheitskräfte unmöglich eine bewaffnete Bande in die Moschee kommen und die Menschen umbringen oder diese Massaker durchführen konnte. Als ich zum Eingang der Moschee kam, sah ich Sicherheitskräfte. Sie kamen vom Zentralgeheimdienst und machten einen vollkommen entspannten Eindruck, sie taten gar nichts. Es war eindeutig, dass sie nicht vorhatten anzugreifen.»

Ich fragte: «Und wer hat dann den Angriff durchgeführt?»

«Vielleicht die Vierte Division.» Ich sagte: «Aber es heißt, die Vierte Division sei gar nicht dort gewesen ...»

«Ich glaube, es ist eine Division von Spezialkräften», unterbrach er mich.

«Wer hat also Ihrer Meinung nach die Leute in Deraa getötet?»

«Die Sicherheitskräfte, sie haben die Menschen umgebracht.»

«Und das Militär? Hat das Militär getötet?», fragte ich.

«Nein, ich glaube nicht, dass es das Militär war, das die Leute getötet hat. Aber es stand ganz vorne. Es gibt bestätigte Informationen, wonach die Sicherheitskräfte diejenigen, die sich den Befehlen der Armee widersetzen, töten. Es gibt Filmmaterial, das ich Ihnen schicken werde.»

«Aber das heißt doch, dass das Militär getötet hat, denn wenn die Befehle nicht ausgeführt wurden, gab es andere, die sie ausführten.»

«Ja, manchmal. Ich meine, dass die Armee Befehl erhalten hat, die bewaffneten Banden zu töten. Sie haben aus diesem Motiv heraus getötet, und wer sich dem widersetzte, weil er die Wahrheit herausgefunden hatte, der wurde tatsächlich umgebracht.»

Ich war erschöpft vom Notieren seiner bitteren Worte. Er sagte: «Ich habe eine Geschichte über eine Mutter in Deraa gehört. Ihr Sohn war erst zwölf Jahre alt, und trotzdem wurde er vom Geheimdienst gesucht. Er war ihr einziger Sohn, und sie hat ihn auf ganz seltsame Weise versteckt. Jeden Tag brachte sie ihn von einem Haus zum anderen, als sei sie ein Geist, und zumindest bis vor kurzem gelang es den Sicherheitskräften nicht, ihn zu schnappen. Dann habe ich nichts mehr von ihr gehört. Man hat mir erzählt, der Geheimdienst habe die Wohnung gestürmt, in der sie mit ihrem Sohn wohnte, und dies nur einige Minuten, nachdem sie die Wohnung verlassen hatte. Das war unglaublich, aber sie hat trotz der Belagerung durch die Sicherheitskräfte und der dichten Präsenz des Geheimdienstes ihr einziges Kind beschützen können. Es sind wirklich unglaubliche Geschichten passiert, die ich auch filmisch dokumentiert habe. Als die Demonstranten während der Belagerung von Duma den Posten des militärischen Geheimdienstes in Brand setzten, griffen die Sicherheitskräfte einen Beerdigungszug an. Sie gelangten sogar bis zur Bahre und schossen auf die Träger. Drei von ihnen wurden dabei schwer verletzt. Die Menschen ergriffen die Flucht, und die Bahre blieb auf dem Boden liegen. Und inmitten des heftigen Beschusses sah ich einen Jungen, nicht älter als zehn, der hinter seinem Vater stand. Ich ging ein Stück auf ihn zu, wir konnten uns gerade so hören. Ich fragte ihn: ‹Hör mal, was machst du hier. Geh nach Hause.› Da blickte sein Vater mich ganz lange an, bevor er sagte: ‹Sein Leben ist auch nicht wichtiger als das seines Vaters›, und schlug sich gegen die Brust. Da antwortete ich: ‹Sie haben recht, ich werde meinen Sohn auch holen.›»

Ich hörte auf zu schreiben, um eine Zigarette zu rauchen. Ich war ziemlich durcheinander und wollte etwas zu diesen Geschichten sagen, aber nachdem ich meine Zigarette angezündet hatte, fuhr er fort: «Hören Sie sich eine andere Geschichte aus Duma an. Duma ist dafür bekannt, religiös extrem konservativ zu sein, besonders in bezug auf die Frauen. Ich sah dort, wie die Demonstranten auf einer Seite standen und die Sicherheitskräfte auf der anderen. Da kam eine junge Frau vorbei. Ich hatte die Kamera dabei und filmte sie. Ich dachte, sie komme von der Seite der Sicherheitskräfte, um somit den Massen von demonstrierenden Männern auszuweichen. Aber sie ging mitten durch die Demonstranten hindurch. Ich sagte zu einem Demonstranten in meiner Nähe: ‹Seltsam, dass diese Frau mitten durch diese ganzen Männer hindurchgeht.› Da entgegnete er: ‹Wir mögen ja mit unseren eigenen Frauen auf diese konservative Art leben. Aber schauen Sie! Sehen Sie unter diesen ganzen Männern auch nur einen, der sie anstarrt oder irgendwie belästigt? Und das, obwohl die Situation hier nahezu außer Kontrolle ist. Niemand würde es sehen oder einen zur Rechenschaft ziehen. Aber wir haben doch ein Gewissen!›»

«Das wirkliche Leben besteht aus kleinen Geschichten», sagte ich zu dem Journalisten. «Wie ist es dann erst unter solchen Umständen!» Da erwiderte er bedrückt: «Auch in Rastan sind merkwürdige Geschichten passiert. Ich war dort, als die Demonstranten die Statue von Hafes al-Assad stürzten und mit den Füßen darauf herumtrampelten. Das war das Ergebnis der angestauten Wut und der Unterdrückung, unter der sie jahrzehntelang gelitten haben. Die Leute von Rastan haben mir auch eine Geschichte erzählt: Einmal seien die Bewohner von Talbisa auf ihren Motorrädern zum Kondolieren gekommen, das ist ihr normales Fortbewegungsmittel. Während sie sich in der Wohnung der Trauernden befanden, wurden ihre Motorräder gestohlen. Das hat mir einer der Väter eines Getöteten bestätigt. Vor meinen Augen wurde übrigens auch einmal ein Motorrad gestohlen. Ich ging zur Polizei und erstattete Anzeige. Ich hatte den Dieb gesehen, aber bei der Polizei sagten sie mir, der Mann sitze doch im Gefängnis. Das heißt, der Diebstahl fand in Absprache zwischen der Polizei und den Gefangenen statt, und der Gewinn wird in einem solchen Fall zwischen den Dieben und der Polizei geteilt. An dem Tag jedenfalls, an dem die Motorräder gestohlen wurden, gab es keine Sicherheitskräfte und auch keine Polizei dort in Rastan. Da sagten die Bewohner von Rastan zu den Leuten aus Talbisa: ‹Wir werden euch eure Motorräder zurückbringen.› Sie verschwanden für etwa eine halbe Stunde, dann tauchten sie mit den Motorrädern auf. Die Bewohner von Rastan hatten die Diebe verfolgt, sie an einem Ort zusammengetrieben und ihnen gedroht: ‹Entweder euer Leben oder die Motorräder unserer Gäste!› Also lieferten sie ihnen die Motorräder aus.»

Er schwieg eine Weile, dann sagte er: «Es gab keinen Staat. Die Leute haben ihre Probleme unter sich gelöst und für Recht gesorgt.»

Dann setzte er nach einer Pause hinzu: «Den Rest nehme ich Ihnen auf Band auf, denn ich bin müde.»

«Das wäre gut.»

Ich verspürte Dankbarkeit ihm gegenüber, denn während er die Geschichten erzählt hatte, musste ich immer wieder mit meinen Tränen kämpfen. So aber erlöste er mich von dieser Verlegenheit.

Sonntag, 15. Mai 2011

Ich habe mich am Freitag nicht wie geplant zum Schreiben hingesetzt. Und auch gestern nicht. Was derzeit geschieht, ist so erschreckend, dass man darüber gar nicht schreiben kann. Ich brauche mehr Zeit, um mich auf das, was seit Donnerstagabend geschehen ist, konzentrieren zu können. Nachdem mir die hier so schwer erhältlichen Schlaftabletten ausgegangen sind, bin ich zwei Tage lang wach geblieben.

Zwei Stunden nur habe ich gedöst, doch die reichten, um mich einigermaßen konzentrieren zu können. Was ist passiert? Am Donnerstag, als ich mit Nawwara zusammensaß – es ging hauptsächlich um den anhaltenden Streit zwischen ihr und mir, und ich versuchte, ihr irgendwie wieder Zuversicht zu vermitteln, wenn auch ohne Erfolg –, tauchte dieser Mann bei uns auf und forderte mich auf, das Land umgehend zu verlassen. Er fürchte um mein Leben, denn er besitze sichere Informationen über die geplante Liquidierung von einigen Alawiten. Das wolle man dann den bewaffneten und salafistischen Banden in die Schuhe schieben. Mein Name sei auch auf einer der Listen.

Der Mann redete ganz offen, obwohl Nawwara dabei war. Ich traue ihm, ich weiß, dass er Angst um mich hat, aber was er sagte, überraschte mich doch. Ich spürte, welchen Fehler ich begangen hatte, als ich Nawwara Zeugin seiner Rede hatte werden lassen. Sie wurde leichenblass, ging auf ihr Zimmer und schloss die Tür. Als der Mann wieder weg war, blieb ich mit Nawwara und mit ihrem Schweigen und ihrer Angst zurück. Meine Freundin, die die Unterredung gleichfalls mit angehört hatte, versuchte mich davon zu überzeugen, die sofortige Ausreise ins Auge zu fassen. Ich versicherte ihr, dass das Unsinn sei, da das Regime jetzt zu manövrieren versuche, die Armee aus den Städten abziehe und den nationalen Dialog ausrufe. Es habe jetzt gar kein Interesse daran, irgendwelche Gewalttaten zu verüben. Ich konnte aber auch nicht ohne Nawwara ausreisen. Sie hatte es strikt abgelehnt, das Land zu verlassen, und sie zurückzulassen war absolut unmöglich. Solange Nawwara nicht damit einverstanden war, würde ich das Land also nicht verlassen, und sollte es mich das Leben kosten. Sie weigerte sich allerdings, mit mir darüber zu sprechen. Sie sagte nur, und das mit aller Entschiedenheit, die einzige Möglichkeit, ihr wieder Sicherheit zu geben, sei, im Staatsfernsehen aufzutreten und dem Präsidenten gegenüber meine Loyalität zu erklären. Dann würde unser Leben wieder so werden, wie es war. Ich stand wie betäubt da, ich versuchte, ihr die Sache zu erklären, versuchte sie davon zu überzeugen, dass das für mich einem Selbstmord gleichkäme und dass das Blut der Menschen, die getötet worden waren, nicht kostbarer sei als meines. Aber sie hörte mir gar nicht zu, sie weiß, welche Macht sie über mich hat. «Ich werde es nicht tun», sagte ich energisch zu ihr. Und sie antwortete: «Ich werde nicht mit dir reisen.»

Die neue Wohnung, die wir angemietet haben, ist seltsam geschnitten, zwei zum Wohnzimmer hin offene Schlafräume, nur durch Schiebetüren abgetrennt. Ich konnte ihre Schritte hören, wenn sie in ihrem Zimmer war. Nervös und sorgenvoll ging sie umher, zerbrach ein paar Dinge, schrie, und ich dachte, dass die Zeit gekommen sei, sie zur Abreise zu zwingen. Insbesondere, nachdem ich einen Freund getroffen hatte, der der Hisbollah nahestand. Ich hatte Vertrauen zu ihm und war mir sicher, dass er nicht korrupt war. Er stand zwar auf Seiten des Regimes, aber er war kein Opportunist. Und er hatte eher säkulare Ansichten. Trotzdem war er sehr aufgebracht über das, was die Website des syrischen Geheimdienstes über mich verbreitete. Er rief mich an, sagte, dass er mich sehen wolle, und kam nach Damaskus. Am gestrigen Samstag traf ich ihn, zusammen mit seiner Freundin, zur Mittagszeit. Ich war wütend. Er wirkte zwar ruhig, aber auch betroffen. Er bat mich, Ruhe zu bewahren, und sagte, er komme gerade von den Leuten, die sich diese Meldungen über mich ausdächten und die Gerüchte in die Welt setzten. Tatsächlich hat er enge Verbindungen zu den Entscheidungsträgern und zu denjenigen, die den medialen und psychischen Krieg gegen den Aufstand und dessen Unterstützer betreiben. Als er erfuhr, was mir in den vergangenen Tagen zugestoßen war, war er zutiefst berührt und fragte mich, ob ich etwas bräuchte. Ich begann in Anwesenheit seiner Freundin, bei der ich mich von Zeit zu Zeit für meine Lautstärke entschuldigte, zu schreien, sie sollten mich in Ruhe lassen, das sei es, was ich bräuchte, sie sollten von mir ablassen und aufhören, mich Tag und Nacht zu überwachen. «So einfach ist die Sache nicht», sagte er. «Warum nicht?» – «Du musst schreiben, dass du gegen das bist, was auf der Straße passiert.» Da sprang ich auf. Ich hatte das Gefühl, mein Körper würde die Betondecke durchbrechen. Ich tobte wie eine Verrückte, aber ich war nahe daran zu explodieren: Erst dachten sie sich Meldungen über mich aus, ich wurde aus meiner Wohnung vertrieben, Tag und Nacht in Angst und Schrecken versetzt, sie verbreiteten Lügen über mich und hetzten jeden Alawiten in ganz Syrien dazu auf, mich umzubringen, und dann forderten sie mich auf, einen Artikel zur Unterstützung des Regimes und seines Präsidenten zu schreiben? «Sie werden dich nicht in Ruhe lassen. Es gab zwei Meinungen, was dich betrifft. Dein Fall wurde auf höchster Ebene diskutiert. Einige sagten, sie würden dich nicht in Ruhe lassen, weil du eine von ihnen seiest. Und die anderen sagten, du müsstest noch härter bestraft werden als andere. Das Gefängnis sei noch zu wenig für dich. Sie beschlossen, sie würden dich deine Taten bereuen lassen. Sie sind sehr sauer auf dich, insbesondere die hohen Tiere sind überaus verärgert.»

Ich seufzte. «Weil die hohen Tiere über mich verärgert sind, erklären sie mich zur Verräterin, machen mir Angst und zwingen mich, mich wie eine gejagte Hündin zu verstecken?!» – «Du musst von hier verschwinden.» – «Ich habe aufgeschrieben, was ich gesehen habe, ich habe nichts erfunden, und sie wissen das.» Er reagierte nicht auf meine Worte, sondern bat mich inständig, Syrien so schnell wie möglich zu verlassen, weil jene, die versuchten, die Gemüter zu beruhigen, einen Rückzieher machen könnten. Nach einer kurzen Pause fügte er hinzu: «Du bist wirklich in Gefahr. Ihrer Meinung nach bist du eine Verräterin und hetzt die Leute gegen sie auf.» – «Sag ihnen, dass ich geschwiegen habe. Reicht das nicht?» – «Schreib etwas, das sie zufriedenstellt.» – «Das werde ich nicht tun. Nach all diesem Unrecht willst du, dass ich mein Gewissen verrate? Ich werde es nicht tun.»

An diesem Punkt endete unsere Diskussion. Er verabschiedete sich sehr verzweifelt von mir, rief mich noch ein paarmal an und fragte, ob ich Hilfe bräuchte. Und immer bat er mich äußerst höflich, Syrien sofort zu verlassen. Nachdem er gegangen war, ging ich direkt auf meinen Balkon hinauf und sah die zwei Männer, die mich verfolgen. Vor vierundzwanzig Stunden hatte ich sie entdeckt. Nachdem eine Journalistin am Freitag in der libanesischen Zeitung Al-Safir einen Artikel über mich veröffentlicht hatte, hatte ich einen seltsamen Anruf bekommen. Dies sei die letzte Warnung, wurde mir gesagt, ich hätte versprochen, den Mund zu halten, und das Versprechen gebrochen. Ich hatte überlegt, ob diese Anrufer vielleicht gar keine Mitglieder des Sicherheitsapparates waren. Vielleicht waren diejenigen, die mich und meine Tochter ständig belästigten und bedrohten, ganz normale Alawiten. Aber als ich die beiden Männer vor meiner neuen Wohnung entdeckte, bekam ich es wirklich mit der Angst zu tun. Wie hatten sie so schnell von meiner neuen Unterkunft erfahren? Konzentrierten sie sich trotz dieser schwierigen Umstände im Land wirklich so genau auf meine ganz persönlichen Aktivitäten? Offensichtlich hatte ich ihren Zorn heraufbeschworen. Aber es war doch nur ein Zeitungsartikel über mich. Was wäre erst passiert, wenn der Redakteur das Ende nicht gestrichen hätte, wo ich mit dem Satz zitiert wurde: «Die Frage lautet: Wer bringt wen um?» Und damit hatte ich gemeint: Wer bringt die Armeeangehörigen und die Zivilisten unter den Demonstranten um? Ich glaube, der Redakteur hatte mich schützen wollen, und die Journalistin hatte moderate Worte über mich geschrieben. Trotzdem hatte der Artikel ihre Wut erregt, und die zornige Stimme am Telefon hatte gesagt: «Wenn du nicht verschwindest, Samar Yazbek, dann werde ich dich vom Erdboden verschwinden lassen.»

Das war am Freitagabend gewesen. Ich bereitete mich gerade darauf vor, mein Tagebuch zu schreiben. Dann kam der Mann, der in Anwesenheit von Nawwara über die Liquidierung einiger Alawiten sprach, und ich konnte nicht mehr schreiben. Ich setzte mich auf den Balkon, die Straßen von Damaskus waren leer. Der Freitag wurde für die Syrer zu einem Tag des Schreckens, an dem das Leben nahezu stillstand und die Geheimdienstler überallhin ausschwärmten. Nachdem hier ein paar Demonstrationen stattgefunden hatten, zeigten die Sicherheitskräfte noch mehr Präsenz. Ich rauchte meine Zigarette, die Kälte drang mir langsam in die Glieder, ich hatte das Gefühl, mein Körper sei eine Wanderdüne. Was sollte ich tun?! Nicht einmal zum Schreiben war ich heute in der Lage. Nawwara hatte sich in ihr Zimmer eingeschlossen, die Beziehung zu meiner Familie war auf sonderbare Weise abgebrochen – sie riefen mich nicht mehr an und ich sie nicht, seit sie mich zur Verräterin erklärt hatten –, es konnten Tage vergehen, ohne dass ich etwas von meinen Freunden hörte oder sie von mir, ich hatte kein Internet und mit jedem weiteren Tag verlor ich ein weiteres Stück meiner Bewegungsfreiheit. Auch die Zeugen, mit denen ich mich zu treffen versuchte, um das Tagebuch des Aufstands zu schreiben, wurden immer weniger.

Ich holte mir ein Glas Weißwein und setzte mich unter den kühlen Himmel. Ich wollte ernsthaft darüber nachdenken, was zu tun sei. Ich war nicht gerüstet für all diese Gewalt gegen mich, gegen mich und gegen die Menschen. Ich war nicht vorbereitet auf diese massive Einschüchterung. Ich musste mich beruhigen und vernünftig nachdenken. Der Wein entspannte mich, aber das Gefühl, das mich in jener Nacht so bitterlich weinen ließ, war die Einsamkeit, nicht die Furcht. Furcht durchlebte ich in jedem Augenblick, doch bevor ich in jener Nacht zu meiner Tochter ins Zimmer ging, erkannte ich, wie einsam man sein und wie eng die Welt einem werden kann, wenn man nichts als sein Herz und seinen mageren beweglichen Körper hat. In jenem Moment erkannte ich auch, wie wichtig es für den Menschen ist, in der Lage zu sein, sich selbst zu erschaffen und seine abgestorbenen Zellen wiederherzustellen – wie die aufeinanderfolgenden Zeilen in einem Buch. Das meine ich nicht im übertragenen Sinne, so empfand ich tatsächlich.

Ich war wirklich eine Tote, deren Knochen von trockener Haut überzogen waren. Da stand ich, den Oberkörper über die Brüstung des Balkons gelehnt, atmete die kühle Luft ein und erlebte es als wohltuend, das Leben nicht mehr zu spüren und mich in etwas Lebloses zu verwandeln. Dann, im selben Augenblick, verfiel ich auf den entgegengesetzten Gedanken. Es war nur ein ganz kurzer Augenblick, ein Augenblick, in dem ich meinen Körper gegen die Brüstung drückte, so dass er zur Hälfte in der Luft hing. Es war ein Moment von Freiheit, so herrlich und enthüllend, wie das Fliegen über Grenzen hinweg. Mich verlangte in jenem Moment nach noch größerer Freiheit, ich wollte durch die Luft auf den Abgrund zufliegen. Die einzige Freiheit liegt im Tod. Ich schloss die Augen, konnte meine Arme aber nicht in der Luft ausbreiten. Ich stellte mir jene fliegenden Figuren vor, die mir von Zeit zu Zeit im Traum erschienen waren, Figuren, von denen ich zum ersten Mal nach dem Film «Der englische Patient» geträumt hatte, in dem Kathrin mit ihrem Geliebten die Höhle betritt und die beiden jene Figuren an den Wänden entdecken. Jene in der Ewigkeit der Dunkelheit fliegenden und schwimmenden Figuren. Einen ganzen Moment lang identifizierte ich mich mit jener tödlichen Passion, im Nichts zu schwimmen, dann verschwanden die Figuren wieder. Ich öffnete die Augen, und der Moment des flüchtigen Zaubers, der mich fast ins Nichts, zum schnellen Flug in die Lüfte und dann zu einem langen Schlaf getragen hätte, war vorbei. Vor lauter Feigheit war ich unfähig gewesen, abzuspringen und in die Sorglosigkeit des Todes zu fliegen. Ich musste immer an meine Tochter denken, sie rettete mich vor dem Tod.

Ich ging hinein und schloss die Balkontür, ich war wie hypnotisiert. Ich ging nicht ins Bett, sondern zu Nawwara. Sie lag wach, die Augen rot vom Weinen. Ich legte mich neben sie und umschloss sie mit meinem Körper, wie ich es getan hatte, als sie zwei Jahre alt gewesen war. Wir weinten viel in jener Nacht, alle Tränen, die mir in meinem vergangenen Leben gefehlt hatten, weinte ich, und sie weinte mit mir. Unter Tränen schliefen wir ein, und als ich nach etwa einer halben Stunde erwachte, lag sie in tiefem Schlummer in derselben Position. Meine Unruhe meldete sich wieder, ich dachte daran zu schreiben und stand auf…

Es war der Tag der Erinnerung an die Gründung des Staates Israels, die Katastrophe, Nakba auf Arabisch. Mit all diesen Revolutionen und Aufständen in der gesamten arabischen Welt verlief der Tag nicht wie sonst. Junge Männer, die sich den israelischen Besatzern mit nacktem Oberkörper entgegenstellten. Es ist das Schicksal der Jungen in dieser Region, den Tod auf eine besondere Weise zu feiern, entweder durch die Kugeln ihrer eigenen despotischen Regime oder durch die Kugeln der israelischen Besatzungskräfte.

Ich habe noch nichts notiert über den «Freitag der freien Frauen» und die insgesamt sechs Toten, die in den syrischen Städten durch die Hand der Sicherheitskräfte starben. Ich konnte die Nachrichten nicht wie üblich verfolgen. An diesem Tag, der der Solidarität mit den Frauen gewidmet war, sah ich nicht die im palästinensischen Aufstand getöteten Frauen; und ich konnte auch nicht die Parolen sehen, die die Teilnahme der Frauen an den syrischen Protesten beschworen hatten.

Vieles ist im Gange. Das syrische Regime behauptet, es bereite einen nationalen Dialog vor, doch es tötet und verhaftet weiter. Die Panzer ziehen sich aus Banjas und Deraa zurück, aber sie verteilen sich in der Umgebung von Dareija nahe bei Damaskus neu. Ich überlege, was ich morgen tun muss: Ich muss mich erkundigen, ob ein Ausreiseverbot gegen mich vorliegt. Ich muss zur Passbehörde gehen, um einen Reisepass für Nawwara ausstellen zu lassen. Ich muss, ich muss, ich muss ...

«Mein Gott, warum hast du mich verlassen!» Jetzt kann ich diesen Aufschrei verstehen.

Montag, 16. Mai 2011

Was für ein schwarzer Morgen! Stechende Schmerzen in der Brust, immer wieder ein schrilles Rauschen in den Ohren. Ich beginne die Gefahr wirklich zu spüren. Es gab einige Hinweise, die mich veranlasst haben, auf die Bitten meiner Freunde zu hören und absolutes Schweigen zu wahren, mich um mich selbst zu kümmern und mich vollkommen den Blicken zu entziehen. Der Arzt sagte, es sei Selbstmord, was ich tue, ich solle mich ein wenig zurückhalten. Außerdem wurde ich aufgefordert, keine Demonstranten und überhaupt keine Leute mehr zu treffen, ja, mich hier am besten gar nicht mehr zu bewegen.

Ich hatte gedacht, ich hätte wenigstens einen ganz kleinen Freiraum, um die Ereignisse mit eigenen Augen zu verfolgen. Doch kürzlich geschah etwas, was mich innehalten ließ – einmal abgesehen davon, dass ich das Gefühl habe, wie unter Hausarrest zu leben, dass die Telefone überwacht werden, das Haus beobachtet wird, jedes Flüstern meinerseits wird registriert, einfach alles, all meine Bewegungen werden verfolgt ... Aber bis zu jenem Augenblick hatte ich gedacht, dass ich doch im Geheimen agieren könne, wären da nicht diese Signale meines Körpers gewesen, die mich davon überzeugten, dass ich Ruhe brauche. Das erste Anzeichen machte sich vor ungefähr einer Woche um Mitternacht bemerkbar. Meine Freundin übernachtete bei mir, meine Tochter war in ihrem Zimmer, ich in meinem, und nach einer halben Schlaftablette schlafe ich normalerweise tief und fest. Aber plötzlich hörte ich einen Schrei. Ich erwachte vor Schreck und fuhr so unvermittelt hoch, dass ich beinahe mit dem Kopf gegen die Decke gestoßen wäre. Für einen Augenblick glaubte ich, Nawwara sei entführt worden. Ich begann zu schreien, wie eine Wahnsinnige lief ich schreiend durch die Wohnung – vielleicht war es noch nicht einmal zwölf Uhr –, und als ich die Bettdecke von Nawwaras Bett hob und das Bett leer fand, schrie ich noch lauter: «Nana!»

Das war nicht ich. Da war etwas Wildes, was sich seinen Weg aus mir bahnte. Ich war mir ganz sicher, dass Nawwara entführt worden, dass die Drohung, sich an ihr zu vergreifen, wahr gemacht worden war. Doch plötzlich tat sich die Balkontür auf, und meine Tochter erschien verängstigt vor meinen Augen. Ich stand keuchend da, neben mir meine Freundin, die von meinem Geschrei in Panik versetzt worden war, und beide schauten sie mich ungläubig an. «Wo warst du?», schrie ich. «Auf der Veranda.» Ich ließ sie stehen und ging wieder ins Bett. Mein Herz pochte heftig, ich zitterte, alles an mir zitterte. Die beiden sagten kein Wort, und auch ich schwieg. Ich weinte nicht, aber bis zum Morgen lag ich mit geöffneten Augen da. Ich weiß nicht, wann ich eine knappe Stunde geschlafen habe.

Der zweite Vorfall ereignete sich zwei Tage später im Morgengrauen. Es war halb fünf. Ich beobachtete von meinem Balkon aus die Dämmerung und den meiner Wohnung gegenüberliegenden Kassjun-Berg mit den illegal gebauten Häusern, die sich über dem Muhadschirin-Viertel den Berg hochziehen. Mich fröstelte, aber ich berauschte mich an der verführerischen Stille. Niemand kann mir diesen Augenblick der Entrückung nehmen. Ich ging hinein und kochte mir einen Kaffee. Ich durchschritt gerade das Wohnzimmer, um mir im Bad das Gesicht zu waschen – und normalerweise betrachte ich durch das Fenster die Rückseite der Gebäude, die mich mit ihren Anzeichen von Zerfall faszinieren, alte Damaszener Häuser, zwischen den verfallenen Lehmhäusern verstreute Weinstöcke, nahezu eingestürzte Dächer, die mit alten verzierten Steinplatten ausgelegt sind, all das bildete die Rückseite der Geschäfte. Doch ihr Anblick bedrückte mich, besonders des verfallenen, eingestürzten Damaszener Ziegelhauses. Ich blickte auf diese Häuser und versuchte, ein Flüstern aus den Weinstöcken zu hören, und in diesem Augenblick, als ich meinen Kopf vom Badezimmerfenster wegdrehte, um das Handtuch zu greifen, sah ich mich selbst, ja, ich sah mich ganz deutlich. Ich stand vor mir selbst und betrachtete diese Frau, es war ein furchterregendes Gefühl. Ich schrie nicht, ich rührte mich nicht, es war ein Augenblick, in dem ich diese Frau intensiv anschaute, diese Frau, die ich war, ich starrte ihr lange in die Augen, aber sie war nicht wütend, ich meine, ich war nicht wütend, während ich mich betrachtete. Es war nur ein harter blinder Blick, und ich/sie lief ins Wohnzimmer und ... verschwand.

Und dann kam gestern noch etwas anderes hinzu. Ich war wütend über die Briefe, mit denen ich überschüttet wurde: Ein Teil der Opposition kritisierte, ich sei nachlässig geworden, weil ich schwiege. In Wirklichkeit schweige ich aber gar nicht richtig, und deshalb wunderte ich mich über die Briefe! Dann gab es Briefe der Alawiten, die mich des Verrats beschuldigten. Briefe mit Todesdrohungen von regimetreuen Bürgern. In einem seltsamen Brief hieß es: «Du Ungläubige ohne Kopftuch, die syrische Revolution will in ihren Reihen keine ketzerische Alawitin wie dich!»

Von allen Seiten wurde ich mit Briefen überhäuft. Ich befinde mich im Kreuzfeuer!

Dieser Zustand erschütterte mich zutiefst. Ich war alleine zu Hause und habe geschrien. Ich habe um mich getreten und den Tag verflucht, seit dem ich an diesem engen Ort lebe. Ich ging vom Balkon zum Wohnzimmer und sah mich selbst dort wütend sitzen. Ich betrachtete mich, dann öffnete diese Frau, die ich war, ihren Mund und flüsterte, aber es war gar kein Flüstern, es war ein Zischen, und sie sah mich mit einem teuflischen Blick an. Das war ich, und für einige Sekunden wusste ich nicht, dass ich nicht ich war, in diesen Sekunden schickte sich die Frau an aufzustehen, sie hielt etwas in der Hand und wollte es auf meine Brust richten. Ich führte meine Hand an mein Herz, die ganze Sache dauerte nur wenige Augenblicke. Ich schloss die Augen, und sofort verschwand die Frau, aber ich dachte, dass ich, wenn ich sie wieder öffnete, tot sein würde. Sie hat mich nicht getötet, ich habe mich nicht getötet, aber ein schrilles Pfeifen gellte in meinem Kopf.

– – –

Auch heute werden Tote in den Libanon gebracht. Das Bild eines schreienden Kindes, einer getöteten Frau, einer verwundeten Frau. Von syrischer Seite aus wird geschossen, dadurch wurde ein libanesischer Soldat getötet. Fliehende Menschen, sie laufen von der Grenze fort, Frauen tragen Habseligkeiten auf dem Kopf und überschreiten die Grenze zum Libanon. Das Rote Kreuz fordert Hilfe, und die Flüchtlinge wissen nicht, was sie erwartet. Panzer durchfahren den Ort Arida, sie ziehen sich aus einer Stadt zurück und umstellen eine andere. Der Präsident sagt, der Dialog mit der Opposition werde bald aufgenommen. Die Opposition hat von Anfang an zur Bedingung gemacht, dass vor Aufnahme eines Dialogs das Töten eingestellt und die Belagerung der Städte aufgehoben wird und dass alle politischen Gefangenen freigelassen werden. Aber es wird weiter getötet und eine Stadt nach der anderen belagert. Angeblich gesicherte Informationen besagen, dass der Präsident am 15. des Monats den Befehl zur Beendigung der militärischen Aktionen gegeben habe und dass nun Reformen durchgeführt würden. Ich glaube, diese Informationen werden vom Geheimdienst selbst in die Welt gesetzt, denn seit gestern sagen sie im staatlichen Fernsehen, man habe über die Bewaffneten einen Sieg errungen.

Wird der Präsident kein Komitee für den Dialog mit der Opposition bilden? Sie malen ein surrealistisches Gemälde in diesen Tagen, aber ich weiß genau, dass all das nichts weiter ist als ein Versuch, die Aufstandsbewegung in den Städten und Dörfern hinzuhalten. Und ich weiß sehr genau, dass die echten Reformen, die die Demonstranten fordern, den Sturz des Regimes bedeuten. Der Unterschied ist, dass dieser Sturz friedlich verlaufen würde, falls sie ihr Versprechen, demokratische Wahlen durchzuführen, einhielten.

Aber ich glaube nicht, dass sie so einfach von dieser Beute ablassen werden, die sie sich von diesem Land erwarten. Sie werden bis zum letzten Atemzug kämpfen, selbst wenn sie Syrien in ein großes Grab verwandeln, ein Grab für sich wie auch für das ganze Volk.

Jetzt, um neun Uhr morgens, ertönen Sirenen am Arnous-Platz. Ich trete auf den Balkon. Ich will wissen, woher diese Geräusche kommen, und vermute zuerst, sie würden von Krankenwagen verursacht. Doch dann stelle ich fest, dass es gelbe Taxis sind. Die Menschen treten aus Angst ein Stück zurück. Gewöhnlich sitzen in solchen Autos ein paar Männer. Ich blicke vom Balkon herab und sehe auch jetzt ein gelbes Taxi mit Männern darin, das heult wie ein Krankenwagen. Es überfährt rasend schnell eine Ampel, die Menschen springen zurück. Wir alle sind auf den Balkon gegangen, die Menschen in der Straße haben Angst. Es sind tatsächlich die Sicherheitskräfte selbst, die so etwas machen. Alle in Damaskus wissen, dass die meisten Taxifahrer im Dienste der Geheimdienste stehen. Solche Aktionen dienen zum einen der Einschüchterung, zum anderen verhaften und entführen sie mit ihren Taxis die jungen Männer von der Straße weg. Ich habe mit eigenen Augen viele derartige Fälle gesehen, besonders während der Demonstrationen. Einen nach dem anderen haben sie die Jungs aufgegriffen, in ihre Taxis gezerrt und sind losgebraust. Und dann haben die Sirenen zu heulen begonnen. Bei jedem derartigen Geräusch, das ich in Damaskus höre, stelle ich mir vor, wie Syrien ein weiteres Mal seiner Freiheit beraubt wird. Auch jetzt kann ich mir vorstellen, was dieses Sirenengeheul zu bedeuten hat.

Donnerstag, 19. Mai 2011

Auch heute hält der Beschuss der Stadt Tellkalach an. Die Bilder von den Flüchtlingen im Libanon lassen mich nicht schlafen, und die Berichte der Leute, die sich mitten im Geschehen befinden, vergrößern meine Anspannung noch. Nur mit Mühe bewahre ich Ruhe und kann mich auf etwas konzentrieren. Es wird mir schwerfallen, so weiterzumachen. Zwei Tage lang habe ich versucht, mich zu entspannen, doch vergeblich. Die einzige Lösung sind die Schlaftabletten, aber sie verwandeln mich in eine wandelnde Leiche. Ich schlummere ein und wache wieder auf, dann streife ich wie verloren durch die Wohnung und kehre schließlich wieder ins Bett zurück.

Ich gehe auf den Balkon. Es ist jetzt halb sechs Uhr abends. Ich schaue auf die Straße, um mich zu vergewissern, dass die beiden Informanten noch immer vor meinem Haus stehen. Vielleicht bilde ich mir das auch nur ein! Ich sehe niemanden. Heute ist der dritte Tag, an dem ich das Haus nicht verlassen habe. Ich will die beiden Spitzel, die sich in der Bewachung abwechseln, von mir ablenken. Ich bin privilegiert! Ich denke über die komisch-tragische Art nach, wie ich hier eingeschlossen bin, und versuche mich darauf zu konzentrieren, was in den letzten beiden Tagen geschehen ist. Die Videoausschnitte auf YouTube mit diesen schrecklichen Bildern gehen mir an die Nerven, Termine mit Zeugen in verschiedenen Städten werden aus Angst abgesagt. Ich fürchte mittlerweile um meine Freunde, wenn ich mich mit ihnen treffe. Noch immer werde ich überhäuft mit Hassbriefen von allen Seiten. Heute erreichte mich ein Brief, der mich aufforderte, wieder aktiv zu werden und das syrische Volk nicht aus Angst im Stich zu lassen. Der Absender meinte, er habe in mir die freie syrische Frau gefunden, doch entweder habe das Regime es geschafft, mich einzuschüchtern, oder ich habe aufgehört, aktiv zu sein, weil ich Alawitin bin!

Ich reagiere nicht auf den Brief. Was sollte ich ihm und seinesgleichen über Mut erzählen? Sollte ich ihm sagen, dass ich alles daransetze, um überhaupt am Leben zu bleiben? Dass von mir verlangt wird, einen Artikel zur Unterstützung des Regimes zu schreiben oder im staatlichen Fernsehen aufzutreten, um meine Loyalität zum Regime zu bekunden?

Was sollte ich über die Briefe sagen, die ich von den Alawiten erhalte und in denen ich aufgefordert werde, an der Seite meiner Leute und meiner Familie zu stehen? Sollte ich ihm sagen, dass hohe Verantwortliche des Regimes wollen, dass ich für sie arbeite? Was sollte ich den Briefschreibern aus meiner Stadt sagen, die mir den Tod androhen und mir mitteilen, dass die Stadt Dschableh sich von mir losgesagt hat? Was soll ich jenen sagen, die von mir fordern, auf den Weg des wahren Islam zurückzukehren? Ich ignoriere alle Briefe und versuche wieder, zu der Zeugenaussage eines Anästhesisten zurückzukehren, der es geschafft hat, nach Deraa durchzukommen.

Der Mann war durcheinander, er konnte mir kaum Informationen geben. Es war schwierig gewesen, ihn zu treffen, drei Mal hatte ich das Taxi wechseln und in die kleinen Nebenstraßen des Ortes südlich von Damaskus fahren müssen, um mögliche Verfolger der Sicherheitskräfte abzuschütteln. Ich könnte es nur schwer ertragen, wenn jemand meinetwegen verhaftet würde, das könnte ich mir nicht verzeihen.

Die Entscheidung, das Land zu verlassen, rückt immer näher. Ich kann nicht mehr länger so leben. Jeden Morgen habe ich das Gefühl, mein Herz bliebe stehen und ich steuerte weiter auf den Wahnsinn zu, inmitten dieses Teufelskreises von Kopfschmerzen, denen ich nur mit Beruhigungsmitteln beikomme.

Die Gegend wirkte ganz normal, in Damaskus und den Vororten scheint das Leben seinen normalen Gang zu gehen. Als sei gar nichts los. Aber alles konnte jeden Augenblick explodieren. Heute Morgen traf ich mich mit einem befreundeten Schriftsteller aus Suwaida. Er erzählte mir über die Bosheiten, denen er von Seiten der Bewohner seines Dorfes und seiner Verwandten ausgesetzt gewesen sei, weil er demonstriert hatte. Eine seiner Nachbarinnen habe ihm sogar gesagt, sie würde ihn dem Geheimdienst ausliefern, weil er ein Verräter sei. Er erzählte mir, in Suwaida hege man großen Groll gegen die Bevölkerung von Deraa. Das hat meine Trauer und meine Sorgen noch vergrößert. Er hat seine Wohnung verlassen und ist auf der Flucht vor den Diffamierungen in die Hauptstadt gekommen. Er sagte, er werde alles aufschreiben, was mit ihm passiert sei, um später einmal ein Zeuge der Geschichte zu sein. Als ich über seine Worte nachdachte, entschloss ich mich, dieses Tagebuch als erstes an einige Freunde im Ausland zu schicken, falls man mich verhaften oder töten würde. Oder wenn irgendetwas anderes passierte, zum Beispiel ein Krieg ausbräche. Hier ist alles möglich. Aber all diese Möglichkeiten sind düster und künden von nichts Gutem. Wir haben in Sorge gelebt, wir hegten und pflegten die Sorge, und wir starben in Sorge. Ich kehre zu meinem Heft zurück und beginne, mein Gespräch mit dem Arzt aus Deraa zu transkribieren:

«Wir haben eine Geheimambulanz errichtet, um die Verwundeten zu versorgen. Das machen wir auch hier in Damaskus, wenn Not am Mann ist. Auch in der Stadt Bosra gibt es ein Krankenhaus, das von den Aufständischen kontrolliert wird. Wir haben das Notfallzentrum schon in der ersten Woche, am 21. März, installiert. Anfangs bin ich dreimal in der Woche hingefahren und war dort als Anästhesist in einem Gesundheitszentrum tätig. Nachdem die Ereignisse begannen, haben wir dann dieses Zentrum gegründet.»

«Was haben Sie in dem Zentrum gemacht?» Er schwieg einen Augenblick, seufzte erneut und schien noch aufgewühlter als vorher.

«In Deraa sind Dinge geschehen, die weder in Misrata noch in Gaza geschehen sind. Der Unterschied ist, dass in Misrata Phosphor eingesetzt wurde und in Deraa wurde direkt getötet. Zu uns ins Zentrum wurden Tote gebracht, die auf unterschiedliche Weise ermordet worden sind, die meisten von ihnen durch einen Schuss in den Kopf oder die Brust. Wissen Sie ... ich habe, als ich an einem Checkpoint war, von den Sicherheitskräften gehört, dass sie in Deraa ein Exempel für ganz Syrien statuieren wollen. Deshalb haben sie sich darauf konzentriert, dort zu töten und die Bevölkerung zu schikanieren. Man hat kürzlich das Massengrab der Familie Abazid entdeckt. Kennen Sie deren Geschichte? Diese Familie lebte in einer schönen Wohnung, und die Sicherheitskräfte wollten sie beschlagnahmen. Der Inhaber hat sich geweigert, seine Wohnung zu verlassen, und da haben sie ihn zusammen mit seinen Kindern umgebracht und die Wohnung in Besitz genommen. Aber nicht nur die der Familie Abazid, sondern viele Wohnungen in Deraa. Alle Stadtviertel waren durch Panzer und militärische Straßensperren voneinander getrennt. Aber die Menschen haben sich gegenseitig geholfen.»

«Wie viele Verletzte werden durchschnittlich jeden Tag zum Zentrum gebracht?»

«Es gibt außer unserem noch mehrere andere Zentren. Die Jungs arbeiten die ganze Zeit. Es waren nur noch die Frauen und die Männer über fünfzig dort, die übrigen hatte man entweder verhaftet, oder sie waren geflohen oder tot, das kann ich Ihnen versichern. Stellen Sie sich vor, dass fünfzehn Tage lang jeder, der den Kopf aus dem Fenster seiner Wohnung gestreckt hat, getötet wurde. Sie haben aus Deraa ein riesiges Gefängnis gemacht. Strom, Wasser, Telefonleitungen, alles war zwanzig Tage lang abgestellt. Ich habe ein Gemüsekühllager gesehen, in dem die Leichen bis zur Beerdigung aufbewahrt wurden, weil es eine Ausgangssperre gab. Ich habe die Jungs gefragt, wo die Leichen seien, und sie sagten, sie seien im Kühllager, damit die Sicherheitskräfte sie nicht stehlen. Was unser Zentrum betrifft, so hatten wir etwa achtzig Leichen und ungefähr 250 Verletzte bei uns. Und wir betreiben dort vier solche Zentren.»

«Wie konnten Sie diese Belagerung durch das Militär und die Sicherheitskräfte durchbrechen?»

«Wir haben uns aus Richtung Bosra hineingeschmuggelt.»

Ich hatte das Gefühl, dass er mir keine weiteren Informationen darüber geben wollte. Ich fragte:

«Gab es auch unter Frauen und Kindern Tote und Verletzte?»

«Neunzig Prozent der Toten sind Männer. Sie wurden mit ganz normalen Kugeln erschossen. Mich haben die getöteten Jugendlichen zwischen fünfzehn und sechzehn Jahren schrecklich mitgenommen, denen begann gerade mal der Schnurrbart zu sprießen, der war noch wie Flaum, das waren Kinder, die mit Kopf- oder Brustschuss getötet wurden.»

Er hielt inne. Ich versuchte, den Kloß in meiner Kehle hinunterzuschlucken, und zündete wie immer, wenn ich kurz davor bin zu weinen, eine Zigarette an. Ich hielt meine Tränen zurück. Mein Gott, wie schwer war all das zu ertragen! Zum tausendsten Mal sagte ich mir, ich bin nicht gewappnet für all das, solche Nachrichten erschlagen mich. Er blickte mich an, und ich zitterte. Ich stellte mir die Jugendlichen vor, wie sie hingestreckt auf dem Boden lagen, Flaum über den jungen Lippen. Ein Schauder fuhr mir durch den Körper, als ich darüber nachdachte, dass ich die Mutter eines dieser Jungen wäre. Ich würde weinen, nachdem wir uns getrennt hatten, ich würde allein im Taxi über die syrischen jungen Männer weinen, die durch die Hand von syrischen Männern starben. Mit geröteten Augen würde ich zu Hause ankommen, und Nawwara würde mich fragen: «Hast du schon wieder so eine Geschichte gehört?» Sie würde mir ein Glas Wasser bringen und dann stöhnen: «Och, Mama, immer fängst du an zu heulen.» Ich würde sie an meine Brust drücken und weinen. Sie würde mir über mein Haar streichen und meine Gefühle nicht verstehen, aber sie würde mich lange umarmen, bevor sie mir ein Glas Tee machte.

Der Arzt fuhr fort:

«Auf dem Weg nach Deraa kamen wir hinter Salkhad – das liegt auf dem direkten Weg nach Bosra – in ein Dorf, dort gab es einen Mann mit einem Pick-up, und auf diesem haben wir Lebensmittel und Medikamente transportiert. Ich war für die medizinischen Belange zuständig. Wir haben operiert und im Licht einer kleinen Laterne Wunden genäht, weil der Strom immer abgestellt war. Die Menschen haben sich auf ganz wundervolle Art und Weise gegenseitig geholfen. Während wir operierten, sind die Jungs einmal um zwei Uhr nachts zu einem Apotheker gegangen und haben ihn um Hilfe gebeten. Er hat seine Apotheke geöffnet, und sie konnten mitnehmen, was sie brauchten, ohne dass er ihnen auch nur eine einzige Frage gestellt hat. Wir sind über Salkhad gefahren, weil es dort kein Militär gab, aber Sicherheitskräfte und Schabbiha waren stark in Salkhad präsent. Die sind noch viel brutaler als die Soldaten. Sie bekommen 2000 Lira von den Händlern aus Suwaida. Ich bin von Süden her gekommen, dort gab es dann die ersten Straßensperren, und russische Panzer standen dort, BMP-Panzer, die siebzig Stundenkilometer fahren können, und die T-82-Panzer, die man im Fernsehen sieht. Unzählige Panzer, überall, und Massen von Infanteristen, wie eine komplette Armee im Krieg. In der Stadt Deraa stand auch an jeder Kreuzung ein Panzer, ansonsten war Deraa leer, nur Panzer, Hunde und Sicherheitskräfte waren dort.

Ich möchte Ihnen einige kuriose Geschichten erzählen. Sie wissen, dass sich die Situation in Nawa und in Dschasim von der in Deraa, wo unaufhörlich getötet wird, unterscheidet. In Nawa sind Wunder geschehen. Die Jungs sind mit entblößten Oberkörpern raus vor die Scharfschützen und Panzer gegangen. Trotz der Belagerung und der Todesgefahr gab es große Demonstrationen. Aber in Deraa wurden alle, die demonstriert haben, getötet, und die anderen wurden verhaftet. Es gibt Heldengeschichten, die noch den nächsten Generationen erzählt werden. Die Bevölkerung von Deraa ist stolz, die Leute denken nicht in Kategorien von Religionsgemeinschaften, und sie haben Zivilcourage. Die alten Frauen waren stärker als die Panzer. Einmal war eine Frau zufällig in der Nähe des Gesundheitszentrums, als die Panzer kamen. Sie glaubte, sie hätten das Zentrum entdeckt. Da ist sie raus und auf die Panzer zu und wollte sie vertreiben. Die Jungs haben von drinnen geschrien, sie solle zurückkommen, aber sie hat nicht auf sie gehört, sie ist einfach auf die Panzer und die Soldaten und die Schabbiha zugelaufen. Die haben sich über sie lustig gemacht und ihre Maschinengewehre auf sie gerichtet, aber sie ist nicht zurückgewichen. Sie wollte die Sicherheitskräfte von uns und von den Jungs ablenken, die sich in den Gassen versteckten. Sie hat einen Stein aufgehoben und auf einen der Panzer geworfen. Immer weiter ist sie vorwärtsgegangen, mit gen Himmel erhobenen Händen. Später stellte sich dann heraus, dass die Panzer und die Schabbiha nur zufällig vorbeigekommen waren und dass sie keine Ahnung von der Existenz des Zentrums und von den versteckten Jungs hatten. Die Frau ist nicht von der Stelle gewichen, bis sie fort waren. Wissen Sie, was mich während meiner Arbeit am glücklichsten gemacht hat? Das war die Intubation, das heißt, wenn wir einen Schlauch in die Lunge einführen, weil das Herz stehengeblieben ist, damit der Patient weiteratmet. Und wenn der Patient dann wieder selbständig zu atmen beginnt, dann verspürt man ein Glücksgefühl. Menschen wieder ins Leben zurückgeführt zu haben, das war der glücklichste Moment überhaupt. Wissen Sie was? Dieses Gespräch ist schmerzlich für mich und hat mich sehr erschöpft, aber eine letzte Sache möchte ich Ihnen doch erzählen. Hier und in Damaskus steht vor jeder Krankenzimmertür ein Geheimdienstler. Gehen Sie zum Ibn-al-Nafis-Krankenhaus, und überzeugen Sie sich selbst. Sie verhindern, dass ein Patient ohne eine geheimdienstliche Genehmigung in den Operationssaal gebracht wird.»

Ich fuhr nach Hause zurück und informierte mich über die Ereignisse des Tages. Ich war so ausgelaugt, dass ich eine Schlaftablette nahm und ins Bett ging. Heute kann ich den Bericht des Arztes niederschreiben. Da ist wieder dieser Schmerz über die Vorgänge in Deraa, in Tellkalach, in Homs, in Nawa und in den belagerten Städten. Ich warte auf morgen, morgen ist der «Azadi-Freitag der Freiheit».

Freitag, 20. Mai 2011

Freitags fühle ich mich frei und unbeobachtet. Alle sind mit den Demonstrationen beschäftigt. Den heutigen Freitag haben die Demonstranten Azadi genannt, das kurdische Wort für Freiheit. Die Kurden sind in Massen auf die Straße gegangen, obwohl man ihnen die Staatsbürgerschaft gewährt hat. Das Regime glaubte, die Kurden mit dieser Staatsbürgerschaft bestechen zu können, aber hatte sich geirrt. Seit heute Morgen gibt es aus Kamischli und Amouda Meldungen über Massen von Menschen, die sich auf die Demonstration vorbereiten. Auch eine dichte Präsenz von Sicherheitskräften wird gemeldet. In unzähligen Botschaften, die mich über E-Mail und Facebook erreichen, fragt man mich, wie es mir gehe und wie die Haltung der Intellektuellen gegenüber der alawitischen Religionsgemeinschaft aussehe. Und ich, die ich durch jedes meiner Worte bedroht bin, meine, dass man diesen jungen Männern und Frauen unbedingt etwas sagen muss. Also habe ich auf meiner Facebook-Seite Folgendes geschrieben:

«Wenn wir dafür, dass wir die Wahrheit aussprechen, mit unserem Leben bezahlen müssen, dann ist das unser Los. Dies ist ein natürlicher Vorgang auf dem Weg zu einer gerechteren menschlichen Existenz. Das Regime versucht in diesem historischen Augenblick angesichts des Blutvergießens in Syrien zu suggerieren, dass die Protestbewegung des Volkes eine konfessionelle Prägung hat. Das ist eine Fälschung der Tatsachen. Trotz der Maßnahmen, deren Motive bekannt sind, die Städte militärisch nach Religionsgemeinschaften zu unterteilen und gezielt Viertel bestimmter Religionsgemeinschaften zu beschießen, und trotz der Einschüchterung und der Diffamierung eines jeden freien syrischen

Bürgers, der zur Gemeinschaft der Alawiten gehört, sage ich zu allen jungen Frauen und Männern anderer Religionsgemeinschaften, die mir lange Briefe darüber geschrieben haben, dass wir hier – und ich weiß, dass es noch andere außer mir gibt – unser Leben in ihre Hände legen und uns ihnen anschließen. Die Angst vor dem Ausbruch eines konfessionellen Bürgerkriegs ist durchaus berechtigt. Das wird möglicherweise der Preis sein, den wir bezahlen müssen, wenn die Sprache der Gewalt und das Töten ihren Weg bis zum Ende gehen. Was haben wir mehr als unser Leben?»

Ich kehre wieder zu meinem Tagebuch zurück, um den folgenden Vorfall zu notieren, den mir ein Mann aus Deraa erzählt hat. Der Mann errötete, bevor er zum Himmel blickte und sagte: «Gott, wo bist du?» Dann berichtete er:

«Die Leichen wurden in das Tischreen-Militärkrankenhaus gebracht. Schwerverletzte und manchmal auch Personen mit nur leichten Verletzungen, zu denen beispielsweise auch ein junger Mann gehörte. Er lag in seinem Bett, während ich an einem anderen Bett stand, als ein Geheimdienstoffizier das Zimmer betrat. Er war in Zivil und setzte sich neben den Verwundeten. Sie sprachen miteinander, anfangs habe ich nicht verstanden, worum es ging, aber dann näherte ich mich dem Verwundeten und lauschte dem Gespräch. Der Offizier fragte: ‹Wer hat auf dich geschossen?› Als der Verwundete schwieg, fragte der Offizier: ‹Die bewaffneten Banden?› Der Verwundete schwieg weiter. Da sagte der Offizier: ‹Du wirst im Fernsehen sagen, dass die bewaffneten Banden auf dich geschossen haben.› Nun blickte der Verwundete dem Offizier ins Gesicht und entgegnete: ‹Die Sicherheitskräfte haben auf mich geschossen.› Da drohte der Offizier streng: ‹Die bewaffneten Banden haben auf dich geschossen.› Doch der Verwundete bestand darauf, dass es die Sicherheitskräfte gewesen seien. Er sah dem Offizier direkt in die Augen. Plötzlich stand der Offizier auf, nahm seine Pistole und setzte sie dem Verwundeten auf die Stirn. Der zuckte nicht einmal mit der Wimper. Der Offizier sah ihn an: ‹Sag, wer auf dich geschossen hat!› Der Verwundete antwortete: ‹Die Sicherheitskräfte!› Da schoss ihm der Offizier in den Kopf und verließ das Krankenzimmer.»

Dienstag, 7. Juni 2011

Ich kehre aus meiner Leere zurück, aus meinem ausgehöhlten Herzen. Die letzten Tage habe ich irgendwo zwischen Leben und Tod verbracht. Ich habe versucht, von den Beruhigungstabletten loszukommen. Ich habe mich mit vielen Leuten von verschiedenen Gruppierungen getroffen, die diese Protestbewegung unterstützen möchten, Junge und Alte, Frauen und Mädchen unter zwanzig, sie alle wollen nicht außen vor bleiben, sie alle fühlen sich mitverantwortlich, doch es gibt keine systematische politische Arbeit. Die meisten Aktivisten leben unter schwierigen Bedingungen und können nur mit Mühe kommunizieren. Die Leere in meinem Inneren ist noch größer geworden. Wir sind aktiv um der Aktivität willen, und die Menschen sterben ganz selbstverständlich, der Tod ist zur Gewohnheit geworden. Darüber konnte ich keine Ruhe mehr finden. Heute mache ich mich daran, das Gespräch zu transkribieren, das ich mit einem jungen Mann aus Deraa geführt habe. Ich habe ihn einmal getroffen, und es war eigentlich vereinbart, dass wir das Gespräch über die Ereignisse in Deraa fortsetzen, doch das gestaltete sich als schwierig. Genau wie mit einem jungen Mann, der mir erzählte, wie die Protestbewegung in Banjas begonnen hat, und der dann auch verschwunden ist. Vor zwei Tagen habe ich erfahren, dass er verhaftet wurde. Ob auch der junge Mann aus Deraa verhaftet wurde, weiß ich nicht, auf jeden Fall ist auch er verschwunden. Die Stadt Deraa interessiert mich besonders, weil von dort der Funke zum syrischen Aufstand ausging. Über die Geschehnisse dort sammele ich so viele Zeugenaussagen wie möglich.

Der junge Mann, etwa Anfang zwanzig, berichtete: «Mir wurde vorgeworfen, dass ich einer oppositionellen Familie angehöre. In der Abteilung des militärischen Geheimdienstes haben sie mich beleidigt und geschlagen.» Ich bat ihn, mir die Anfänge chronologisch zu erzählen. Der Junge machte einen traurigen Eindruck. Trotz seiner bewegenden Worte sprach er mit ruhiger, aber heiserer Stimme: «Als die Bevölkerung am 18. März zu Atef Nadschib ging und die Freilassung ihrer Kinder forderte, hat er ihnen geantwortet: ‹Vergesst eure Kinder! Oder schlaft mit euren Frauen und macht neue Kinder! Oder schickt mir eure Frauen statt der Kinder!› Als die Leute sein Büro verließen, berichteten sie der Bevölkerung von Deraa, wie das Gespräch verlaufen war. Da einigten sie sich darauf, noch am gleichen Tag nach dem Gebet vor der Omari-Moschee und einer anderen Moschee zu rufen: ‹Freiheit, Freiheit, das syrische Volk lässt sich nicht demütigen!› Wir sind alle mit ihnen zusammen aus der Moschee hinaus. Da landeten sechzehn Helikopter im neuen Assad-Stadion der Stadt, und es hieß, Atef Nadschib habe behauptet, in Deraa habe ein Putsch stattgefunden. Die Männer, die aus den Helikoptern stiegen, gehörten zur Anti-Terror-Einheit, die dem Zentralgeheimdienst unterstellt ist. Es waren auch Sicherheitskräfte in Deraa sowie Schlägertrupps, die ich mit eigenen Augen gesehen habe, über tausend Mann stark. Die Demonstration fand dann im Wadi statt und wurde von Feuerwehrautos aus mit Wasser bespritzt. Es wurde auch scharf geschossen. Die Bilanz dieses Freitags waren vier Tote, aber keine Verhaftungen, die Sicherheitskräfte blieben jedoch weiterhin stark präsent. Am nächsten Tag, dem 19. März, riefen die Menschen um sechs Uhr morgens die Namen der Getöteten in den Moscheen aus und sammelten sich zur Beisetzung. Wir zogen mit dem Leichnam los, als würden wir einen Märtyrer beerdigen. Wir hoben den Sarg hoch auf unsere Schultern, dann setzten sich Massen in Richtung Friedhof in Bewegung. Scheich Ahmad al-Sajasina rief die Leute über Mikrophon zur Ruhe auf und meinte, dass sie die Kinder innerhalb von achtundvierzig Stunden freilassen würden. Da schrie ein junger Mann: ‹Ihr sollt dafür sorgen, dass das Blut unserer Toten nicht ungestraft geflossen ist!› Die Leute wollten die Absetzung von Atef Nadschib und des Gouverneurs und riefen: ‹Atef Nadschib, du wirst nicht ungestraft davonkommen.› Dann wandten sie sich in Richtung Omari-Moschee. Beim Wadi warteten eine Anti-Terror-Einheit sowie Schlägertrupps und Sicherheitskräfte auf uns. Es lagen etwa hundert Meter zwischen uns, und Scheich Muhammad Abazid versuchte, uns zu beruhigen. Wir haben nicht auf ihn gehört, sondern sind lange dort geblieben. Da tauchte einer der Wohlhabenden von Deraa, Aiman al-Zoobi, zusammen mit Schergen des Regimes auf, und da haben die jungen Männer auf ihn eingeschlagen, und schon prasselten die Tränengasbomben wie Hagel auf uns nieder. Es wurde auch geschossen, und Atef Nadschib und der Gouverneur, die auch gekommen waren, sind auf einem Motorrad geflüchtet. Wir haben uns in Richtung der Ortschaft Hay al-Karak zurückgezogen. Als wir weiter mit Tränengas beschossen wurden, haben wir Reifen angezündet. Wir waren fest entschlossen zu bleiben, und wir blieben wirklich bis acht Uhr abends, bis dann scharf auf uns geschossen wurde und wir auseinanderliefen.

Am 20. März sind wir wieder auf die Straße und wurden wieder mit Tränengas und scharfer Munition beschossen. Die Sicherheitskräfte haben uns in die Zange genommen, und wir bewarfen sie mit Steinen, so dass sie sich zurückzogen. Dann haben die Leute die Filiale von Syriatel zerstört, wobei sie das Gebäude nicht in Brand gesetzt haben, sondern einfach alles das, was Rami Makhlouf, dem Cousin von Baschar al-Assad, gehörte. Sie haben die Telefongeräte hinausgeworfen und verbrannt, dabei wurden zwei Leute verwundet. Dann bewarfen wir den Justizpalast mit Steinen, und schließlich legten die Sicherheitskräfte dort Feuer. Kein Feuerwehrauto ist aufgetaucht. Sie wollten, dass die Gebäude in Flammen aufgehen. Die Sicherheitskräfte haben sich daraufhin beim Haus des Gouverneurs versammelt, in Deraa herrschte nahezu Krieg, es gab viele Verletzte. Sie haben das Krankenhaus besetzt, und sie haben jeden Verletzten, der dorthin gebracht wurde, verhaftet oder erschossen. Blutspenden waren verboten. Es gab einen jungen Palästinenser, der den Verletzten Blut gespendet hat. Auch ihn haben die Sicherheitskräfte erschossen.»

Meine Finger begannen zu zittern. Ich kannte diesen Zustand. Nur selten bin ich in der Lage, eine Zeugenaussage aufzuzeichnen, ohne am Ende zu weinen oder zu zittern. Nur selten kann ich die Worte der Gepeinigten notieren, ohne mir die Ereignisse ganz hautnah vorzustellen. Was für eine Qual! In solchen Augenblicken wünsche ich mir, eine ganz normale Frau zu sein. Ich sehne mich danach, den Alltag einer Gemüseverkäuferin zu leben, die auf einem überfüllten Bürgersteig sitzt und mit blindem Blick und ohne jede Emotion die Beine der Passanten betrachtet. Doch ich bin keine ganz normale Frau. Ich saß neben einem jungen Mann, der in Haft gewesen war und der aus einer Stadt stammt, in der die Revolution ausgebrochen ist. Der junge Mann erzählte weiter:

«Am Montag, den 21. März, war morgens das Rathaus ausgebrannt. Wir wurden von den Checkpoints und den Sandbarrikaden überrascht. Überall waren Sicherheitskräfte. Vor der Omari-Moschee fand eine Kundgebung statt, die Leute stellten Zelte auf und forderten die Freilassung der Verhafteten und der Kinder, die Annullierung von Paragraph acht der Verfassung, die Freilassung der verhafteten Frauen und die Bestrafung der Mörder. Am 23. März kam es zu dem Massaker. Es war ein Mittwoch, aber vorher, am 22. März, hatten die Leute noch demonstriert, und alles schien noch in Ordnung. Der Tag mit den Demonstrationen ging ohne Zwischenfälle vorüber, aber zwischen halb eins und ein Uhr nachts begann der heftige Beschuss. Die Omari-Moschee wurde gestürmt, und auf die Menschen in der Moschee wurde das Feuer eröffnet. Sieben von ihnen wurden getötet. Sie schlugen auf die Zelte ein und zerrissen die Bilder der Getöteten. Der Scheich rief um Hilfe. Aber jeder, der sich auch nur rührte, wurde erschossen. Die jungen Männer versammelten sich, und da kamen die Sicherheitskräfte und traten auf sie ein und beschossen sie. Niemand traute sich mehr, auch nur die Wohnungstür zu öffnen, denn sofort wurde auf ihn gefeuert. Als die Bewohner der benachbarten Dörfer davon erfuhren, beschlossen sie, den Leuten aus Deraa zu Hilfe zu kommen. Sie kamen von Osten und von Westen nach Deraa hinein, und als sie im Mahatta-Viertel unweit des Postrondells zusammenkamen, das ganz in der Nähe der Filiale der Baath-Partei liegt, wurde ihnen ohne weiteres gestattet, weiter in die Stadt hineinzugehen. Und dann wurden auch sie beschossen. Man sprach von siebzig Toten, aber es waren ganz sicher zweihundert, denn es gab viele Leichen, die nicht identifiziert wurden. Wochenlang konnten wir dort noch die Schuhe der Toten und das Blut sehen. Es war ein unfassbares Massaker.»

«Am Donnerstag, den 24. März», berichtete der junge Mann beinahe atemlos weiter, «zählten die Menschen die Toten und versuchten ihren Schmerz zu überwinden. Die Moschee war besetzt, und alle waren in einem Schockzustand. Es gab dann eine Demonstration von hunderttausend Leuten, alle mit entblößtem Oberkörper und barfuß, und die Sicherheitskräfte und das Militär eröffneten das Feuer auf sie. Sie sind in die Häuser geflohen, die Leute haben ihnen die Türen geöffnet. Später stellten wir fest, dass es unzählige Vermisste gab, und bis jetzt wissen wir nicht, ob sie verhaftet oder tot sind. Trotz der Tötungen und der Verhaftungen waren die Menschen mutig. Mein Vater hat gesagt: ‹Ich würde euch alle drei als Märtyrer für die Revolution opfern.› Dann hat Buthaina

Schaaban eine Rede gehalten, wovon die Leute sich etwas Positives erhofft haben. Es wurde ein Fest veranstaltet, und die Menschen hielten Bilder des Präsidenten hoch. Aber das waren Sicherheitskräfte und Mitglieder der Baath-Partei, die in Bussen herkamen, um zu zeigen, dass sie den Präsidenten unterstützen. Diese Feiern haben die Leute, die gerade ihre Kinder zu Grabe trugen, noch mehr provoziert. In der Moschee war nach dem Abzug der Sicherheitskräfte alles zerstört. Und man hatte etwas auf Persisch an die Mauern geschrieben. Ich habe Sicherheitskräfte gesehen, die seltsam gestutzte Bärte trugen, ganz anders als die Sicherheitskräfte, wie wir sie kennen. Später hieß es, einer der Scharfschützen, den man erwischt hatte, habe kein Arabisch gesprochen. An jenem Tag, am 24. März, riefen die Menschen: ‹Das Volk will den Sturz des Regimes!›

Am 25. März versammelten sich die Menschen in Massen vor der Omari-Moschee. Dort wurden die Opfer des Massakers beerdigt. Es waren wirklich viele Menschen, mehr als zweihunderttausend. Sie wollten von dort zum Gouverneursplatz losziehen. Wir hatten die Zusage bekommen, dass sich die Sicherheitskräfte und das Militär uns nicht entgegenstellen werden. Und Buthaina Schaaban sagte, dass nicht auf die Demonstranten geschossen werde. Also versammelten sie sich in Massen und riefen wie mit einer Stimme: ‹Das Volk will den Sturz des Regimes!› und ‹Maher, Feigling, schick deine Hunde zum Golan!›. Dann erreichte uns die Nachricht von dem Massaker in Sanamein, wo mehr als zwanzig Menschen getötet worden waren. Als wir sicher waren, dass das stimmte, drehten die Leute durch. Sie sprangen auf die Bilder des Präsidenten, zerrissen sie, versuchten die Statue des Präsidenten zu stürzen, und da wurde aus dem Haus des Gouverneurs auf die Demonstranten geschossen. Dort waren Heckenschützen postiert. Die Frauen standen Seite an Seite bei den Männern. Und obwohl geschossen wurde, rührten sich die Menschen nicht vom Fleck, sie blieben so lange, bis sie die Statue gestürzt hatten. Dann zündeten sie sie an. Zwei Stunden hielt der Beschuss an, und die Leute stürmten das Haus des Gouverneurs, um die Heckenschützen herunterzuholen, die auf die Demonstranten schossen. Dann setzten sie das Haus in Brand, es brannte mehrere Stunden lang. Als das alles vorbei war, wussten die Menschen, dass die Strafe grausam sein würde.

Trotzdem blieben sie dort und entzündeten vor dem Haus des Gouverneurs Reifen.

Am 31. März sprachen die Verantwortlichen mit der Bevölkerung von Deraa und sagten, dass sie den Präsidenten treffen sollten. Fünfundzwanzig Leute sind gegangen, fünfzehn Männer hatte Hischam Bakhtiar ausgewählt und zehn die Bevölkerung. Bevor sie zu dem Treffen mit dem Präsidenten gingen, sagten die Frauen zu den zehn Ausgewählten: ‹Ihr seid dafür verantwortlich, unsere Toten zu rächen.› Zu den Forderungen der fünfzehn Männer, die mit den Sicherheitskräften kooperierten, gehörte die Rückkehr der Vollverschleierten an ihre Arbeitsplätze. Das hatten die Leute von Deraa nicht gefordert, und später wurde diese Forderung wieder fallengelassen. Sie trafen den Präsidenten und kehrten am Nachmittag zurück. Wir haben gehört, dass die zehn, die von der Bevölkerung ausgewählt worden waren, beim Präsidenten mit Würde aufgetreten sind. Und Doktor Hischam Mahamid, ein Bruder eines Getöteten, der Ali Mahamid hieß, schlug sich vor dem Präsidenten auf die Brust und sagte zu ihm: ‹Wir haben Ihre Bilder zerrissen und die Statue umgestürzt, und Ihr habt meinen Bruder getötet.› Der Präsident soll diplomatisch gewesen sein. Er habe höflich geredet und Mitgefühl gezeigt. Er habe zu ihnen gesagt: ‹Was immer ihr wollt, wir sind dazu bereit.› Sie hatten Fotos, CDs und Filme mitgenommen und haben ihm alles gezeigt. Und er hat gesagt, dass er von nichts wusste. Der Präsident versprach auch, die Sicherheitskräfte und das Militär zurückzuziehen und ihren Forderungen nachzukommen. Und tatsächlich hat sich das Militär zurückgezogen, und die verhafteten Männer und sogar die Kinder wurden freigelassen. Aber das war nur wieder ein neuer Betrug des Präsidenten, der, wie wir später erfahren haben, den Schießbefehl gegeben hatte.»

Er schwieg, ich hatte den Kopf noch immer in meinem Heft vergraben. Ich wollte zu ihm sagen: «Ja, der Präsident und seine Familie und seine Banden geben den Schießbefehl, und vor der Delegation aus Deraa hat er Theater gespielt», aber ich schwieg und hörte ihm weiter zu:

«Der 1. April war ein Freitag. Wir hatten das Gefühl, das sei ein Sieg. Alle Bewohner der Dörfer kamen nach Deraa, auch aus Damaskus kamen Leute, und wir sind aus der Altstadt ins Mahatta-Viertel losgezogen. Es war kein einziger Geheimdienstler zu sehen. Wir waren ungefähr siebenhunderttausend Menschen, eine unglaubliche Masse. Es war ein heißer Tag, und trotzdem blieben die Menschen auf allen drei Plätzen stehen und riefen: ‹Das Volk will den Sturz des Regimes!› Die Leute begannen auch, die staatlichen Einrichtungen zu schützen, damit es dort nicht zu Zerstörungen komme. Selbst Verkehrspolizei war nicht da. Die Menschen sammelten den Müll, reinigten die Straßen, sorgten für Ruhe und Ordnung und verkündeten den zivilen Ungehorsam. Zwei Wochen lang haben wir demonstriert, ohne dass Sicherheitskräfte auftauchten. Und dann, am ‹Freitag des Standhaltens›, gingen die Menschen aus der Omari-Moschee in Richtung Mahatta, und plötzlich wurde auf sie geschossen. Viele Menschen starben dabei. Es gibt eine Geschichte über Musa Dschamal Abazid, der am Bein verwundet wurde und den die Menschen in die Omari-Moschee brachten, wo ein Feldlazarett eingerichtet worden war. Alle Menschen halfen sich gegenseitig. Dschamal war also am Bein verwundet, aber er weigerte sich, die Demonstration zu verlassen. Wahrscheinlich hatte er daraufhin Tränengas eingeatmet, das, so glaube ich, vergiftet war. Deshalb wurde er zum zweiten Mal zur Ambulanz in der Moschee gebracht. Die Ärzte tadelten ihn, weil sein Zustand das nicht erlaube, aber er wollte der Demonstration nicht fernbleiben. Auf der Demonstration wurde ihm dann von einem Scharfschützen in den Nacken geschossen, und er starb. Zwanzig Leute wurden getötet, die ganze Zeit schossen die Sicherheitskräfte willkürlich auf die Menschen, die durch die Straßen liefen. Auch einer meiner Freunde wurde von ihnen getötet. Es gibt die Geschichte von Muhammad Ahmad al-Radi, er war 1986 geboren und Student der Bibliothekswissenschaften. Er war bei seiner Verlobten. Er verließ gerade das Haus, das ganz in der Nähe der Blutbank liegt, in der Straße, wo das Massaker stattfand. Er sah die Verletzten auf der Straße und wollte ihnen zu Hilfe eilen, und er wollte auch filmen. Er hatte einen Stein in der Hand, um sich zu verteidigen. Da wurde ihm in den Bauch geschossen, und er fiel bäuchlings zu Boden. Die Menschen konnten ihm nicht sofort helfen, die Sicherheitskräfte waren schneller bei ihm und schändeten seine Leiche. Sein Kopf war vom Körper abgetrennt, als die Sicherheitskräfte von ihm abließen. Als die Leute endlich bei ihm waren, lag sein Gehirn vor ihnen auf dem Boden.

Am 25. April kamen sie dann in die Stadt. Der Angriff begann in der

Nacht. Die Menschen hatten die Gefahr schon geahnt, es hatte Gerüchte gegeben, dass die Sicherheitskräfte auch bei uns auftauchen würden. Deshalb hatte man Straßensperren aufgebaut und Komitees zum Schutz der Stadt gegründet. Wir wussten nicht, dass sie mit Panzern kommen würden, es waren acht Panzer, die am frühen Morgen plötzlich erschienen. Der Strom sowie das Festnetz und das Handynetz wurden gekappt, und dann wurde siebzehn Stunden lang heftig geschossen. Die Pumpen für das Wasser, das aus Musairib kommt, und auch die Wassertanks wurden beschossen. Dann drangen die Panzer in die Gassen ein. Es waren damals fünfundsiebzigtausend Soldaten in Deraa, von zweihunderttausend, die die ganze syrische Armee ausmachen. Sie stürmten Deraa in Begleitung von Spitzeln aus der Stadt. Von einigen von ihnen erfuhren wir später die Namen. Das war in Deraa-Mahatta. Die Altstadt hatten sie noch nicht gestürmt. Sie stürmten die Wohnungen und verhafteten die Männer zwischen fünfzehn und vierzig Jahren und alle Leute, die sich weigerten, Heckenschützen auf ihren Häusern zuzulassen. Sie verhafteten ungefähr zehntausend Leute. Viele wurden darüber hinaus noch gesucht, die Liste wurde immer länger. Der Vorwurf lautete, sie hätten demonstriert und Parolen gerufen. Die Häuser von Deraa waren von Einschusslöchern übersät, die meisten sogar von innen und von außen. Dann haben sie sie noch auf brutale Weise zerstört. Acht Tage lang standen überall auf den Dächern Scharfschützen und schossen auf alles, was sich bewegte. Einige Bewohner hatten ihre Viertel verlassen. Während dieser Belagerung wurde es immer schwieriger, die Leichen aufzulesen, und so verwesten sie einfach. In Manschija und am Nababinta-Platz gab es Kühlhäuser für Gemüse, die voller Leichen waren. Man musste die Leichen vor den Sicherheitskräften verstecken und mit Waffen beschützen, damit sie sie nicht stahlen. Dann zogen sich die Sicherheitskräfte zurück, und vier Stunden später kehrten die Panzer wieder und begannen, die Häuser zu beschießen, ausgerechnet die Häuser neben den Kühlhäusern.»

Damit endete der Bericht des jungen Mannes. Ich hoffte, ihn ein weiteres Mal treffen zu können, um zu erfahren, wie die Menschen die Belagerung erlebt hatten, doch er kam nicht zurück. Als ich mich nach ihm erkundigte, erfuhr ich, dass er krank sei, er litt unter einer Entzündung, eine Folge der Folter während seiner Haft.

Donnerstag, 9. Juni 2011

Die Frau, die die Schriftstellerin beobachtet, hat geschworen, dass sie es nicht noch einmal wagt, ihrem Mann in einem Koffer eine rote Rose zu bringen, und sei es heimlich. Die Frau, die eine andere geworden ist und die an einem weit entfernten Ort in meinen Fingern sitzt, hat auch geschworen, dass sie nicht mehr als drei Stunden pro Tag schläft. Das ist nicht im übertragenen Sinn gemeint. Ich habe mir wirklich vorgenommen, drei Stunden täglich ohne Schlaftabletten zu schlafen, ein großes Vorhaben, das ich nur mit großer Mühe werde umsetzen können. Mir hilft dabei ein wenig, dass ich ständig in Bewegung bin. Außerdem die Unmengen an Essen, die ich vor dem Schlafen zu mir nehme. Doch wirklich wirkungsvoll ist das alles nicht, ich habe schließlich an Gewicht zugenommen, aber keinen Schlaf gefunden. In letzter Zeit habe ich mich mit anderen Frauen getroffen, um die Initiative «Syrische Frauen zur Unterstützung des Aufstands» zu gründen. Ihre Aufgabe sollte es sein, die Demonstrationsbewegung zu unterstützen, besonders was die Versorgung der Verwundeten und der jungen in den Komitees versammelten Leute, die in den Untergrund gegangen sind, betrifft. Im Gegenzug haben einige junge Männer einen säkularen Zusammenschluss ins Leben gerufen, denn viele von ihnen waren mit dem Verhalten einiger bekannter Oppositioneller nicht zufrieden. Ihrer Meinung nach war es nun Zeit, den Geist der Opposition neu zu beleben. Alle wurden aktiv – und jeder auf seine Weise. Einige arbeiten mit den Koordinationskomitees in den Vororten von Damaskus zusammen, andere organisieren die Demonstrationen. Auch die Frauen haben einige Demonstrationen organisiert. Das Problem ist jetzt nicht, welche Art von Aktionen wir machen, denn der Volksaufstand verläuft im ganzen Land auf die gleiche Art. Es ist ein Aufstand der Landbevölkerung und der Armen und ein Protest gegen jegliche Form der Unterdrückung. Das systematische Töten des Regimes hat aus dem Aufstand ein täglich stattfindendes Massaker gemacht. Die Zeit für einen Dialog ist abgelaufen, auch wenn das Regime noch immer zu einem Dialog aufruft. Einige Oppositionelle reagierten zu Beginn positiv darauf, um weiteres Blutvergießen zu vermeiden, doch jetzt lehnt die innersyrische Opposition jeden Dialog ab, da Tag für Tag ein neues Massaker verübt wird und die Zahl der von den Sicherheitskräften und den Schabbiha und dem Militär Getöteten ständig wächst. Die Städte sind zum Abschuss freigegeben, sie sind umstellt, werden aus der Luft beschossen, jetzt Dschisr al-Schughur, vorher Deraa und Homs. Wie sollen wir mit ihnen einen Dialog führen?! Das war die wichtigste Frage, die bei den Zusammenkünften mit einigen Persönlichkeiten der Opposition aufgeworfen wurde. Es gibt keine Lösung außer dem Sturz des Regimes. Das Regime will keine Reformen und keine Lösung. Das Regime besteht aus Clans, die mit der herrschenden Familie vernetzt sind und die von Korruption und Bestechung profitieren. Sie möchten einen konfessionellen Bürgerkrieg entfachen und werden bald Alawiten als menschliche Schutzschilde benutzen. All die Initiativen und Aktivitäten der letzten Tage haben, anders, als ich es erhofft habe, kaum zu Ergebnissen geführt. Nur zur Bildung einer Fraueninitiative zur Unterstützung des Aufstands. Deshalb verspürte ich diese Leere, ich fühlte mich angesichts der Syrer, die zu Flüchtlingen geworden sind, zum Nichtstun verurteilt. Die Bewohner von Dschisr al-Schughur flohen vor der militärischen Belagerung und vor den Massakern in ihrer Stadt in die Türkei. Dort wurden an der Grenze Zelte für sie errichtet. Syrische Flüchtlinge in der Türkei, andere, die vor der militärischen Invasion in Tellkalach in den Libanon geflohen sind. Doch im Libanon ist das syrische Regime noch präsenter als sonst irgendwo. Die libanesische Regierung hat zwei Flüchtlinge ausgeliefert, was die Syrer in Angst und Schrecken versetzte. Eine Flucht in den Libanon bedeutet eine Flucht nach Syrien. Es machte keinen Unterschied, was wir jetzt taten. Die Türkei verkündete ihre Missbilligung angesichts der bestialischen Methoden des Regimes und der Unterdrückung der Proteste, der Ermordung und Vertreibung des syrischen Volkes. Wie kann ein Regime sein Volk töten? Wie kann es sein Volk aus Flugzeugen beschießen?

Die Syrer können das nicht begreifen. Tägliche Massaker, eine Stadt nach der anderen wird zerstört, und die ganze Welt schaut zu, verurteilt und fordert Reformen. Und die Syrer sterben. Einfach so. Zumindest gibt es jetzt erste Soldaten, die von der Armee desertieren. Ein Oberstleutnant der syrischen Armee trat in den Satellitenkanälen auf und erklärte, dass er desertiert und dass er für den Tod von Sicherheitskräften verantwortlich sei, die sich den Befehlen der Armee widersetzt und auf unschuldige Menschen geschossen hätten. An sich war das eine Entwicklung von großer Bedeutung, aber nichts schien mir bedeutsam genug, ich war deprimiert und verbarg das auch nicht. Eine noch versteckte Depression begann sich in mein Tagebuch einzuschleichen. Die Meldungen über das tägliche Töten in den Städten erlaubten kein intensives Nachdenken.

Ich fühle mich noch immer verloren. Gestern Abend habe ich beschlossen, einkaufen zu gehen, ganz in der Nähe meiner neuen provisorischen Unterkunft. Ich wollte ein paar Stunden durch die Einkaufsstraßen schlendern, mir eine Gelegenheit gönnen, ruhiger zu werden und darüber nachzudenken, was ich bezüglich verschiedener Dinge zu erledigen hätte, an denen ich arbeitete. Ich betrat das Schaalan-Viertel, den «Markt der faulen Hausfrauen», als ich ein paar junge Frauen flüchten sah. Leute liefen auseinander, und ich wusste sofort, dass irgendwo eine Demonstration stattfand. Allein die Panik in den Augen der Menschen verriet mir, was vor sich ging. Ich lief weiter und sah Dutzende junger Männer und Frauen, die sich versammelt hatten und für Freiheit skandierten. Die Sicherheitskräfte stürzten sich auf sie. Die jungen Leute sangen die Nationalhymne und schrien: «Kein Töten, keine Gewalt!» Dann stürzten sich Schabbiha oder Sicherheitskräfte – man kann sie manchmal nicht genau unterscheiden, trotz des brutaleren Aussehens der Schabbiha – auf die Demonstranten und forderten die Passanten auf, die Demonstranten gleichfalls zu schlagen. Ich sah, wie sie sich um einen jungen Mann scharten, es waren mehr als zehn Männer, die auf ihn einprügelten und -traten. Und plötzlich sah ich eine junge Frau auf dem Boden, auf die ein Geheimdienstler einschlug, während er die scheußlichsten Beleidigungen ausstieß. Ein Mann, der nicht zur Demonstration gehörte, versuchte ihr zu Hilfe zu kommen, doch der Geheimdienstler schlug auch auf ihn mit aller Härte ein. Dann wurde er von mehreren Sicherheitskräften umzingelt, sie schlugen und verhafteten ihn schließlich. Mit pochendem Herzen stand ich da, abseits, verborgen hinter den Menschen, und dachte, dass selbst Gott sie nicht davon würde überzeugen können, dass ich nicht an der Demonstration teilgenommen hatte, wenn sie mich jetzt fassten. Doch ich konnte nicht weggehen, meine Füße waren wie aus Blei. Einige Ladenbesitzer kamen aus ihren Läden und schrien die Demonstranten an, sie kooperierten mit den Sicherheitskräften und den Schabbiha. Als einer von ihnen eine junge Frau in Schutz nehmen wollte, begannen die Sicherheitskräfte und einige andere Ladenbesitzer auf ihn einzuschlagen und seinen Laden zu zerstören. Überall wurde geprügelt, und die Geschlagenen wurden dann auch verschleppt und verschwanden. Ich sah, wie sie einen der Jungs in einen Bus warfen, dann kehrten sie zu den anderen zurück. Die Menschen schauten verängstigt zu, es war das erste Mal, dass eine solche Demonstration im Schaalan-Viertel stattfand. Einige junge Frauen begannen zu weinen und liefen fort, sie hatten gesehen, wie die Schabbiha erbarmungslos auf den jungen Männern herumgetrampelt waren. Plötzlich sah ich Dutzende junge Männer und Frauen vom Abu-Rumana-Viertel herankommen. Sie trugen Bilder des Präsidenten und riefen klatschend: «Abu Hafes ..., Vater von Hafes!» Sie trugen weiße Baumwoll-T-Shirts mit dem Bild des Präsidenten und dem Satz «Wir lieben dich» darauf. Sie marschierten ganz gelassen. Nachdem die Sicherheitskräfte die Demonstration aufgelöst hatten, stellten sie sich am Straßenrand auf, um die Unterstützerdemonstration zu beschützen, die ganz gemächlich bis zum Beginn der Hamra-Straße ging. Niemand hielt sie auf, und immer wieder riefen sie laut und wie aus einem Mund ihren Spruch «Abu Hafes, Vater von Hafes».

Ich beobachtete sie etwa eine halbe Stunde lang, ich tat so, als bummelte ich durch die Läden. Die Sicherheitskräfte starrten den Menschen noch immer in die Gesichter, obwohl die Demonstration schon aufgelöst war. Auch die Schabbiha aus dem Schaalan-Viertel, die zwischen den Läden hin und her gingen, beobachteten die Leute. Auffallend für mich war, dass die Schabbiha aus Schaalan sich von denen aus Harasta, Duma und vom Mardscheh-Platz in Damaskus unterschieden. Sie waren besser angezogen und gepflegter, trugen Goldkettchen an den Handgelenken. Sie sahen aus wie aus Stein gehauen, schmale Hüfte, breiter Brustkorb. Oder wie gemalt. Aber sie ließen ihre Bärte wachsen. Aber was sie mit allen Schabbiha aus allen Städten gemeinsam hatten, waren ihre Augen. Der gleiche Blick, starr, eiskalt, ohne ein Blinzeln, ohne ein Zucken der Wimpern. Und eben sie waren es gewesen, die so lange auf einen jungen Mann eingeschlagen hatte, bis er blutete. Später stellte sich heraus, dass er ein Geheimdienstler gewesen war! Und sie waren es auch gewesen, die die

Männer geschlagen hatten, die sich ihnen nicht angeschlossen und die Demonstranten mitverprügelt hatten!

Auf diese Weise war ich gestern nach Hause zurückgekehrt, ohne daran gedacht zu haben, Gemüse zu kaufen, ohne überhaupt über irgendetwas nachzudenken. Ich war vor den Nachrichten über das Töten im Internet und im Fernsehen geflüchtet, und auf der Straße fand ich nur Schläge und Verhaftungen und Angst. In was für einer Stadt lebe ich? Bei jedem Schritt droht Demütigung. Die papierne Romanfrau in meinen Fingern sagt: «Blut oder Demütigung, es gibt keinen Ausweg.» Ich forderte sie auf, mich ein wenig in Frieden, mich als Leiche in aller Ruhe meiner Verwesung nachgehen zu lassen. Warum schweigen die syrischen Intellektuellen zu den Vorgängen?! Zu Beginn der Protestbewegung habe ich mit den Schweigenden sympathisiert, denn ich verstehe die menschliche Schwäche. Doch jetzt, nachdem Städte gestürmt und belagert wurden, die syrische Bevölkerung vertrieben und zu Flüchtlingen gemacht wurde, nachdem sie eingeschüchtert, gefoltert und getötet wurde, kann ich keine Barmherzigkeit mehr empfinden. Die hat man mir geraubt. Die Schweigenden machen sich mitschuldig.

Auch heute gibt es Demonstrationen in Latakia, Damaskus, Homs und Aleppo. Neu an der Situation in Aleppo ist, dass die Sicherheitskräfte den Campus der Universität umstellt haben, nachdem es dort zu Demonstrationen gekommen ist, und die Schabbiha haben sich auf dem Campus verteilt. Sie haben mit Tränengas geschossen und in die Luft gefeuert.

Außerdem ist die Zahl der Flüchtlinge in der Türkei innerhalb der letzten vierundzwanzig Stunden auf 2400 angestiegen. Und was in Dschisr al-Schughur geschieht, ist nach wie vor vollkommen unklar.

Freitag, 10. Juni 2011

Der «Freitag der Stämme» heute ist anders als sonst. Die Desertation des Oberstleutnants hat deutlich gemacht, dass die Armee die Leute als menschliche Schutzschilde missbraucht. Der Oberstleutnant sagt, es gebe vom Geheimdienst formierte Verbrecherbanden, die Mordaktionen durchführten. Im Fernsehen hat er alles öffentlich gemacht, was er weiß. Er erzählt auch, dass die syrische Armee in sein Dorf in der Region Dschabal Zawija eindringen und seine Familie und seine Brüder verhaften könnte, um ihn zu erpressen. Oberstleutnant Hussein Harmousch behauptet weiter, man habe auf Männer der Hisbollah und aus dem Iran zurückgegriffen und es sei der Sicherheitsapparat, der die Medien beherrsche. Er fordert das syrische Volk und die Freien Offiziere auf, sich um der Freiheit willen dem Regime entgegenzustellen.

Heute gab es Zeichen für einen Wandel. Menschen sprachen im Namen der syrischen Revolutionskomitees und benannten die Protestbewegung von einem «Aufstand» in eine «Revolution» um. Auch mit den Austritten aus dem Militär hat die Aufstandsbewegung eine neue Qualität erhalten. Ich verfolge die Ereignisse im Fernsehen. In Damaskus ist es ruhig. Während durch das Midan-Viertel ein Demonstrationszug zieht, sieht es in meiner Gegend so aus, als gebe es eine Ausgangssperre. Es ist Mittag, und niemand ist auf der Straße. Der letzte Freitag war der «Freitag der Kinder der Freiheit». Da wurden in Hama mehr als sechzig Menschen getötet. Das ruft das Massaker in den achtziger Jahren unter Präsident Hafes al-Assad ins Gedächtnis, als die Stadt in Trümmer gelegt wurde und ungefähr dreißigtausend Menschen starben. Was für ein Widerspruch! Ausgerechnet heute ist zufällig der Todestag von Hafes al-Assad, der – zum ersten Mal – unbeachtet vorübergeht. Seit neunzig Tagen sind die Städte vom Tod umgeben, ein Tag schlimmer als der andere. Und jeden Freitag wächst die Zahl der Demonstranten. Die Zahl der Getöteten ist von Stadt zu Stadt unterschiedlich. Das Regime hat scheinbar nicht mehr viele Optionen. Wenn es so weitergeht, wird aus den Demonstrationen mehr und mehr ein Zustand des zivilen Ungehorsams. Die Türken deuten eine militärische Option an, die Lage spitzt sich immer weiter zu. Aber die militärische Option gegen den Aufstand besteht weiterhin. Für das Ausland sieht die Lage anders aus als in Ägypten, Libyen und Tunesien. In Syrien zögert man die Beschlüsse hinaus, während das Blut fließt. Die ganze Welt ist mit den Syrern einer Meinung, doch die Syrer sterben allein. Das Regime weiß, dass es stark ist, es hält den Libanon in der einen Hand und streckt die andere nach dem Irak aus. Deshalb betrachtet es sein gewaltsames Vorgehen als gerechtfertigt – auch vor dem Westen, der um Israel und dessen Sicherheit fürchtet. Auf diese Weise kann das Regime rücksichtslos weiter schießen. Heute sind neununddreißig Menschen getötet und hundert verletzt worden. Demonstriert wurde in 185 Orten, in Damaskus und den Vororten, in Aleppo und Umgebung, in Homs und Hama, in der Provinz Idlib, in Hasaka, in der Euphratgegend, der Küstenregion und im Haurangebiet. Heute höre ich zum ersten Mal seit Beginn der Protestbewegung im Rauda-Viertel um halb zwei Uhr nachts heftiges Feuergefecht. Das ist neu, denn dieses Viertel liegt im Herzen der Hauptstadt. Das bedeutet, dass die Gefahr alle erreichen kann, selbst in den besseren Vierteln. Ich konnte mich nicht in eine papierne Romanfigur verwandeln. Sollte ich gezwungen sein, meine Augen zu verschließen, werde ich sie in meinem Herzen öffnen, so weit es geht. Die Augen zu verschließen heißt, dass die Welt um mich herum verschwindet, dass ich an einen anderen Ort versetzt werde. Die Geräusche von draußen machen mich noch nervöser, ich trete auf den Balkon hinaus, es ist vielleicht drei Uhr morgens, die Schüsse sind in Intervallen zu hören. Die Straßen sind leer, der Arnous-Platz und die Hamra-Straße. Dann hört die Schießerei auf. Sobald ich wieder zu einem menschlichen Wesen werde, tut die Angst ihre Wirkung. Ich bin tyrannischer als der Diktator, ich lösche die ganze Welt aus, wenn ich die Augen schließe. Ich blicke auf den leeren Platz, der Schauplatz zahlreicher Blitzdemonstrationen war. Wie hat er sich in der Nacht verwandelt! Die Orte sind schön, aber wenn sich Menschen dort aufhalten, mit all diesen Mördern, die in den Straßen von Damaskus aus dem Boden wachsen, werden die Orte grausam und furchterregend.

Sonntag, 12. Juni 2011

Mein Tag beginnt mit einem weiteren Austritt aus der Armee: Mazen al-Zain. Die Armee bombardiert ununterbrochen Maarat al-Nuuman sowie die Abteilung des militärischen Geheimdienstes dort, der sich vom Regime losgesagt hat. Fallschirmspringer sind dort abgesprungen, die Schabbiha drangen in die Stadt ein und beschossen die Stadt, in der hundertfünfzigtausend Menschen gegen das Regime demonstrierten. Sechs Menschen wurden vom Geheimdienst getötet. Nachdem in der Nacht der Strom abgestellt worden war, flohen die Menschen nach Aleppo und in einige nahe gelegene Dörfer.

Ich bin auf der Suche nach Nachrichten über Ermordungen in den anderen Städten. Dschisr al-Schughur, wo man sich noch immer an das Blutbad von 1980 zur Zeit des Vaters des Präsidenten, Hafes al-Assad, erinnert, erlebt im Jahr 2011 erneut ein Massaker. Vor gut dreißig Jahren wurden in dieser Stadt bei Volksdemonstrationen, bei denen Parolen gegen das Regime gerufen worden waren, mehr als siebenundneunzig Menschen getötet. Was aber zwei Jahre später in Hama geschah, in der für ihre Wasserräder bekannten Stadt, hat an Grausamkeit die Ereignisse von Dschisr al-Schughur in den Schatten gestellt. Beim heutigen Massaker starben mindestens siebzig Menschen durch die Kugeln der Sicherheitskräfte. Und man weiß auch, dass eine Abspaltung in der Armee viele weitere Tote aus den Reihen des Militärs zur Folge hatte. Dschisr al-Schughur wurde umstellt, Helikopter flogen über die Stadt, und dann wurde sie von Sicherheitskräften besetzt. Unzählige Nachrichten dringen aus der belagerten Stadt, außerdem Meldungen über die Zahl der Flüchtlinge, die die syrische Grenze zur Türkei überquert haben – heute allein viertausenddreihundert. Die Streitkräfte der Armee stehen am Zugang zu Dschisr al-Schughur, ohne dort einzurücken, und es wird erwartet, dass die Zahl der Flüchtlinge auf zehntausend steigt. Im Fernsehen und über YouTube wird ein Video über die Syrer gezeigt, die aus Angst, umgebracht zu werden, aus Dschisr al-Schughur geflüchtet sind. Ich spüre, wie ich mich verkrampfe, wie meine Finger zu Messern werden, die mir in die Haut ritzen. Bilder, wie ich sie nie zuvor gesehen habe. Ich lerne die Syrer neu kennen, sie erinnern mich an Menschen, wie wir sie in unserer Kindheit gesehen haben, doch damals waren es palästinensische Flüchtlinge. Familien, die sich unter Bäumen ein Obdach suchen, Familien, die unter freiem Himmel leben, eine Familie, die ihre Kochtöpfe in eine Plastikbox packt, während sie traurig in die Kamera blickt. Kinder, die sich um ihr Mütter drängen, welche den Präsidenten mit den Worten beschimpfen: «Baschar hat uns aus unseren Häusern vertrieben.» Die Flüchtlinge sind erschöpft. Das Zelt, das die Einwohner errichtet haben, die keinen Platz im Flüchtlingslager fanden, macht einen abgewetzten Eindruck. Die Szene wirkt wie aus einem Film über heimatlose, verirrte, verlorene, hungrige Menschen, die im Freien essen und schlafen, im Gebüsch, so wie die Urmenschen vor Millionen von Jahren. Soldaten, die bei den Flüchtlingen sind, berichten, dass sie von den Sicherheitskräften mit dem Tod bedroht wurden, falls sie die Tötungsbefehle nicht ausführten. Frauen, die schreien, Panzer hätten sie um Mitternacht angegriffen, und die Soldaten, die Sicherheitskräfte und die Schabbiha hätten die Rinder getötet, die Felder in Brand gesetzt und selbst die Trockenmilch der Kinder fortgeworfen. Ich kann diese Widerwärtigkeiten kaum glauben. Sie sind wahr, keine Frage, aber ich möchte zu meinem Versteckspiel zurückkehren. Wie ist es möglich, dass das Regime sein eigenes Volk tötet? Wie kann dieser mörderische Präsident solche Entscheidungen zum Töten treffen? Will er sein ganzes Volk vertreiben? Sollen die Syrer zu Flüchtlingen werden, nachdem die Armee in der Nacht in Dschisr al-Schughur eingefallen ist, die Ernte verbrannt, die Tiere getötet und die umliegenden Dörfer durchkämmt hat?! Ich wechsle zu den Nachrichten aus den anderen Städten, ich kann mich nicht vom Computer lösen. Es gibt Spannungen in Homs, und die militärischen Verstärkungen haben Latakia erreicht. Es ist Mittag, und die Nachrichten melden noch immer, dass Dschisr al-Schughur jetzt heftig bombardiert wird. Nachdem die Armee dort eingerückt ist, muss das Regime beschlossen haben, den Abtrünnigen eine grausame Lektion zu erteilen. Ich warte auf die Nachricht von einer Waffenruhe. Jetzt ist auch noch das Internet gestört, ich kann nicht mehr erfahren, was um mich herum geschieht. Auch gestern war das Internet zeitweise gekappt, die Tage, an denen ich ohne Internet leben muss, nehmen zu, sie blockieren das Internet, blockieren die Straßen, zerstören die Städte. Ein Albtraum, der nicht enden will. Ich habe versucht, ein Interview zu transkribieren, das ich mit einem jungen Mädchen und ihrem Freund geführt habe, der zusammen mit ihr bei einer Demonstration in der Hamidija-Geschäftsstraße für einige Stunden inhaftiert worden war. Doch ich bin ganz konfus, denn ich bin mir inzwischen vollkommen sicher, dass das Regime die syrischen Städte eine nach der anderen vernichten will, ehe es auch nur daran denkt, abzutreten. Zum ersten Mal kommt mir der Gedanke, sie könnten in Damaskus genauso vorgehen wie in Dschisr al-Schughur, falls es hier zu ähnlichen Aufständen kommt. Auch erkenne ich heute zum ersten Mal, dass es schwierig ist, sich andere Szenarien vorzustellen als die einer völligen Zerstörung. Es ist klar geworden, dass der Präsident nicht ohne weiteres zurücktreten wird und dass die Menschen nicht aufhören werden zu protestieren, nicht an den Punkt vor dem 15. März zurückkehren werden. Das Volk will das Regime absolut nicht mehr, das Regime richtet seine Kriegsmaschinerie gegen sein eigenes Volk, und es fließt viel Blut. In Latakia ist die Zahl der Getöteten auf sechzehn gestiegen, und das Regime behauptet weiterhin, dass es gegen bewaffnete Banden kämpft. Aber der Bericht der Soldaten, die sich mit den Flüchtlingen an die türkischen Grenzen absetzen konnten, strafen die Behauptung des Regimes Lügen. Der Soldat Taha Alusch etwa, der seinen Militärausweis in die Kamera hielt, sagte, sie würden umgebracht, wenn sie die Tötungsbefehle nicht ausführten. So etwas hören wir sowohl im Fernsehen wie auch von den Leuten, die wir treffen, inzwischen tagtäglich. Die vier aus Rastan geflohenen Soldaten haben das gegenüber der französischen Nachrichtenagentur eindeutig bestätigt. Der erwähnte Taha Alusch ist einer von ihnen, er berichtete von der Säuberungsoperation in der fünfzigtausend Einwohner zählenden Stadt Rastan in der Provinz Homs. Nach drei Tagen sei er desertiert. Er und seine Kameraden hätten gedacht, sie würden bewaffneten Banden gegenüberstehen, aber er habe erkannt, dass es sich um harmlose unbewaffnete Menschen handelte. Muhammad Marwan Khalaf ist ebenfalls Rekrut in einer Einheit, die in Idlib nahe der Grenze zur Türkei Stellung bezogen hatte. Auch er steht infolge der grausamen Kämpfe gegen unbewaffnete Menschen noch immer unter Schock. Er bestätigte der französischen Presseagentur: «Als sie auf die Menschen zu schießen begannen, habe ich mein Gewehr weggeworfen und bin desertiert.» Dabei erklärte er, dass dieses Massaker, bei dem zwischen zwanzig und fünfundzwanzig Menschen getötet wurden, am 7. Juni stattgefunden habe. Außerdem bekräftigte dieser Soldat mit geröteten Augen und irrem Blick, er und seine Gefährten hätten überlegt zu rebellieren, aber er habe von dieser Idee Abstand genommen, weil das für sie Lebensgefahr bedeutet hätte. Er fügte hinzu: «Sie haben Scharfschützen in Stellung gebracht – Polizisten in Zivilkleidung –, und wenn die Soldaten nicht auf die Protestierenden schossen, dann haben sie sie getötet.» Das Risiko der Befehlsverweigerung unterstrich Khalaf mit den Worten: «Vor uns wollten schon sechs Leute fliehen, und unsere Vorgesetzten haben sie getötet.» Zusammen mit fünfzehn Waffenbrüdern entschloss sich dieser Rekrut trotzdem zu desertieren, statt am vergangenen Donnerstag in die Stadt Homs einzumarschieren. «Ich wusste, dass wir, wenn wir dort einmarschieren, viele Menschen töten würden.» Diese Meldung kam über die französische Nachrichtenagentur und über den Sender Al-Arabiya; ich habe mich der Personen- und Familiennamen vergewissert und die Meldung aufgezeichnet.

Nun verfolge ich die Nachrichten über die Bombardierung in Dschisr al-Schughur und über die Lage der Flüchtlinge im türkischen Yayladagi, wo sich ein Flüchtlingslager befindet. Und ich höre muslimische Gelehrte aus dem Libanon sprechen. Sie machen mir Angst. Gelehrte mit langen Bärten, von denen einer eine hasserfüllte Rede hält und das syrische Regime auffordert, die Massaker zu beenden. Ich erschaudere vor diesem Bild, alle Seiten in diesem Konflikt jagen mir Angst und Schrecken ein. Vor einigen Tagen, als der salafistische Scheich Arur in einem der Satellitenkanäle auftrat, habe ich mich genauso erschreckt. Er ist auch nicht anders. Kein Wunder, bei dem, was geschieht. Die fanatischen Islamisten sind furchterregend, und was Arur unternimmt, schadet höchstwahrscheinlich der syrischen Revolution mehr, als es ihr hilft, denn das Regime sagt, die Demonstranten seien islamische Extremisten. Solche Bilder in den Medien unterstreichen diese Behauptung auch noch. Ich überlege, dass es mir gut täte, ein wenig nach draußen zu gehen. Seit drei Tagen sitze ich in der Wohnung. Ich gehe hinaus, um etwas Dringendes für die Initiative «Syrische Frauen zur Unterstützung des Aufstands» zu erledigen und um einen jungen Mann von den Koordinationskomitees zu treffen. Dann kehre ich zurück. Meine Essgier nimmt ständig zu. Wir, die Frauen der Initiative, warten, wir müssen uns mit mehreren Ärzten über die Versorgung der Verletzten an den Freitagen einigen. Eine der Krankenschwestern hatte mir versichert, dass man im Krankenhaus die Verletzten nicht versorgen, sondern töten würde. Einige Verletzte seien noch vor dem Eintritt in die Krankenhäuser gestorben, weil die Sicherheitskräfte nicht erlaubten, ihnen zu helfen.

Die Bombardements aus Helikoptern östlich von Maarat al-Nuuman und in der Wadi-al-Daif-Region dauern an, und Panzer treffen dort ein. Die Flüchtlinge fliehen über die Felder, und das Regime verfolgt und tötet sie willkürlich. Die meisten von ihnen kommen aus unterschiedlichen Familien, meist begleitet ein Mann alle Frauen der Familie, während die übrigen jungen Männer zur Bewachung der Häuser zurückbleiben. Kinder und Frauen in den Flüchtlingslagern sind vollkommen verängstigt, und die meisten Männer sind schon alt. Diejenigen, die dem Tod entkommen sind, sprechen über die Greueltaten, über das willkürliche Morden und die Liquidierung der Verletzten. Alle Geretteten verneinen, dass es Bewaffnete von außerhalb gibt, die Armee habe die Städte ohne jede Vorwarnung erstürmt und sich unterschiedslos alle Häuser zum Ziel genommen. Bewohner aus nahe gelegenen Dörfern, in denen sich Ähnliches ereignen könnte, sind in die Flüchtlingslager geflohen. Morgen wird eine große Anzahl von Flüchtlingen erwartet. Die Armee hat mittlerweile Dschisr al-Schughur besetzt, man hat dort ein Massengrab entdeckt, und alles sei verbrannt: das Hauptquartier des Geheimdienstes, der Fernmeldeturm, die Geschäfte, alles sei verbrannt und die Stadt menschenleer.

Montag, 13. Juni 2011

Seit zwei Tagen hatten wir keinen einzigen Augenblick Ruhe, weder in der Nacht noch tagsüber. Nicht zur Mittagszeit, nicht beim Baden, nicht auf dem Klo! Ständig ist da dieser Lärm, quietschende Reifen von Autos, riesigen Autos, und mehrere Lautsprecher mitten auf dem Arnous-Platz ganz in unserer Nähe. Junge Leute in weißen T-Shirts mit dem Bild des Präsidenten darauf schreien und singen mit voller Lautstärke über Mikrophon ein Lied, das die Liebe zum Präsidenten preist. Diese Umzüge marschieren Tag und Nacht durch die Hamra-Straße, durch das Schaalan- und das Rauda-Viertel. Sie können, im Gegensatz zu den Demonstranten, die zum Rücktritt des Präsidenten aufrufen, in aller Seelenruhe dort marschieren. Das macht mich wütend. Die Demonstranten fahren nicht in Autos, und sie verfügen nicht über Lautsprecher, sie haben nur ihre Kehlen und schaffen es kaum, sich für einige Minuten zu versammeln, bis Bestien in Menschengestalt auftauchen, mitten auf der Straße auf ihnen herumtrampeln, sie schlagen, bis sie bluten, und dann in ihren Autos verschlucken. Nur ein paar Minuten, und schon sind diese Demonstrationen wieder vorbei. Zu Beginn habe ich behauptet, dass die Hälfte der Bevölkerung den Präsidenten unterstütze. Jetzt bin ich mir sicher, dass es nicht mehr als dreißig Prozent sind. Und die meisten von diesen dreißig Prozent gehören den verängstigten Minderheiten an. Wir leben nicht mehr in Sicherheit zu Hause, alles ist der Zerstörung anheimgegeben. Die Straßen sind zu Schauplätzen für Chaos und Umzüge geworden. Jeder Unterstützer des Regimes kann sich einfach mit Kassettenrecorder und Lautsprecher unter mein Fenster stellen und tagelang Lärm verursachen, und niemand wagt es, ihn zum Schweigen aufzufordern, weil wir schlafen wollen. Die Bestien würden aus dem Erdboden hervorkriechen und über ihn herfallen. So ist es meinem Nachbarn ergangen. Er hat jemanden gebeten, die Lautstärke zu reduzieren, weil sein Sohn für sein Abitur lernen müsse. Der Mann hatte das ganz ruhig gesagt, doch innerhalb weniger Augenblicke lag er auf dem Boden unter den Füßen von Männern, die auf ihn eintraten, als sei es vollkommen normal, jemanden zu treten. Die Nachbarn retteten ihn, dann entspann sich ein Streit, der erst von der Polizei beendet werden konnte. Sie nahmen den Nachbar mit, und den Rest der Geschichte kenne ich nicht.

Ich kann nicht einmal atmen, meine Lunge schmerzt, meine Haut, die ganz rauh geworden ist, schmerzt, sobald sie mit Luft in Berührung kommt. Ich verfolge die Meldungen in meiner Wohnung, kann aber nirgendwohin fahren, wenn ich versuche, in die eingeschlossenen Städte zu kommen, stoße ich dort auf Panzer. Ich versuche, die Menschen zu treffen, die der Belagerung entkommen sind, doch ich habe Angst um sie, weil ich unter Beobachtung stehe. Ich höre die Meldung, dass sich zweihundert Soldaten dem desertierten Oberstleutnant angeschlossen haben. Das wird im Fernsehen bekanntgegeben, und es heißt, unter ihnen seien auch vier Offiziere. Sie würden jetzt die Zivilisten beschützen und ihnen dabei helfen, sich in Sicherheit zu bringen und zu fliehen. Er sagt: «Wir machen gar nichts, wir verzögern nur die Ankunft des Militärs, damit die Menschen ihr Leben retten können.» Und sofort erscheinen diese Bilder: von einem Mann, der infolge der Explosion einer Bombe direkt vor ihm sein Augenlicht verloren hat, nachdem er auf eine Demonstration gegangen war; und von der Beerdigung eines Getöteten. Er war bis an die Grenze zur Türkei gekommen, er war verletzt, und sobald er die Grenze überwunden hatte, starb er, als sei es sein Schicksal, auf fremdem Boden zu sterben. Die fremde Erde nimmt seine Schmerzen und seinen Tod auf, und sein Land vertreibt ihn und jagt ihn fort.

Als ich das letzte Mal auf der Straße war, zeigten die Sicherheitskräfte auf mich. Wir befanden uns in einer Frauendemonstration. Was sollte ich tun? Meine Tochter war nicht bei mir, meine Mutter war nicht bei mir, und ich durfte nicht in mein Dorf und in meine Stadt. Ich konnte nichts tun. Ich bin gefesselt von der Luft. Alles, was ich jetzt tue, ist, durch meine Gespräche mit den Menschen, die den Massakern und Lagern entkommen sind, die Schmerzen in Worte zu fassen.

– – –

Zeugenaussage eines Pärchens, das am 25. März bei einer Demonstration in der Hamidija-Geschäftsstraße in Damaskus verhaftet wurde:

«Meine Freundin war gerade dabei, die Demonstration zu filmen.

Plötzlich stürzten sich einige Jungs auf sie, die Fahnen und Bilder des Präsidenten hochhielten, und begannen uns mit den Fahnenstöcken zu schlagen. Es war eine Gruppe des Studentenverbands. Sie zogen meine Freundin fort von mir, und andere packten mich und zogen mich auch mit sich, und als die Leute um uns herum versuchten, mich zu befreien, wurden auch sie von ihnen geschlagen.»

Das Mädchen: «Einer von ihnen hat mir an die Brust gegrapscht und gefragt: ‹Du willst Freiheit, du Hure?› Da habe ich geantwortet: ‹Ich bin Alawitin.›»

Der Junge: «Ich habe sie gesucht. Sie haben mich losgelassen und sie verhaftet. Ich habe mich bei einem Offizier nach ihr erkundigt, doch er antwortete: ‹Wir werden es euch allen zeigen, ihr Dreckshunde!› Dann packte er mich und warf mich zu ihr in den Bus. Sie schlugen uns brutal ins Gesicht und auf den Kopf. Dann kamen wir zur Abteilung des militärischen Geheimdienstes in Kafr Susseh. Auch während wir ausstiegen, schlugen sie uns weiter. Sie wurde in die Einzelzelle gesteckt. Wir aber, die wir bei den Demonstrationen in Mardscheh, Bahsa und im Suk al-Hamidija verhaftet worden waren, wurden hineingebracht. Es gab Jungen unter achtzehn Jahren und zwei alte Männer sowie einen Arzt vom Mudschtahid-Krankenhaus. Einer der Verhafteten begann zu zittern, da sagte der Arzt zu ihnen: ‹Der Mann hat infolge der Schläge auf den Kopf eine Gehirnerschütterung erlitten.›»

Dann steckten sie den jungen Mann ins Gefängnis. Seine einzige Schuld war, dass er gesehen hatte, wie seine Freundin geschlagen worden war, und dass er ihr hatte helfen wollen. Er war noch nicht einmal auf der Demonstration gewesen!

Er erzählte weiter: «Sie traten mit ihren Schuhen auf uns ein und warfen uns auf den Boden. Wir wurden eine Ewigkeit geschlagen. Dann mussten wir uns hinhocken, wie auf einen Stuhl. Wir mussten uns auf unsere Zehen stützen, unter uns war nichts. In diesem Augenblick dringen die Zehen ins Fleisch ein, das ganze Gewicht des Körpers konzentriert sich in den Zehen. Und die ganze Zeit schlugen sie uns. Als sie erfuhren, dass ich es war, der einen Geheimdienstler geschlagen hatte, brachten sie mich in eine Einzelzelle und schlugen mich mit einem Elektrostock. Ich wurde ohnmächtig, und sie weckten mich wieder. Der Arzt sagte zu ihnen, ich sei unfähig zu sprechen. Sie wollten, dass ich sage, dass einer der Demonstranten gerufen habe, er wolle Israel, und man habe Bilder von Scharon auf der Demonstration in die Höhe gehalten und es seien Parolen gegen andere Religionsgemeinschaften gerufen worden. Sie drohten mir, meine Freundin zu vergewaltigen, wenn ich es nicht sagen würde. Da sagte ich zu dem Ermittler, ich sei hier, weil sie geschlagen worden sei. Und wenn auch nur einer von ihnen sie anrühren würde, dann würde er schon sehen! Währenddessen wurde sie befragt. Uns wurde verboten, Wasser zu trinken. Die Palästinenser unter uns wurden doppelt so hart geschlagen. Die Offiziere setzten uns ihre Schuhe auf den Nacken und forderten uns auf, das auszusagen, was sie verlangten. Und weil wir die ganze Zeit geschlagen und getreten wurden, waren von vielen Jungs vor lauter Schwellungen die Gesichter gar nicht mehr zu erkennen. Sie pendelten die ganze Zeit zwischen ihr und mir hin und her und sagten: ‹Du kommst raus, aber sie bleibt.› Immer wieder holten sie mich aus der Zelle und warfen mich wieder hinein und redeten über eine Verschwörung und die Angst vor Salafisten, wenn das Regime stürzen würde.»

Sie: «Ich hörte, wie mein Freund ausgepeitscht wurde.»

Er, beschwichtigend: «Sie wollten, dass ich schreie, damit sie es hört. Sie schlugen mich und sagten: ‹Schrei, los, schrei schon!› Einige hatten Mitleid mit mir.»

Sie: «Nach fünf Stunden haben sie aufgehört zu schlagen, und der Ermittler verspottete mich, auch, weil ich noch so jung bin, und höhnte: ‹Freiheit? Du willst Freiheit?› Die Sicherheitskräfte standen um mich herum, da habe ich zuerst sie angeschaut und dann ihn und dann gefragt: ‹Was denn sonst, Ihrer Meinung nach?!›»

Er: «Während wir in der Gemeinschaftszelle geschlagen wurden, kam jemand herein und sagte laut: ‹Schlagen ist verboten.› Dann kam jemand anderer herein und prügelte wieder auf uns ein. Der Typ vom Palast der Republik, der zu uns kam, war schick angezogen und machte eine gute Figur. Er sagte: ‹Ich bin gekommen, um die Forderungen der Demonstranten anzuhören.› Keiner der Häftlinge antwortete. Da sagte der Geheimdienstler: ‹Los, nun antwortet schon, ihr Hunde!› Alle schwiegen. Es vergingen einige Minuten, schweigend, dann schrie der Geheimdienstler wieder: ‹Na, was ist jetzt, sagt was, ihr Hunde!› Da stand einer auf, dessen Gesicht blutig und vollkommen geschwollen war, und sagte: ‹Mein Herr, niemand hat uns geschlagen, wir sind vollkommen in Ordnung!› Dann setzte er sich still wieder hin.»

– – –

Heute sind Reporter vom Satellitenkanal Al-Arabiya nach Dschisr al-Schughur gekommen. Sie haben berichtet, es gebe dort Bewaffnete, die die Sicherheitskräfte töteten. Und es gebe einen Wendepunkt in der Beziehung zwischen den Protestierenden und dem Regime. Es passiert etwas Seltsames! Ich befürchte, die Verbrechen des Regimes könnten international verschleiert werden. Zumal das Regime den Medien gestattet hat, nach Dschisr al-Schughur zu kommen. Danach hat es die Geschichte mit den Massengräbern bekanntgemacht, aber das war eine plumpe Lüge. Denn während der ersten beiden Monate habe ich die Demonstrationen verfolgt und gehört, was die staatlichen Medien sagten, und ich habe gesehen, was wirklich vor Ort passiert ist. Von einem vertrauenswürdigen Offizier ist erzählt worden, dass die Leichen in dem Massengrab Männer aus Deraa gewesen seien. Die Sicherheitskräfte hätten sie hergebracht, ihre Leichen geschändet und in das Loch geworfen, um dann zu behaupten, dort gebe es bewaffnete Banden, die die Menschen töten. Und in dem zweiten Massengrab lagen Häftlinge, die umgebracht worden waren, deren Leichen sich die Sicherheitskräfte geweigert hätten den Familien auszuhändigen. Es ist wirklich gefährlich, dass das Regime die Medien total kontrolliert und sie nur arbeiten lässt, wenn es bestimmte Meldungen verbreiten lassen will. Inmitten des Spiels des Regimes mit den Medien sowie des Spiels der internationalen Politik und des Gleichgewichts der Kräfte wird das Blut der Syrer ungestraft vergossen. Trotzdem ging die Zerstörung in Dschisr al-Schughur weiter. Dem syrischen Fernsehen wurde nur gestattet, in die Stadt zu kommen und dort zu filmen, um zu behaupten, es seien die bewaffneten Banden, die Feuer legten, zerstörten und töteten.

Der heutige Tag ist ohne Verhaftungen zu Ende gegangen. Die Stadt ist menschenleer, das Militär beschießt die Berge, wohin die Bewohner geflüchtet sind, einige von ihnen wurden auf der Flucht getötet.

Mittwoch, 15. Juni 2011

Es ist Mittagszeit, und ich bin gerade nach Hause zurückgekehrt. Damaskus ist verschmutzt von Menschen. Wie kann eine Stadt bloß menschenverschmutzt sein? Ich spüre einen plötzlichen Ekel, in meinem Magen rumort es wieder. Die Straßen sind überfüllt, auf den Luxuskarossen stecken Fahnen, kleben große Präsidentenbilder. Seit Tagen können wir wegen dieser massenhaften Unterstützer des Präsidenten nicht schlafen. Aber unterstützen sie ihn wirklich? Heute habe ich gesehen, wie die Beamten gruppenweise aus den Verwaltungen kamen und nach Mezzeh fuhren, wo das Regime und seine Anhänger die größte Fahne überhaupt aufstellen wollten. Sie wollen dieses Propagandaspiel, das ihre Stärke demonstrieren soll, immer weiterspielen. Sie zwingen die Beamten und Arbeiter, auf die Straße zu gehen, um zu zeigen, dass sie alle das Regime unterstützen. Wer nicht geht, wird schikaniert und verfolgt. Ich schlenderte durch mehrere Straßen und kam an verschiedenen Regierungsgebäuden vorbei. Überall das Gleiche. Die Straßen der Stadt waren nahezu verstopft, es herrschte eine erstickende Überfüllung unter der sengenden Sonne. Ich traf mich in einem Café neben dem Justizpalast mit einer Freundin. Ihr Mann ist in Haft, und sie wartet auf seine Freilassung. Auch sie war früher schon einmal verhaftet worden, und nun wird sie gesucht. Es ist der helle Wahnsinn! Wir saßen da und warteten auf eine Nachricht. Zwei Rechtsanwälte, die Inhaftierte verteidigen, waren auch dabei. Einer der beiden, der wegen der Verteidigung von Inhaftierten selbst schon im Gefängnis saß, erzählte mir über die Schwierigkeiten, mit denen er derzeit konfrontiert ist, und über die heikle finanzielle Situation, unter der die meisten von ihnen leiden. Als sein Telefon klingelte, schaute er mir in die Augen – es war ein reines Männercafé, meine Freundin und ich waren die einzigen Frauen, und ich rauchte wie gewöhnlich, denn das Rauchen ist für mich wie Atmen geworden –, er schaute also mich und die Männer um uns herum, die mich beobachteten, an und sagte: «Ich muss nur kurz ans Telefon gehen, und danach werde ich Ihnen die Geschichte von M. erzählen.» Er sagte das auf seltsame Art. Der Ort war ziemlich unwirtlich, und ich, die ich Farben liebe, fiel ziemlich auf. Nach seinem Telefongespräch erzählte er von M.:

«Vor ungefähr zweieinhalb Monaten, also etwa zu Beginn der Protestbewegung in Syrien, schlug M. aus Hudscheira, einem Vorort von Damaskus, einen Meißel in den Kopf einer Statue des Präsidenten und brach ihm das Ohr ab. Dabei brüllte er auf die Statue ein und schrie, er solle abhauen. Und er hätte noch weitergemacht, hätten sich nicht fliegende Händler auf ihn gestürzt, die bekanntlich meist für den Geheimdienst arbeiten. Sie stoppten ihn, dann wurde er von einem der Geheimdienste verhaftet. In Haft wurde er so brutal geschlagen, dass er den Verstand verlor. Er leidet jetzt unter Schizophrenie, und sein Vater hat niemanden gefunden, der ihn verteidigt. Bis er auf mich traf. Ich habe den Fall gerne angenommen. Trotz seiner Krankheit wurde er weiterhin im Gefängnis rücksichtslos geschlagen. Wir haben versucht, wegen seines schlechten Gesundheitszustands, der auf das Konto des Geheimdienstes geht, ein Verfahren zu eröffnen, und mit viel Mühe konnten wir einen Freispruch erwirken. Aber da wartete noch ein anderer Anklagepunkt auf ihn: Er habe das Volksempfinden verletzt, wie sie behaupteten, denn er habe im Gefängnis seine Kleidung ausgezogen und den Sturz des Regimes gefordert. Das sei eine schändliche Aktion und schade der öffentlichen Moral!»

So weit die Geschichte von M. Ich verließ die beiden Rechtsanwälte und meine Freundin, die, wie sie es täglich tat, in den Justizpalast gehen wollte, um etwas über ihren Mann in Erfahrung zu bringen. Ich schaute bei einer anderen Freundin vorbei, um ihr über den Rechtsanwalt zu berichten, der uns die Namen der Verhafteten und ihrer Familien mitgeteilt hatte, damit wir uns über ihre wirtschaftliche Situation ein Bild machen und ihnen durch den Verein finanzielle Unterstützung zukommen lassen können. Da sie jedoch nicht zu Hause war, lief ich also durch diese Viertel und sah die Beamten aus den Regierungsgebäuden kommen, die am Propagandamarsch teilnehmen sollten. Was mir in der erstickenden Hitze noch größere Ausdauer abverlangte, war, dass ich nach der Gründung der «Syrischen Frauen zur Unterstützung des Aufstands» begonnen hatte, mit den jungen Aktivisten zusammenzuarbeiten. Ich hatte beschlossen, praktisch vor Ort aktiv zu werden und mich mit den Koordinationskomitees der Revolution zu treffen, um sie direkt zu unterstützen. Seit zehn Tagen trafen wir uns regelmäßig, wir wollten einen Plan ausarbeiten, wie der Aufstand zusammengehalten werden könne. Wir waren

Frauen und Mädchen unterschiedlichen Alters. Priorität hatte für uns, vor Ort aktiv zu sein, also die Demonstranten zu unterstützen. Ich war der Treffen mit den bekannten Oppositionellen überdrüssig geworden, die meiner Meinung nach nichts zustande brachten und vielleicht nur ein Phantom waren. Mir war wichtig, mit den jungen Leuten auf die Straße zu gehen und den Aufstand auszuweiten. Ich wollte helfen, so weit ich konnte. Als erstes konzentrierten wir uns auf die Bereitstellung von Ärzten bei den Demonstrationen. Das heißt, wir mussten vertrauenswürdige und mutige Ärzte finden, mit denen wir vereinbarten, dass sie einen Tag vor Beginn der Demonstration vor Ort sein sollten. Das was nicht einfach zu bewerkstelligen, da die Geheimdienste einen Arzt, der einem Verletzten half, verhafteten und folterten. Außerdem besorgten wir für die Erste Hilfe notwendiges Verbandsmaterial und Medikamente. Ich hatte mich mit einigen jungen Ärzten getroffen, die das «Koordinationskomitee der Ärzte von Damaskus zur Unterstützung des Aufstands» gründen wollten. Als zweites riefen wir einen Fonds zur Unterstützung des Aufstands ins Leben und sammelten Spenden für die Verhafteten und ihre Familien sowie für einige junge Frauen und Männer, die ihre Arbeit aufgegeben haben, weil sie in den Untergrund gegangen waren. Das waren unsere ersten Pläne und ein Teil meiner Aktivitäten mit ihnen. Syrien kochte wirklich, die Menschen versuchten, irgendetwas zu tun. Es bildeten sich lose Gruppierungen, die Opposition sammelte sich, alle wollten sich am Wandel beteiligen. Aber bis jetzt hatte sich keine starke vereinte Bewegung herausgebildet. Dass aber alle etwas tun, ist ein gutes Zeichen.

Morgen wird einiges passieren. Ich werde mich mit einigen Koordinationskomitees aus Damaskus und Umgebung treffen, allein das ist der Beginn einer praktischen ernsthaften Arbeit. Heute Abend, am 15. Juni, kam ich von einem Treffen mit säkularen jungen Leuten zurück. Zu Hause wartete ich auf meine Tochter, die von einem längeren Ausflug zurückkehrte. Ich hatte noch größere Angst um sie, doch zu Hause angekommen, machte sie sich über meine Angst lustig. Sie sagte, sie sei sehr glücklich in Banjas gewesen, während sie in Damaskus von großer Unruhe geplagt werde. Ich sitze auf dem Balkon, heute gibt es eine vollkommene Mondfinsternis. Ich rauche und spreche mit meiner Tochter. Der Himmel ist jetzt in der Nacht vollkommen blau, die Mondfinsternis wird rötlich, bevor der Mond gänzlich verschwindet. Ich bin nach wie vor bedrückt, noch immer besetzen Panzer die Städte und liquidieren die Menschen. Die Panzer sind auf dem Weg nach Albu Kamal und Deir al-Zor. Maarat al-Nuuman ist menschenleer, mehr als achttausendfünfhundert syrische Flüchtlinge sind aus ihren Dörfern und Städten geflohen. Wer tut so etwas mit seinem Volk? Der Präsident tötet. Hat es im Laufe der Geschichte schon einmal so ein Töten gegeben? Ich weiß es nicht, vielleicht ist so etwas seit Tamerlan nicht mehr geschehen. Ich muss die Geschichtsbücher wieder hervorholen, um mehr zu erfahren über die berühmtesten Mörder und Massaker, die diese Region hier erlebt hat. Jetzt sind sie nicht nur in die Städte eingefallen, mit ihren Lautsprechern haben sie auch die akustische und die visuelle Sphäre besetzt, Lautsprecher, aus denen unaufhörlich die Rufe «Mit unserer Seele und unserem Blut opfern wir uns für dich, Baschar!» dröhnen. Und auf der Hamra- und der Salihija-Straße, uralten Straßen im Herzen von Damaskus, veranstalten sie ihren todbringenden Klamauk. Die Sicherheitskräfte sind überall positioniert, in Gestalt von Klamottenverkäufern, von Maiskolbenverkäufern, von was auch immer. Es ist einfach lächerlich, auf den Bürgersteigen liegen die Waren zum Verkauf, die Menschen scharen sich darum, immer mehr Menschen, weil die Waren preiswert sind, die Sicherheitsdienste verteilen ihre Leute überall, und die Inhaber der feinen alteingesessenen Geschäfte in den beiden uralten Einkaufsstraßen stehen mit verschränkten Armen einfach da.

Die Bewohner von Maarat al-Nuuman sind geflohen, und das Militär rückt weiter vor. Dschisr al-Schughur ist eine Geisterstadt, die Menschen fliehen. In Hama wird wieder demonstriert, und Jordanien öffnete heute nach zwei Monaten seine Grenze wieder. Zweitausend Meter ist die Fahne lang, die die Unterstützer des Regimes aufgestellt haben. An der türkischen Grenze stehen Flüchtlinge, die den Sturz des Regimes fordern. Sie schreien in den Fernsehkanälen: «Wir haben nur ein bisschen Freiheit gefordert, und da brachten sie gleich das halbe syrische Volk um.» Die Revolutionäre haben beschlossen, den nächsten Freitag «Freitag von Salih al-Ali» zu nennen, nach jenem Revolutionär, der das französische Angebot, einen alawitischen Staat zu errichten, ablehnte und auf der Einheit Syriens bestand. Heute ist auch wieder ein neuer Offizier desertiert,

Hauptmann Ibrahim Munir. Er gab seine Desertion mit den Worten bekannt: «Wir haben geschworen, die Waffen gegen den Feind zu richten und nicht gegen das Volk.» Er nannte folgende Gründe: «Das Militär hat sich dazu verleiten lassen, in sichere Städte einzudringen, Zivilisten zu töten und die Bevölkerung in Angst und Schrecken zu versetzen. Und es hat sich mitschuldig gemacht, die Schabbiha zu schützen.» Heute gibt es einen Aufruf für eine nationale Rettungskonferenz. Die Frauen von Deraa demonstrieren trotz der Belagerung und rufen: «Wer sein eigenes Volk tötet, ist ein Verräter!» Die Bevölkerung von Hama wirft die Statue des Präsidenten zu Boden. Die Statuen in den Städten fallen, eine nach der anderen.

Donnerstag, 16. Juni 2011

Es war ein grauer Morgen, und die Albträume kehrten zurück. Von drei bis neun Uhr morgens habe ich versucht, mit dem schrecklichen Albtraum fertig zu werden. Ich beschloss, mir keine Berichte mehr anzuhören, sondern zu den Demonstrationen zu gehen. Ich muss mich ein bisschen beruhigen. Gestern bin ich während einer Zusammenkunft mit einem jungen Mann von den Koordinationskomitees einem anderen jungen Mann begegnet, der Filmregisseur ist. Er berichtete mir von seinem Gefängnisaufenthalt. Das Schlimmste, was ihm dort widerfahren sei, sei nicht seine eigene Folter gewesen, sondern dass er hatte mit ansehen müssen, wie ein alter Mann und seine drei Söhne gequält wurden. Sie holten einen von ihnen zur Folter ab, blieben stundenlang mit ihm verschwunden, während die Brüder und der Vater warteten. Wenn sie ihn zurückbrachten, war er bewusstlos, der Körper entstellt, und er blutete. Sie warteten, bis er aus seiner Ohnmacht erwachte, und dann ging es so weiter, den ganzen Tag und die ganze Nacht. Der alte Mann und seine Söhne weinten, einer nach dem anderen wurden sie gefoltert. Als äußerst grausam empfand der junge Regisseur auch, dass sie genötigt wurden aufeinanderzutreten. Der Korridor im Gefängnis war voller Häftlinge, sie lagen dicht an dicht wie Pflastersteine. Dann wurden andere Häftlinge aufgefordert, über sie drüberzulaufen. Dem Regisseur fiel das furchtbar schwer, aber wer nicht über die Häftlinge lief, wurde geschlagen. Dann stürzte er auf sie drauf, und der Schmerz war umso größer. Bis einer der im Korridor liegenden Gefangenen zu ihm sagte: «Bitte, lauf über uns drüber, das erträgt man leichter, als wenn du auf uns fällst.» Im Albtraum sah ich mich selbst über einen Blutsee laufen, es waren alte Leute dort und seltsame Körper und Kupferfarben. Ich weiß nicht, ob das, was ich sah, ein Albtraum war oder ein Widerhall dessen, was ich täglich höre. Auf jeden Fall konnte ich nicht mehr schlafen und saß ab drei Uhr da und wartete auf den Morgen. Gewöhnlich wache ich um vier Uhr auf, aber seit der Aufstand begonnen hat, ist alles anders geworden. Mein Schlaf hängt inzwischen von Beruhigungsmitteln ab, ohne sie schlafe ich nur eine Stunde und wache dann wieder auf, döse etwas weiter und erwache erneut. Mein Tag ist lang. Es war wichtig, ein paar Zusammenkünfte zu veranstalten, um die Frauenvereinigung ernsthaft voran zu bringen. Wir sollten unsere Bemühungen institutionalisieren. Ich erhalte Informationen, dass die Islamisten aktiv sind und dass sie über enorme finanzielle Mittel verfügen. Aber das heißt gar nichts. Ich habe heute drei Treffen: mit den jungen Männern der Koordinationskomitees, mit den jungen Frauen, die die Verantwortung für den Fonds zur Unterstützung des Aufstands tragen werden, und mit einem jungen Arzt ... Wir gelangten zu der Erkenntnis, dass die kollektiven Bemühungen der Ärzte unbedingt koordiniert werden müssen. Auf sie werden sich die Leute in den belagerten Städten sowie in den Stadtvierteln und Vororten bei der Versorgung der Verletzten verlassen. Obwohl jeder Arzt, der den Demonstranten hilft oder sie versorgt, nicht weniger zu befürchten hat, als verhaftet oder umgebracht zu werden. Trotzdem haben sie in großem Umfang freiwillige Hilfe geleistet, und es ging jetzt darum, den Kontakt zu der Frauengruppe herzustellen. Die wichtigste Forderung der Koordinierungskomitees war, einen Fonds zur finanziellen Unterstützung einzurichten, der die medizinische Ausrüstung, die Versorgung der Inhaftierten und ihrer Familien sowie den Start von Aufklärungskampagnen in der Bevölkerung gewährleistet. All dies bedeutet für uns, so schnell wie möglich zivile Institutionen zu schaffen, um mit den Ereignissen Schritt zu halten und den Aufstand ernsthaft zu unterstützen. Doch ich fürchtete mich vor dem

Scheitern. Auch an diesem Tag kehre ich vollkommen erledigt vor Müdigkeit nach Hause zurück. Ich wasche mir nicht einmal das Gesicht, sondern krieche sogleich ins Bett. Eine enorme Niedergeschlagenheit bemächtigt sich meiner, in meinem Herzen ist es stockfinster. Die Nachrichten von meiner Familie schmerzen mich mehr als irgendetwas anderes. In Dschableh hat gestern eine Lehrerin die Tochter meiner Schwester in Anwesenheit ihrer Freundinnen gescholten und gesagt, sie und unzählige andere Lehrerinnen aus Dschableh würden sie verfolgen, genauso wie sie mich verfolgen, ich müsse mich endlich bessern, es gebe nicht einen Alawiten in Dschableh, der so dreist sei wie ich, ich sei eine Verräterin, eine Hure, und und und ... Und alle Alawiten hätten sich von mir losgesagt. Was die Drohungen am Telefon betrifft, so haben sie ein wenig nachgelassen. Seit zehn Tagen belästigt mich H. M. nicht mehr.

Freitag, 17. Juni 2011

Der «Freitag von Scheich Salih al-Ali» ... Einige Einwohner aus Dschisr al-Schughur kehren in die Stadt zurück, es kommt zu Fällen von Vergewaltigung, zu Überfällen und Schlägen, eine Familie wird getötet. In Hama hissen sie eine riesige Flagge, als Reaktion auf die Flagge, die das Regime gestern aufstellte. In den syrischen Städten wird weiter demonstriert. Neunundzwanzig Getötete sind an diesem Freitag zu verzeichnen. Sechs von ihnen in Homs, dazu ein Polizist. Seit vier Monaten gehen die Demonstranten auf die Straße, und das Regime wird des Tötens und Verhaftens nicht müde. In Damaskus sind viele auf der Straße, auch in Aleppo gibt es einen Demonstrationszug. Deraa, die belagerte und verwundete Stadt, geht demonstrieren. Die verlogenen Medien des Regimes behaupten noch immer, es würden Terroristen und bewaffnete Banden bekämpft. Das Sterben hört nicht auf, das Töten erstreckt sich bis in den Libanon, unter den Unterstützern und den Gegnern des syrischen Regimes gibt es sechs Tote und Dutzende Verletzte. Ein weiteres Mal richtet sich das Regime mit einer Botschaft an den Libanon: Solange in Syrien kein Friede herrscht, wird es auch euch nicht gut ergehen. Jeden Freitag machen sich immer mehr Syrer auf als am Freitag zuvor, und es wird immer mehr Blut vergossen. Die Zahl der Flüchtlinge beträgt mehr als zehntausend. Auch heute verhindert die Armee den Zustrom der Flüchtlinge in die Türkei, nachdem sie die Dörfer auf dem Weg zur Türkei umzingelt hat. Das Regime scheint beschlossen zu haben, mit der Belagerung dieser Dörfer die Menschen sogar daran zu hindern, ihre Häuser zu verlassen. Aber auch die Rückkehr ist unmöglich, denn es gab schreckliche Meldungen, dass Zurückgekehrte getötet und ihre Familien gefoltert wurden. Ich frage mich: Wohin sollen die Syrer gehen? In den Flüchtlingslagern sagten sie in die Kameras der Satellitensender, es gebe keine bewaffneten Banden, die Armee sei es, die getötet habe. Und sie würden nicht heimkehren, bevor das Regime zusammengebrochen und gestürzt sei. Einige Flüchtlinge haben es nicht geschafft, die Grenze zu überqueren. Sie hausen im Freien, schlafen unter den Bäumen. Sie leben unter unmenschlichen Bedingungen. Ich denke an die Kinder, die sich nur mit dem Himmel zudecken, ich sehe ihre müden Augen, während sie in die Kameras blicken. Mir platzt noch der Kopf von diesen Nachrichten, ich brauche eine Schlaftablette, um die Augen schließen zu können.

Sonntag, 19. Juni 2011

Heute hören wir, dass der Präsident morgen eine Rede halten wird. Ich erwarte mir nichts Bedeutendes davon, für mich ist er ein Mörder und sonst nichts; auf dieser Basis muss er verurteilt werden. Jeder Tag, der an diesem Ort vergeht, gibt mir das Gefühl, dass irgendetwas in meiner Haut sich in Schuppen verwandelt. Die Drohungen am Telefon haben wieder angefangen. H. M. hat mich erneut angerufen, es scheint, als wüssten sie, was ich tue. Er ließ mich nur kurz wissen, dass er mich sähe. Ich habe gedacht, mein Schweigen und die Tatsache, dass ich keine Artikel mehr veröffentliche, hätten mich unsichtbar gemacht. Ich hatte geglaubt, sie losgeworden zu sein, aber offenbar ist etwas passiert, etwas, was ich nicht verstehe. Vielleicht sind Informationen über die «Syrischen Frauen zur Unterstützung des syrischen Aufstands» durchgesickert oder die

Nachricht, dass ich mich mit den Koordinationskomitees treffe und mit ihnen zusammenarbeite. Sicher haben sie ihre Spitzel, es ist doch unmöglich, dass sie mir selbst so gründlich nachstellen. Ich habe die jungen Leute von meinen Befürchtungen wissen lassen, ich wollte sie warnen. Tatsächlich machte ich mir Sorgen um die jungen Männer und Frauen, ich musste mich mit der Koordinatorin unserer Initiative treffen und ihr mitteilen, dass ich zu ihrem eigenen Schutz nicht mehr mit ihnen zusammenkommen dürfe. Ich war mehr als missgestimmt, denn drei Termine hätten stattfinden sollen, und nun passiert gar nichts. Ich denke wieder darüber nach, was für ein Herzblut nötig ist, in solch schweren Zeiten derartige Aktivitäten durchzuführen. Ich bin unzufrieden. Ich bin offenbar tatsächlich nicht in der Lage, zusammen mit anderen in einem so gemächlichen Rhythmus zu arbeiten. Eine Zusammenkunft war der anderen gefolgt, aber das Ergebnis war unbefriedigend. Ich weiß, dass zahlreiche Frauen meinen, ich sei zu enthusiastisch, aber in Wirklichkeit bin ich nur zutiefst frustriert. Ich weiß, dass die Zeit uns nicht mehr beisteht, dass die Menschen, die auf die Straße gehen, um Freiheit zu fordern, schneller sind als die schwerfällige Elite. Ich komme langsam zu der Überzeugung, dass das ethische Verständnis, dass sich jahrhundertelang auf das Fundament der Religion gegründet hat, nicht nur hier, sondern in der ganzen Welt mit Hilfe von moralischen Grundsätzen neu geschaffen werden muss, die ein anderes Verständnis begründen, für das die Völker einzutreten versichern. Denn die Kernforderung des syrischen Aufstands war zunächst einmal eine moralische.

Ich kehre zu den Fakten der realen Welt zurück. Heute hat sich mir bestätigt, dass die Sicherheitsapparate nicht von mir ablassen werden. Sie haben mich direkt verfolgt, oder besser gesagt, er war es, H. M., der glaubt, dass meine Einstellung zum Aufstand gegen ihn persönlich als Alawiten gerichtet sei. Ich werde des Ganzen langsam überdrüssig. Und ich werde noch betrübter, weil ich wieder nach Hause zurückkehren werde. Er sagte zu mir, er wisse ganz genau, mit wem ich mich treffe. Ich glaube, dass er lügt, aber sie scheinen zu wissen, dass ich nur schweige, um im Geheimen weiterarbeiten zu können. Und noch andere Einzelheiten, von denen ich nicht geglaubt hätte, dass sie davon wissen. Vielleicht hatten sie von unserer abendlichen Zusammenkunft mit den Frauen für die Unterstützung des Aufstands erfahren. Ich glaube, dass von nun an meine Präsenz in jeder Gruppe sie gefährden kann. Ich kann nicht schreiben, ich kann keine praktische Arbeit leisten, ich kann gar nichts tun, ich kann jetzt nur noch leiden, und ich weiß, dass meine Atemzüge gezählt werden, dass mein Keuchen berechnet wird, meine Bewegungen, meine Schritte, alles wird berechnet und beobachtet. Es gibt ein Gefängnis in meinem Inneren. Sie werden mich nicht verhaften. So viel ist sicher. Aber sie werden mich in den Wahnsinn treiben. Sie wissen, dass ich so nicht weiterexistieren kann, sie wollen mir sagen, dass sie sogar die Luft beobachten, die ich atme. Ich habe in Erwägung gezogen, endgültig abzutauchen, aber meine Tochter hinderte mich daran. Es würde sich schwierig gestalten, mit mir in den Untergrund zu gehen. Heute erscheint Angelina Jolie im Fernsehen, wie sie die syrischen Flüchtlinge besucht. Mir bricht das Herz, die Syrer sind zu Heimatlosen geworden, mit denen sich Prominente schmücken. Und die türkischen Politiker küssen vor den Linsen der Kameras syrische Kinder. Das schmutzige Spiel der Politik geht weiter und weiter. Ich höre, dass sich ein Nationalrat formiert hat, der sich selbst als Repräsentanten für die oppositionellen politischen Kräfte im In- und Ausland anbietet. Die Armee verstärkt ihre Präsenz an der türkischen Grenze, das Dorf Khirbat al-Dschaus wird belagert, die Bewohner werden verfolgt und verhaftet, weil sie den Flüchtlingen aus Dschisr al-Schughur geholfen haben. Trotzdem gibt es weitere Deserteure, diesmal allerdings aus der Marine. Der Offizier Mahmud Habib erklärt seinen Austritt aus der Armee, außerdem erscheint Sergeant Ismail al-Scheich Salih vom Geheimdienst der Luftwaffe und verkündet ebenfalls seinen Austritt. Mein Tag endet damit, dass ein junger Mann beim Fernsehsender Aljazeera als Vertreter der regionalen Koordinierungskomitees auftaucht. Ich verspüre ein wenig Befriedigung, dies zumindest ist etwas Gutes heute.

Montag, 20. Juni 2011

Ein Verstand, der dem Tode nahe ist; ein dem Tode nahes Herz. Es ist Zeit, dass ihr geht. Ich will wieder auf die Musik des Schilfrohrs tanzen. Dieser Tanz ist das einzige Leben, das ich in diesem Nichts habe.

Ich will meine Leidenschaft für die Worte, den Rhythmus der Buchstaben wieder gewinnen. Ich will die Wärme meiner Finger wieder spüren, die sich wie Schilf im Wind bewegen, während sie den Worten nachjagen und ein Bild nach dem anderen in dieser Welt aus Luft malen. Meine Welt, zu der ich gehöre. Ich möchte mich vom realen Leben der Menschen mit aller Leidenschaft loslösen. Ich möchte Termine, Gespräche und Zusammenkünfte und das Klingeln des Telefons wieder geringschätzen. Ich möchte mich wieder in ein Zwiegespräch mit einer Tasse Kaffee versenken. Ich möchte meine Weisheit bezüglich der Unbeständigkeit der Verhältnisse wiedergewinnen. Ich möchte nur eine einzige Nacht tief und fest schlafen, ohne von dieser Feuernadel ins Herz gestochen zu werden, die wie Rost aus meinen Augen wieder herauskommt. Ich möchte den Luxus haben, die Gesichter meiner Geschichten auszuwählen. Ich will ganz einfach in meine Isolation zurückkehren, in der sich meine Romanfiguren tummeln. Alle warten dort an einem bestimmten Ort in meinem krankhaft sich nach ihnen sehnenden Hirn auf mich. Sie warten darauf, dass ihr geht, ihr Idioten. Meine Ansprüche sind sehr gering, etwa, dass sich meine Augen nicht stündlich mit Tränen füllen oder dass ich nicht zu zittern beginne, wenn ich ein lautes Geräusch vernehme. Oder dass ich nicht wie eine Verrückte aufspringe, wenn meine alte Nachbarin, die allein mit ihrem alten Mann lebt, zu schreien beginnt. Ich rechne jeden Augenblick damit, dass einer der beiden stirbt. Ich bin ein Nervenbündel. Kein Wunder, wo ich doch mit den Nachrichten über das Töten einschlafe und vom Geruch des Blutes und den Geschichten über Verhaftungen und Folter aufwache! Heute klingelte es um halb sechs in der Früh an der Wohnungstür. In dem Haus, in dem ich wohne, gibt es nur noch die Wohnung der Alten und im ersten Stock eine Zahnarztpraxis. Praktisch wohnen wir also allein hier, ich und die Alte mit ihrem halbgelähmten Mann. Sie sind so allein, dass es mich schmerzt. Immer wenn ich die Treppe hinunter oder hoch zu meiner Wohnung im obersten

Stockwerk steige, schleiche ich an ihrer Tür vorbei. Ich will nicht, dass sie öffnet, denn dann müsste ich ihr lange zuhören, was sie über ihre Einsamkeit und über ihre Trauer über den Tod ihrer einzigen Tochter erzählt. Anfangs blieb ich immer stehen und hörte ihr zu. Ich besuchte sie sogar, aber das bedeutete für mich, einen halben Tag dort zu verbringen. Und es bedeutete auch schlechte Laune. Es gibt etwas sehr Schmerzvolles im Leben dieser beiden Alten, das meine Meinung über das Nichts noch verstärkt. Zwei alte Menschen der eingesessenen Damaszener Bevölkerung, jetzt kinderlos, deren Verwandte nur sporadisch einmal auftauchen, leben in einer übelriechenden Wohnung, aus der man schließen kann, dass sie früher einmal wohlhabend waren. Ihr Problem ist nicht die Armut, sondern die Verspätung des Todes. Das ist bitter für mich. Heute Morgen stürzte ihr Mann zu Boden und erbrach sich ...

Der Präsident hielt heute überraschend eine Rede. Sie war noch enttäuschender und schlechter als die beiden vorherigen. Er machte den Eindruck eines niederträchtigen Idioten. Die Syrer waren wütend und gingen auf die Straße, um ihrer Ablehnung über diese Rede Ausdruck zu verleihen. Der Präsident behauptet noch immer, es gebe eine Verschwörung und bewaffnete Banden. Er gestand nicht einmal ein, dass das Land unter einer erdrückenden Krise leidet. Immer wieder lachte er und erklärte irgendwelche selbstverständlichen Dinge. Er wirkte wie ein Frankenstein aus einem Zeichentrickfilm, der eine schwache Rede über die Mechanismen von organisiertem Verbrechen hielt. Die Rede war eine Verhöhnung des Bluts, das die Syrer vergossen haben, und eine Ankündigung, dass die militärischen Maßnahmen fortgesetzt würden. Nach der Rede gab das staatliche Fernsehen die Entdeckung eines Massengrabes in Dschisr al-Schughur bekannt. Es hieß, dort lägen Mitglieder der Sicherheitskräfte und des Militärs. Es war das dritte Massengrab, das sie zeigten, die Leichen waren verstümmelt und entstellt. Und sie wurden einfach ohne weiteres gefilmt und im Fernsehen gezeigt! Die Bewohner von Dschisr al-Schughur und die Deserteure sagten, die Sicherheitskräfte und einige Militärangehörige seien es, die die Menschen ermorden würden. Dann würden sie Massengräber ausheben, um den Bewaffneten die Vergehen anzuhängen und damit die offizielle Version zu bestätigen, dass «die Vernichtung der Stadt mit dem Ziel geschehe, sie von den Bewaffneten zu reinigen». Der Wahnsinn geht weiter, das Töten geht weiter, und das Regime sagt weiterhin tagaus, tagein: «Ich oder die Politik der verbrannten Erde und was dann noch von euch übrig bleibt, ihr Syrer.» Ich habe auf irgendetwas gewartet, auch wenn ich nicht wirklich daran geglaubt habe. Aber irgendwie habe ich wirklich auf ein Wunder gehofft, das dieses Land vor der Zerstörung retten kann.

Dienstag, 21. Juni 2011

Heute gibt es eine große Pro-Präsidenten-Demonstration. Alle Beamten wurden gezwungen mitzugehen. Wer nicht geht, wird entlassen und schikaniert. Alle, die in Regierungsinstitutionen arbeiten, wurden zu Geheimdienstlern gemacht. Wer nicht mitmachte, wurde gefeuert. Ich ging durch die Straßen und beobachtete die Gesichter der Unterstützer, und wie immer konnte ich meine Tränen nicht zurückhalten. Vierzig Jahre sind vergangen, mein ganzes Leben, und trotz all der erlittenen Schmerzen habe ich noch nie so geweint wie jetzt. Ich bereue aber nicht, was in diesen wenigen Monaten meines Lebens, eines traurigen Lebens, passiert ist. Der Aufstand hat mir meinen Glauben an das Leben und die Gerechtigkeit und die Kraft wiedergegeben. Als ich durch die Straßen ging, suchte ich nach etwas Verlorenem, etwas, was ich, so stellte ich mir vor, in den Gesichtern der jungen Männer und Frauen finden würde, die in den durch Damaskus rasenden Luxuskarossen sitzen und Fahnen und Präsidentenbilder hochhalten. Die Frauen waren aufgetakelt, schön, als gingen sie zu einer Soiree. Und die glänzenden schwarzen Autos versperrten mit ihrer Prozession die Straßen von Damaskus. Ich stellte mich an den Straßenrand und beobachtete sie. Ich konnte nicht zu Hause sitzen, andererseits wollte ich die Geschichte aus Dschableh aufschreiben, aus Dschableh, meiner Stadt, in der ich geboren wurde. Sie ist mir jetzt verboten. Es gibt viele verbotene Dinge, aber trotzdem verspüre ich eine gewisse Zufriedenheit, die wie ein hauchdünner Faden mein Herz kitzelt.

Die Geschichte aus Dschableh:

Meine wundervolle Freundin, die sich bereit erklärt hat, nach Dschableh zu fahren und mir Geschichten von dort mitzubringen, kommt aus dieser Stadt, und auch ihre Familie lebt dort. Leider konnte ich sie nicht in die alawitischen Dörfer schicken, da sie in die sunnitische Religionsgemeinschaft hineingeboren wurde. Aber wir wollten berichten, was in dieser Stadt geschieht, in der wir aufgewachsen sind und deren Ereignisse angesichts der starken Präsenz der Sicherheitskräfte und der Schabbiha sowie der Anhänger der Assad-Familie von dichtem Nebel umhüllt sind. Nach einem zehntägigen Aufenthalt, während dem sie unzählige Gespräche geführt hat, erzählte sie mir, dass ich bei den meisten Alawiten für vogelfrei erklärt worden bin. Sie betrachten mich als Verräterin. Die Bewohner der Altstadt von Dschableh aber sympathisieren mit mir und meinen, ich stünde an ihrer Seite. Was für eine albtraumhafte Tragödie. Wie sieht die Logik der Gerechtigkeit aus, wie die Logik der Wahrheit? Die Familie sagt sich von mir los!

Dies ist die Zeugenaussage eines jungen Mannes aus Dschableh:

«Nach der Rede von Buthaina Schaaban, in der sie viele politische Verspechen gab und verschiedene Infrastrukturmaßnahmen in Aussicht stellte, gab es in Dschableh viele Unterstützerdemonstrationen. Wir hatten wirklich das Gefühl, dies sei nun der Beginn von Veränderungen in Syrien, und waren vorsichtig optimistisch. Aber nach den militärischen Aktionen in Deraa, der Belagerung der Stadt und den Massakern, nach all den in den staatlichen Medien verbreiteten Lügengeschichten wurden die täglichen Pro-Assad-Demonstrationen in Dschableh immer unerträglicher. Wir konnten das einfach nicht mehr aushalten. Es war also ein menschliches Bedürfnis, unsere Ablehnung der Unterdrückung und der Lügen in den Medien zum Ausdruck zu bringen. Wir haben mit dem Protest am Freitag nach dem Massaker in Deraa begonnen. Wir wollten mit unserem Protestzug eigentlich aus der Abu-Bakr-al-Siddik-Moschee losziehen, doch als wir die Moschee verließen, hatten Feuerwehrautos sie überraschenderweise umzingelt. Ein junger Mann, der sich lauthals über die Anwesenheit von Sicherheitskräften beschwerte, wurde brutal zusammengeschlagen. Am ersten Freitag hielten wir eine Kundgebung in der Moschee ab, und alle Betenden haben uns unterstützt und ermutigt. Am folgenden Freitag schafften wir es, die Moschee und den Platz davor zu verlassen. Wir nannten ihn ‹Platz der Freiheit›, weil es der erste Platz war, von dem wir mit unserem Demonstrationszug hatten losziehen wollen. An diesem Freitag waren es Massen. Wir forderten Freiheit und die Unterstützung unserer Brüder und Schwestern in Deraa und in Duma, und besonders achteten wir darauf, dass wir unsere Brüder von der alawitischen Religionsgemeinschaft nicht beunruhigten. Stattdessen riefen wir sie dazu auf, sich uns anzuschließen. Wir haben dann jeden Tag nach dem Abendgebet demonstriert, und es wurden täglich mehr Teilnehmer aus unterschiedlichen Schichten, Ärzte und Ingenieure und Arbeitslose und Studenten und sogar Frauen schlossen sich uns an. Auch einige Leute vom Land und aus den benachbarten Dörfern. Unsere Forderungen gingen nicht über Reformen, Korruptionsbekämpfung und Freiheit hinaus.

Zwei Wochen haben wir täglich demonstriert, ohne dass die Sicherheitskräfte, das Militär oder die Schabbiha uns zu nahe kamen. Es gab zwar von Seiten der Regierung Anstrengungen, unsere Probleme im Dienstleistungssektor zu lösen, und sei es auch nur oberflächlich. Doch wir entgegneten ihnen, dass wir Gerechtigkeit fordern. Sie haben nicht verstanden, dass unsere Forderungen nicht einfach nur das tägliche Leben und die Infrastruktur betrafen, sondern darüber hinausgingen. Sie hingen mit der Freiheit zusammen, von der wir in den letzten einundvierzig Jahren nichts gespürt haben. Wir forderten Demokratie, ein Mehrparteiensystem, die Änderung einer Verfassung, die eine Partei vergöttlicht und den einen Herrscher heiligt. Außerdem forderten wir Chancengleichheit und eine Bestrafung der Leute, die sich der Korruption und des Diebstahls schuldig gemacht hatten, Leute, die uns unserer Zukunft und unserer Hoffnungen beraubt haben. Wir forderten ein gerechtes, würdevolles Leben, das Chancengleichheit gewährleistet für alle, ohne diese Vetternwirtschaft, unter der Dschableh besonders leidet. Denn gerade in Dschableh blüht die Korruption, es ist umgeben von Villen und Schlössern, die einflussreichen Leuten gehören, während es dann Viertel ohne Strom und Wasser gibt, deren Bewohner keine Zukunft haben, weil sie über keinen Einfluss verfügen. Die Korruption ist so weit fortgeschritten, dass die Stadt im Besitz von einer oder zwei Personen ist, die die meisten Grundstücke durch Mittelsmänner gekauft haben. Jeder weiß davon.

Unsere Proteste erreichten am ‹Freitag der Würde› ihren vorläufigen Höhepunkt, und am ‹Bedeutenden Freitag›, das war der 22. April 2011, gab es die größte Demonstration in Dschableh bis dahin überhaupt, da haben sich mehr als dreitausend Leute beteiligt, darunter auch viele Frauen. Es war auch die Mutter eines Aktivisten dabei, der im Gefängnis sitzt. Sie wurde auf den Schultern getragen und rief lauthals: ‹Wo sind deine Männer, Dschableh?›

Unsere Parole lautete: ‹Eins, eins, eins, Sunniten und Alawiten sind eins!› und ‹Ihr Anständigen von Dschableh, folgt dem Ruf nach Freiheit!›. Außerdem riefen wir auch immer wieder unsere alawitischen Brüder auf, sich uns anzuschließen, obwohl wir wussten, welchem Druck sie ausgesetzt waren. Und mit der Zeit gingen wir mit unseren Forderungen noch weiter, bis wir schließlich ganz klar den Sturz des Regimes verlangten. An jenem Freitag zogen wir in Massen durch ganz Dschableh, bis wir zum Haus der Familie von Atef Nadschib kamen. Dort forderten wir, er müsse für jeden Tropfen Blut, den er in Deraa vergossen hatte, zur Verantwortung gezogen und für seine Verbrechen bestraft werden. Hier kam es zum ersten Mal zu Zusammenstößen mit einigen Alawiten, die unsere Demonstration und unsere Parolen ablehnten. Sie stellten sich uns, bewaffnet mit Stöcken und Messern und zusammen mit ziemlich vielen Leuten aus der Gegend, in den Weg. Da mischte sich ein Scheich aus dem Viertel ein und rief die Männer auf, nach Hause zurückzukehren. Um Schlimmeres zu vermeiden, zog sich die Menge zum nahe gelegenen Kinoplatz in der Nähe des Rathauses zurück, wo sie gemeinsam das Nachmittagsgebet auf der Straße verrichteten. Dann teilten sie sich, ein Teil ging nach Hause, und der andere Teil wollte die Demonstration fortsetzen. Sie beschlossen, zum Imara-Rondell zu gehen, wo man der Toten gedenken und Freiheit fordern wollte. Es waren nicht mehr als ein- oder zweihundert Leute. Hier kam es zum zweiten Kontakt mit den Alawiten. Sie hinderten die Demonstranten daran, das Rondell zu erreichen, indem sie ihnen den Weg durch Feuerwehrautos abschnitten. Diese begannen die Demonstranten mit Wasser zu bespritzen. Und die Bewohner des Viertels unterstützten sie, sie bewarfen die Demonstranten mit Steinen und Blumentöpfen, und beide Seiten beschimpften sich. Ein Augenzeuge berichtete, einer der Bewohner des Imara-Viertels hätte in die Luft geschossen, um den Demonstranten Angst zu machen, weil unter ihnen Gerüchte kursierten, man würde sie töten wollen, ihre Wohnungen stürmen und ihre Frauen entführen und vergewaltigen. Mit ihren Pro-Assad-Demonstrationen zogen sie durch alle Viertel, aber wir haben uns ihnen nicht in den Weg gestellt. Warum erlauben sie uns dann nicht, genau wie sie friedlich zu demonstrieren und unsere Parolen zu rufen? Gehören die Straßen ihnen? Der Freitag endete mit großen Spannungen zwischen den beiden Religionsgemeinschaften, mit gegenseitigen diffamierenden Gerüchten und Versprechen und Drohungen, und niemand wusste, wer diese Gerüche eigentlich in die Welt gesetzt hatte. Am nächsten Tag fand eine Pro-Demonstration mit Autos und Motorrädern statt, die von einem riesigen Tucson-Auto mit einem großen, gut sichtbar darauf positionierten Maschinengewehr angeführt wurde. Sie zogen durch ganz Dschableh, und als sie zur Küstenstraße kamen, sperrten die sunnitischen jungen Männer aus dem Viertel die Straße mit Müllcontainern. Außerdem waren sie mit Stöcken und Jagdflinten bewaffnet, falls es zu Zusammenstößen kommen sollte. Die Meldung, dass sie bewaffnet seien und die Alawiten angreifen wollten, hatte sich in ganz Dschableh verbreitet. Und nachdem aus dem Tucson geschossen worden war, der dann, in aller Eile über den Bürgersteig fahrend, vom Platz verschwand, kam es tatsächlich zu Zusammenstößen. Augenzeugen aus dem Viertel berichten, dass ein junger Mann aus dem Dorf Zama verletzt worden sei, und die anderen jungen Männer der sunnitischen Religionsgemeinschaft hätten ihn gerettet. Außerdem versuchten sie, die Lage zu beruhigen und die Alawiten vom Platz in ein sicheres Viertel zu bringen. Zeugen sagen auch, dass die jungen Männer nach den Zusammenstößen zahlreiche Waffen und Motorräder von den angreifenden Alawiten erbeutet hätten, die diese zurückgelassen hatten. Nach diesem schrecklichen Vorfall kam es zu intensiven Vermittlungen durch bekannte Großhändler von Dschableh, um die zerrütteten Beziehungen zwischen den beiden Religionsgemeinschaften wieder zu normalisieren. Diese Bemühungen waren tatsächlich erfolgreich, und so organisierten beide Gemeinschaften einen gemeinsamen Umzug, auf dem gerufen wurde: ‹Sunniten und Alawiten sind eins.› Damit waren die Spannungen beigelegt, und die Straßensperren, die die Bevölkerung nach den Gerüchten über gegenseitige Angriffe der Religionsgemeinschaften errichtet hatten, wurden abgebaut. Bis jetzt ignorieren beide Seiten die Wahrheit und wollen gar nicht wissen, wer diese Gerüchte in die Welt gesetzt hat. Die Sicherheitskräfte sehr wahrscheinlich, eine Warnung durch das Regime, damit man dachte, dass Sicherheit und Stabilität gefährdet seien.

Nach diesem Vorfall zogen wir es vor, vom Freiheitsplatz bei der Abu-Bakr-al-Siddik-Moschee loszuziehen, um Zusammenstöße mit den Alawiten zu vermeiden. Schließlich kämpfen wir nicht gegen die Alawiten, sondern gegen das Regime, das jedoch ihre Ängste ausnutzt, um die eigene Existenz zu sichern. In der folgenden Woche, genauer gesagt am Sonntagmittag, kam der Gouverneur zu uns, nachdem in Latakia ein neuer eingesetzt worden war. Er wollte sich mit Vertretern der Stadt Dschableh und einigen jungen Leuten in der Moschee am Freiheitsplatz treffen, um ihre Forderungen anzuhören. Das Treffen endete nach zwei Stunden damit, dass die jungen Männer erklärten: ‹Wir wollen den Sturz des Regimes.› Daraufhin verließ der Gouverneur das Treffen wütend mit den Worten: ‹Ich werde es euch zeigen!› Noch am selben Tag trafen in der Stadt Massen von Sicherheitskräften und Soldaten sowie Schabbiha in Zivil und Turnschuhen ein, an denen man sie erkennen konnte. Und natürlich waren sie mit Waffen und Munition ausgerüstet. Zwei Stunden nach diesem Treffen war die Stadt durch Sandbarrikaden nach Religionsgemeinschaften geteilt, die in allen sunnitischen Stadtvierteln aufgebaut worden waren, besonders, wie sie behaupteten, in den Vierteln, wo es Unruhen gegeben hatte. Außerdem wurden auf den Regierungsgebäuden Scharfschützen postiert, von wo aus sie die Straßen überblicken und jede Bewegung ausmachen konnten. Sie zerstörten jeden einzelnen grünen Flecken, um alles einsehen zu können, wie den Friedhof von Dschableh, wo die meisten uralten Bäume gefällt wurden. Es vergingen keine zweieinhalb Stunden, da war in der Stadt heftiger Beschuss zu hören.

Es wurde willkürlich und ohne Vorwarnung geschossen, und das ging den ganzen Tag so. Viele Menschen versteckten sich, wo sie gerade waren. Sie wussten gar nicht, warum geschossen wurde und gegen wen. Es kam zu einem Massaker, neun junge Männer wurden getötet und viele verwundet. Die Sicherheitskräfte hinderten die Krankenwagen daran, an den Ort des Geschehens zu kommen. Wir konnten einige Verletzte in die Moschee im Viertel bringen, um sie zu versorgen und zu verhindern, dass die Schabbiha im Nationalkrankenhaus ihre Organe stahlen, wie es mit einem jungen Mann der Familie Dschumaa passiert ist. Der junge Mann, der nur am Fuß verletzt gewesen war, verließ das Krankenhaus, aufgeschnitten vom Hals bis ganz unten am Bauch. Wir baten auch Ärzte um Hilfe, die dann verhaftet und gefoltert wurden, weil sie ‹Verbrechern› und ‹Terroristen› und ‹Infiltranten› helfen würden. Die Schabbiha benutzten ganz eindeutig sehr moderne Waffen und eine Art von Kugeln, die explodierten. Entweder töteten sie direkt oder zerrissen den Körper. Als wir einen jungen Mann versorgten, dem von einem Scharfschützen in den Kopf geschossen worden war, quoll ihm auf ganz seltsame Art das Gehirn komplett aus dem Schädel. Wir haben dann die Kopfbedeckung des Scheichs der Moschee benutzt, um das Gehirn wieder in den Schädel zurückzuschieben. Es war ein grauenhafter Anblick! Die meisten Toten wurden heimlich beerdigt. Bei den anderen gestatteten die Sicherheitskräfte ihre Aushändigung an die Familien und ihre Beerdigung nur unter der Bedingung, dass die Familien unterschrieben, dass sie von bewaffneten Banden und Saboteuren getötet worden seien. Außerdem durften nur sehr wenige Angehörige an der Beisetzung teilnehmen, und die Sicherheitskräfte mussten anwesend sein.

Seit diesem Massaker wurde Dschableh zu einer Geisterstadt. Niemand traute sich, aus Angst vor den Scharfschützen die Wohnung zu verlassen. Die meisten Bewohner wechselten auch ihre Wohnungstüren aus. Die waren meist aus Holz und standen häufig offen – nur ein Vorhang verhinderte den Blick nach innen. Jetzt wurden schwarze Eisentüren eingesetzt. Nach diesem bestialischen Massaker sind wir nur noch nachts demonstrieren gegangen, einige Male machten wir Blitzdemonstrationen, andere Male große Demonstrationen, an denen auch Frauen teilnahmen. Aber insgesamt bewegten wir uns nur noch auf sehr begrenztem Terrain. Wir versuchten, den Augen der Sicherheitskräfte zu entgehen, die uns in Dschableh unterwandert hatten, obwohl die Stadt so klein ist. Das Ausmaß der Unterwanderung aber war so gewaltig und furchterregend, dass wir uns gegenseitig nicht mehr vertrauten. Das erklärt auch die vielen Verhaftungen in der Stadt, die alle aufgrund unterschiedlicher Anschuldigungen erfolgten. Und das, obwohl das Regime andererseits seit dem ersten Funken der Revolution alle Verbrecher freigelassen hat, die wegen Schmuggel und Drogenhandel im Gefängnis saßen. Täglich gab es in Dschableh neue Gerüchte, und täglich wurden neue Angriffe und Massaker erwartet. Die Bewohner bereiteten sich darauf vor und erfanden verschiedene Methoden der Selbstverteidigung, zum Beispiel eine Art Dynamit, das bei der Explosion einen großen Knall verursacht, aber nicht tötet. Wenn wir jetzt auf die Straße gehen, um den Sturz des Regimes zu fordern, führen wir eine Art Straßenkrieg.»

Donnerstag, 23. Juni 2011

Ich habe mich heute mit einigen jungen Leuten der Koordinationskomitees getroffen. Wir wollten ein Video von alawitischen Frauen aufnehmen, die gegen das Regime von Baschar al-Assad sind. Wir wollten damit die nationale Einheit zwischen den verschiedenen Religionsgemeinschaften und Schichten des syrischen Volkes unterstreichen. Es hat Spaß gemacht. Wir trafen uns in einer kleinen Wohnung einer der Frauen. Sie war Anfang zwanzig und ging auch auf die Demonstrationen. Wir lachten und tranken Kaffee und rauchten, während wir auf die anderen Frauen warteten, und schrieben die Schilder, die wir filmen wollten. Wir filmten und demonstrierten zu Hause, aber wir wollen das Material veröffentlichen, weil wir nicht draußen demonstrieren können. Auf ein Schild schrieben wir: «Wir verstecken uns, weil wir fürchten, nicht zu unseren Kindern zurückzukehren.» Die Freundinnen, mit denen ich zusammentraf, waren engagiert und begeistert. Und auch ich war noch glücklicher, als ich mir hätte vorstellen können, ihre Gesichter schenkten mir angesichts meiner ständigen Anspannung ein wenig Freude. Wir mussten mehrmals filmen, wir verlasen eine Erklärung, in der wir, die Frauen der syrischen Küstenregion, die Verbrechen des Regimes verurteilten und erklärten, dass wir an der Seite des Volksaufstands ständen. Es war ein junger Mann, der uns filmte, und wir machten uns die ganze Zeit über ihn als einzigen Mann in der Runde lustig. Ich beobachtete die Frauen und spürte ein grünes Pflänzchen in meinem Herzen wachsen. Wenn ich die Befreiung meiner Seele von allen negativen Gefühlen jemandem oder etwas verdanke, dann dem Aufstand. Als wir das Filmen beendet hatten, verließen wir vorsichtig die Wohnung und kehrten nach Hause zurück.

Es war schon Abend geworden. Ich öffnete die Wohnungstür und verspürte ein außergewöhnliches Glücksgefühl. Ich hatte mich mit verschiedenen Gruppen getroffen, um ihre Aktivitäten miteinander zu koordinieren, und ich überlegte, noch häufiger zwischen ihnen zu pendeln, bevor meine Zeit ablief. Vier Treffen an einem Tag, das Ergebnis war großartig. Ich bettete meinen Kopf auf das Kissen und war zufrieden. Ich brauche nicht viel, um glücklich zu sein, so wenig, dass ich wütend bin auf dieses blinde Dasein, das mich, wenn ich von einem ereignisreichen Tag nach Hause zurückkehre, daran denken lässt, was den Mördern in jenem Augenblick durch den Kopf geht, wenn sie auf unbewaffnete junge Männer schießen. Ich denke an diesen Moment, der dem Nichts gleicht. Ich denke an die Gefangenen, die ich zufällig unter der Augenbinde erspäht habe, als ich zur dritten Vorladung ging. Ich weiß nicht, ob es eine Befragung war, man nennt so etwas eher Entführung. Der hohe Offizier würde später bei einem Telefonanruf zu mir sagen, dass er von dieser Vorladung nichts gewusst habe, dass das eine persönliche Angelegenheit von irgendjemandem gewesen sei und dass es keinen offiziellen Befehl gebe, mich zu verhaften. Und dass für die Gerüchte und die Artikel im Internet und die Flugblätter, die in der Küstenregion verteilt wurden, nicht die Geheimdienste verantwortlich seien. Er sagte auch, dass meine Mitstreiter von der Opposition es seien, die schlecht über mich redeten und meinen Ruf ruinierten. Er sagte viele Dinge, aber ich hörte ihm nicht zu. Ich habe an jenem Tag unter der schwarzen Binde bei meiner dritten Entführung gesehen, wie sie die Gefangenen auf den Boden warfen. Ich glaube, es war ein Hof, denn das Tageslicht schien hell hinein. Ich habe in einem Lichtschein ihre Rücken gesehen und Absätze, die auf sie traten. Und ich habe einige von ihnen gesehen, die von ihrem Platz aufstanden und mit der Peitsche geschlagen wurden. Und ich habe ihre Schreie gehört, schrille Schreie, die einem Pfeifen ähneln, das mir immer noch in den Ohren gellt. Und die Schuhe, die auf ihre jungen schmalen Rücken traten, waren keine Militärstiefel, es waren Turnschuhe, billige Schuhe. Ich konnte sie erkennen, und ich sah für einen Augenblick, wie sich der Rücken eines jungen Mannes aufbäumte. Er war halb nackt, und ich sah die roten Spuren der Peitsche auf seiner Haut. Heute kann ich mich gut an die dritte Entführung erinnern. Es war anders, mir war klar, dass das, was H.M. tat, etwas Persönliches war zwischen mir und ihm. Er wollte mich brechen, auf seine Art. Er wollte spüren, dass ich Angst vor ihm habe, und ich setzte wie schon vorher alles daran, sie ihn nicht spüren zu lassen. Männer kamen, packten mich und setzten mir die Binde auf. Dieses Mal hatte ich mich geweigert, mit ihnen rauszugehen. Ich sagte zu ihnen, ich werde nicht gehen, doch ich hatte den Satz noch nicht zu Ende gesprochen, da packte mich einer am Handgelenk und zog mit Wucht daran. Ich spürte ein Brennen in meinen Fingern. Es war neun Uhr morgens, und meine Tochter, die normalerweise nicht vor ein Uhr mittags aufsteht, fragte verärgert von ihrem Zimmer aus: «Was ist los, Mama?» – «Gar nichts, Kind! Das sind Freunde, ich gehe kurz mit ihnen weg und komme dann wieder.» Dann verließ ich mit ihnen die Wohnung. Jedes Mal beherrschte mich eine einzige fixe Idee und ließ mich erzittern: Was würde passieren, wenn ich nicht zurückkehrte? Was würde dann mit meiner Tochter geschehen? Der Offizier begrapschte mich. Ich hatte zweimal Angst. Er erwähnte meine Tochter und widerwärtige Dinge. Wenn ich daran denke, werde ich von einem Brechreiz gepackt. Wenn mir das Schicksal hold ist und ich diesen Mann noch einmal sehe, werde ich nicht zögern, ihn zu töten. Auch das verzeihe ich ihnen nicht, sie haben mich zu einem Menschen gemacht, der weiß, was es bedeutet, darüber nachzudenken, das Leben eines Menschen zu beenden. Ich hatte das nur in jenem Augenblick gedacht, doch als ich nach Hause zurückkehrte, zitterte ich schon bei dem Gedanken, ihn eines Tages zu töten. Aber ich habe in jenem Moment die Erfahrung gemacht, was für ein Gefühl das ist, der Wunsch zu töten. Als er mich belästigte, beschloss ich, dass ich nicht bleiben würde, dass ich fortreisen würde, wie immer auch die Konsequenzen aussähen. Ich erinnerte mich wieder an meine Studentenzeit in Latakia, an die Erzählungen über das, was die Assad-Familie und ihre Verwandten mit den Mädchen gemacht hatten. Ich dachte an meine kleine Tochter, und da überlegte ich noch intensiver, dass ich ihn töten würde, bevor ich ihm erlaubte, meine Würde zu verletzen.

Freitag, 24. Juni 2011

Der «Freitag des Verlusts der Legitimität».

Fünfzehn Tote, die meisten in den Vororten von Damaskus. So gibt es die Union der Revolutionskomitees bekannt, in Barzeh, in Kisweh, in Homs und in Hama. Tausende waren in Homs, Aleppo, Deir al-Zor, Damaskus, Kamischli und Deraa auf die Straße gegangen. Im Fernsehen erschien ein Spruchband aus Zabadani: «Bazillen und Ratten der Welt – vereinigt euch!» Man höhnte über Baschar al-Assad, der die Demonstranten in einer seiner Reden als Bazillen bezeichnet hatte!

Die Proteste haben sich ausgeweitet, die Rede von Baschar al-Assad wurde allseits abgelehnt, der Wille zum Regimewechsel ist stark. «Keine Legitimität für einen, der sein Volk mordet!», «Kein Dialog mit Mördern!» – solcherart sind die Parolen auf den Schildern, die die Demonstranten in die Höhe halten. In Deir al-Zor skandierten die Demonstranten für die Freiheit und den Beistand für die anderen syrischen Städte, sie sangen Klagelieder und brüllten Hymnen. Die Protestbewegung nimmt an Entschlossenheit zu, die Demonstrationen weiten sich aus. Ich zog die Möglichkeit in Betracht, dass das Militär, genau wie in Deraa und Banjas geschehen, einen Angriff gegen Deir al-Zor unternehmen würde. Ich habe Kindheitserinnerungen an diese Stadt. Ich lebte mit meiner Familie in der Stadt Tabka, die am Euphrat liegt. Ich kenne den Euphrat, diesen Fluss, der meine Seele erquickte. Und ich kenne Rakka und trage die Windungen dieses Flusses, der die Städte dort miteinander verbindet im Gedächtnis. Diese Städte, durch die der Euphrat fließt, lassen eine unerklärliche Sehnsucht nach einem verlorenen Glück in mir aufkommen. Deshalb hatte ich Angst um Deir al-Zor, das der Brutalität des Regimes vermutlich nicht entkommen würde, diese Stadt, die sich auflehnte und deren Bewohner Freiheit forderten.

Hundertundein Tag sind bis jetzt vergangen. Die europäischen Sanktionen werden erweitert und betreffen sogar Teheran, Sanktionen und neuer Druck auf das Regime. Aber ich habe meine Zweifel daran, dass sie etwas bewirken. Heute wurden vier Verantwortliche auf die Sanktionsliste hinzugefügt: Dhu al-Himma Schalisch und Riad Schalisch sowie zwei Geschäftspartner von Maher al-Assad. Dazu vier Firmen, zwei von ihnen gehören Rami Makhlouf, sowie die internationale Hamscho-Gruppe und das Bauunternehmen des Militärs.

Die neue brennende Frage innerhalb der Opposition betrifft die Einladung zu einem Beratungstreffen. Dieses Treffen hatte die Zustimmung des Regimes erhalten. Das Regime wollte damit sagen: «Ja, wir haben eine Opposition, und diese darf sagen, was sie will. Aber diejenigen, die wir töten, das sind bewaffnete Banden!» Ich war mir von Beginn an über die aufrichtigen Absichten der Anhänger dieses Treffens im Klaren, meine Meinungsverschiedenheit mit dem Freund, der dazu aufgerufen hatte, betraf die Taktik und den Zeitpunkt. Ich argumentierte, dass das Regime bestimmte Namen der Opposition zu seinen Gunsten nutzen will. Und er sagte, er wolle mit möglichst wenigen Verlusten einen demokratischen Wandel in Syrien vorantreiben. Ich glaube, er hatte Angst, die bekannte Angst der Minderheiten. Deshalb habe ich nicht an diesem Treffen teilgenommen. Ich war überzeugt davon, dass die angeblichen und verlogenen Reformen, von denen Baschar al-Assad gesprochen hatte, nur eine Fassade seien. Er wollte Zeit gewinnen und die Protestbewegung hinhalten und sich gleichzeitig mit aller Härte auf die Demonstranten stürzen. Deshalb war ich auch danach über die Gespräche zwischen diesem Freund und Buthaina Schaaban und Faruk al-Scharaa verärgert. Ich war der Ansicht, dass die Gründung eines oppositionellen politischen Blocks als eine politische Alternative für das Regime nicht mit der Zustimmung und unter der Schirmherrschaft des Regimes stattfinden dürfe – selbst wenn dies als harter und unnachgiebiger Standpunkt erscheinen mag. Aber ich schere mich nicht um die politische Vorgehensweise oder das Manöver, das zwischen einigen Gruppierungen der Opposition und dem Regime stattfindet. Ich bin verzweifelt und vollkommen davon überzeugt, dass all das zu nichts führt. Ganz abgesehen davon, dass Meinungsverschiedenheiten der Oppositionsgruppen die Angelegenheit noch erschwerten. Wir alle verfolgten, was auf dem Treffen gesagt wurde, und ich gewann den Eindruck, dass einige Führungspersönlichkeiten der Opposition Züge von Despotismus in sich tragen, der sich durch die langen Jahrzehnte der Willkür bei ihnen eingenistet hat.

Samstag, 25. Juni 2011

Heute gab es wieder furchterregende Drohungen am Telefon. Mir macht diese Vorstellung Angst, dass ich derartig beobachtet werde. Seltsamerweise bin ich mittlerweile davon überzeugt, dass das, was H. M. unternimmt, jegliche Grenzen überschritten hat. Mit einem einzigen Hinweis wurde mir befohlen, meine Facebook-Seite zu schließen. Ich hatte einen Kommentar darüber verfasst, wie die Familie Makhlouf die Duty-Free-Zone an kuwaitische Investoren verkauft hatte. Und es verging keine Viertelstunde, da kam dieser Anruf. Wortwörtlich sagte man mir: «Mach dein Facebook zu, sonst komm ich und bombardier deine Wohnung und das ganze Haus mit einer Kanone, die euch alle vom Erdboden verschwinden lässt!» Ich schloss die Seite und überlegte, was ich tun sollte. Selbst auf Facebook zu schreiben ist verboten? Ich mache ihnen Schwierigkeiten, ich weiß, welchen Verdruss ich ihnen bereite. Aber was dieser verrückte Offizier mit mir macht, ist meiner Meinung nach eine Rache an allen Oppositionellen, die der alawitischen Religionsgemeinschaft angehören.

Wenn ich nichts tun kann, werde ich verrückt. Ich werde nicht nur zuschauen, wie um mich herum gemordet und verhaftet wird, wie Menschen verschwinden, wie sie eingeschüchtert und ganze Städte ausgelöscht werden. Wie kann man in solchen Augenblicken unbeteiligt sein? Wie kann ich mich so weit weg von dem täglichen Schmerz befinden, den ich überall, wohin immer ich auch gehe, zu sehen bekomme! Diese ganzen Gedanken haben mich weitaus nervöser werden lassen, als ich es früher war. Ich ziehe es vor, mich von den Freunden fernzuhalten, damit sie nicht mit meiner enormen Anspannung konfrontiert werden, und mich stattdessen den Gesprächen zu widmen, die ich geführt habe. Heute zum Beispiel der Geschichte eines jungen Alawiten, der in einem Nachbardorf von Dschableh lebt und der absolute Geheimhaltung über seine Identität wünscht, nicht nur vor dem Sturz des Regimes, sondern auch danach. Bevor wir unser Gespräch begannen, sagte er: «Glauben Sie, dass Sie mit dem Sturz des Regimes von Baschar al-Assad zu Ihrem normalen Leben an der Küste zurückkehren werden? Da irren Sie sich, alle betrachten Sie als Verräterin. Es werden Jahre vergehen, bis Sie wieder unbesorgt dorthin fahren können.» Seine Worte jagten mir einen Schrecken ein, auch wenn ich wirklich nicht noch mehr Schrecken gebrauchen konnte. Ich, die ich daran gewöhnt war, die Gesellschaft und die Traditionen und die Normen hinter mir zu lassen, ich habe Angst, denn es ist das erste Mal, dass ich mit meiner ganzen Person zur Zielscheibe einer ganzen Religionsgemeinschaft, oder zumindest der Mehrheit von ihr, geworden bin.

Die Geschichte des jungen Alawiten:

«In einem Dorf in der Nähe von Dschableh führten sie einen Angriff gegen die Bevölkerung durch. Vorher war dort nicht geschossen worden, es gab auch keine dichte Präsenz der Sicherheitskräfte. Der Gouverneur traf sich mit den Demonstranten von Dschableh, und wir in den alawitischen Dörfern erfuhren, dass sie ihm Vorwürfe gemacht hätten und dass behauptet wurde, sie seien eine Gruppe von Banditen und hätten den Fahrer des Bezirksdirektors geschlagen und dessen Auto zerstört. Diese Gerüchte wurden von den Leuten der Baath-Partei und den Sicherheitskräften verbreitet. Am Tag des Massakers in Dschableh, am 25. März 2011, herrschte Ruhe. Seit drei Tagen hatten wir keine Nachricht und keinen Schuss mehr gehört. Und um Viertel nach vier Uhr konnte man heftige Schüsse in der Nähe unseres Ortes hören. Ich bin dorthin gelaufen und habe Bewaffnete in die Luft schießen sehen. Da haben wir die Waffen aus dem Dorf geholt und sind über die Autobahn zu ihnen gelaufen. Seit Tagen kursierten Gerüchte, die von den Baath-Partei-Leuten und den Sicherheitskräften verbreitet wurden, wonach die Sunniten aus Dschableh uns angreifen würden und wir gewappnet sein müssten. Deshalb hatten die Leute aus den Dörfern die Waffen geholt. Da kam ein Mann vom Geheimdienst und schrie die Leute an, sie sollten wieder nach Hause gehen.

Das Schießen hielt an, aber die Menschen kehrten ins Dorf zurück. Es blieben nur die, die die Ortsein- und -ausgänge mit Waffen schützten. Währenddessen kam jede halbe Stunde ein Auto mit Bewaffneten vorbei. Daraus wurde auf die Komitees geschossen, die das Dorf beschützten. Sie schossen ziellos umher, und ein Mann aus unserem Dorf wurde getroffen. In der Nacht schnappten sie einen der Bewaffneten und sagten, es sei einer, der gesucht würde. Wir glaubten, er sei einer von den Sunniten, die die Demonstranten töten wollten, und dann stellte sich heraus, dass er aus einem kleinen Dorf in der Nähe von Kardaha stammte und für Waffenschmuggel bekannt war.

Während die Schüsse auf die Straßen niederprasselten, wurden Flugblätter verteilt, die Sie, Samar Yazbek, des Handlangertums beschuldigten und dazu aufriefen, Sie zu töten.»

Es sei ein seltsamer Zufall, so der junge Mann weiter, dass die Flugblätter auf diese Weise verteilt wurden. Seiner Meinung nach hätten die Sicherheitsapparate besonders in der Küstenregion eine Verbrecher- und Rachementalität. Sie seien wütend gewesen, und sie hätten das Gefühl, zwischen mir und ihnen gelte das Prinzip der Blutrache, genauso wie zwischen allen Christen und Judas. Als er das sagte, blickte er mir in die Augen. Dann entschuldigte er sich und sagte: «Es tut mir leid, aber ich war an dem Tag dort, als die Flugblätter verteilt wurden, in denen dazu aufgerufen wird, Sie umzubringen.» Ich schwieg. Ich verbarg meine Finger im Heft, damit er nicht sah, wie sie zitterten. Er setzte seinen Bericht fort:

«Am nächsten Tag begann das Gerede über die vielen Waffen, die in Dschableh gefunden worden seien, über bevorstehende Aktionen zur Ausrottung der Alawiten, und es hieß, dass das Militär nach Dschableh gekommen sei und die Bewaffneten getötet und die Waffen gefunden habe. In dieser Zeit war Dschableh Tag und Nacht eine abgesperrte Stadt, die meisten Alawiten hatten sie verlassen. Wir wurden daran gehindert, nach Dschableh hinunterzugehen. Wir hatten Angst wegen der täglichen Schießereien. Es begann um zehn Uhr nachts und endete um drei Uhr morgens. So passierte es im Faid-Viertel. Danach fingen die Leute von Dschableh zu demonstrieren an, und die Lage spitzte sich zu. Wir hörten, dass die Sunniten demonstrierten und den Imam Ali Ibn Abi Talib und Präsident Baschar al-Assad beleidigten. Und obwohl die sunnitischen und alawitischen Notabeln versucht hatten, die Krise zu vermeiden, eskalierte die Lage trotzdem wegen der Gerüchte. Die Scheichs beider Gruppen zeigten sich zwar solidarisch und organisierten einen gemeinsamen Umzug gegen den Konfessionalismus, der in der Hussein-Moschee im Amara-Viertel endete. Es ist auch eine Sunniten-Delegation zur Beileidsbezeugung in das Dorf Zama und nach Harf Matur gegangen. Mit dabei war auch der Imam einer sunnitischen Moschee. Die Bevölkerung beider

Religionsgemeinschaften versuchte, den Konflikt zu deeskalieren, aber am nächsten Tag kursierten Gerüchte, die zum Bürgerkrieg anstachelten. Da wurde zum Beispiel die Ehre der alawitischen Frauen durch sunnitische Männer beleidigt, und es wurden Geschichten darüber gesponnen und in den alawitischen Dörfern verbreitet. Natürlich war nicht bekannt, wer diese Gerüchte in die Welt gesetzt hatte. Sie erschienen zunächst wie Phantome, dann verbreiteten sie sich immer weiter. Diese Gerüchte waren wichtige Informationsquellen für die Alawiten, denn das Internet ist in Dschableh meist gekappt. Die einzigen Nachrichtenquellen sind der Fernsehsender Addounia TV und das syrische Staatsfernsehen. Es lag im Interesse von einigen, dass die konfessionellen Spannungen anhielten. Zwei Tage nach dem Massaker waren die Menschen schließlich davon überzeugt, dass die Armee die Alawiten vor den Sunniten unbedingt schützen müsste. Und selbst einige Sunniten waren von dieser Geschichte überzeugt. Währenddessen waren die Gefolgsleute der Assad-Familie in Dschableh und machten täglich Besuche. Es drangen uns auch Gerüchte ans Ohr, dass die Demonstranten die Armee mit Dynamit und Handfeuerwaffen angreifen würden. Die Spannungen zwischen den zwei Gruppen brachen immer wieder auf. Die Gerüchte sprudelten ständig weiter, und die Demonstranten gingen jeden Tag auf die Straße. Von ihren Demonstrationen erfuhren wir aber nur, dass sie die Alawiten angreifen wollten und dass sie sie beschimpften und dazu aufriefen, sie zu töten. Der Geheimdienst und Mitglieder der Baath-Partei verteilten weiter Flugblätter in den Dörfern, sie hatten die Namen der Leute dabei, die von der Bevölkerung von Dschableh gesucht wurden. Man behauptete, sie seien bewaffnet, und sie waren mit ihren und den Namen ihrer Mütter aufgeführt. Sie verteilten auch Flugblätter, in denen es hieß, dass sie drei israelische Offiziere gefasst hätten. Das sei der Grund für die Intervention des Militärs und so sei es zu der Schießerei gekommen. Es verbreitete sich auch ein seltsames Gerücht, das den Alawiten Angst machte. Es hieß, dass zehn sunnitische Bewaffnete mit schweren Waffen in Richtung des Viertels ‹Dahijat Dschableh› unterwegs seien, in dem hauptsächlich Alawiten leben.

Die alawitischen Ladenbesitzer schlossen um vier oder fünf aus Angst ihre Läden. Nur zwei öffneten ihre Läden und kehrten zu ihrem normalen

Leben zurück. Aber auch die Läden der Sunniten waren geschlossen. Seit jener Zeit ist es Brauch, dass die Alawiten die Läden der Sunniten boykottieren. Und die Alawiten, die bei den Sunniten einkaufen wollen, fürchten sich vor den anderen Alawiten.»

Ich kann mich noch gut an den Platz in Dschableh erinnern, an dem hauptsächlich Sunniten wohnten. Niemand dachte damals daran, dass sie der sunnitischen Konfession angehörten. Wir kauften bei ihnen, aber die meisten ihrer Kunden entstammten der alawitischen Dorfbevölkerung. Diese Händler verband eine Beziehung der gegenseitigen Interessen und Notwendigkeiten mit den Alawiten, und ich hätte nicht gedacht, dass die Beziehungen zwischen ihnen eines Tages so schlecht sein würden. Der junge Mann fuhr fort:

«Nach diesen Vorkommnissen stieg der Anteil der Bewaffneten bei den Alawiten, und plötzlich fanden sich Waffen in ihren Dörfern. Die Sicherheitskräfte, die die Waffen in den Händen der Alawiten sahen, drückten ein Auge zu, während sie die Sunniten öffentlich schmähten. Unter ihnen waren Ärzte und Leute, die für ihre Integrität und ihre Aufrichtigkeit bekannt waren, weil sie den Verletzten während der Demonstrationen zu Hilfe gekommen waren. Doch die Geheimdienstler und Baath-Leute und die Schabbiha setzten auf ihren Flugblättern einfach die Namen von echten Verbrechern neben die Namen von anständigen Leuten. Einmal war darauf sogar der Name eines toten Mannes zu lesen. Für die propagandagläubigen Alawiten waren das die Namen von Mördern und Bewaffneten und Verbrechern, die sie abschlachten wollten. Das Regime wollte unbedingt Zwietracht zwischen den Sunniten und den Alawiten säen. Dafür haben sie auch auf das Thema der Ehre zurückgegriffen und den Ruf der alawitischen Frauen beschmutzt, was die Angst der alawitischen Bevölkerung in den Dörfern noch vergrößerte. Einmal verbreiteten sie in den Dörfern das Gerücht, dass es einen Pornofilm mit einem sunnitischen Mann und einem alawitischen Mädchen gebe, den sie unter den Demonstranten verteilten. Die Art, wie sie die Leute aufstachelten, war wirklich unvorstellbar hässlich und schmutzig.

Eine Sache habe ich noch vergessen: Vor dem Massaker in Dschableh am 25. März kam ein Gefolgsmann der Assad-Familie in das Dorf Bustan al-Bascha und verteilte kostenlos Waffen an die Leute. Allerdings unter der Bedingung, dass er den Personalausweis eines jeden bekomme, der eine Waffe besitze. Derselbe Typ kam auch in das Dorf Damasrakho, das zur Stadt Latakia gehört, und fragte die Leute, ob sie Waffen brauchen. Doch da haben ihn die Leute aus dem Dorf geworfen.»

Der junge Mann hörte auf zu reden, und ich beendete die Niederschrift seiner Aussage. Der Termin mit einem Mitglied der Koordinationskomitees stand kurz bevor. Eine Sache musste unbedingt organisiert werden, nämlich der Fonds zur Unterstützung des Aufstands, von dem beschlossen worden war, dass er den Männern der Koordinationskomitees zugutekomme. Das allerdings bedurfte einer eingehenden Prüfung. Ich habe festgestellt, dass die Aktionen nur langsam vorankommen und keineswegs mit dem Tempo der Aktivisten auf der Straße mithalten, jener einfachen Leute, von denen die meisten ungebildet sind und die auf die Straße gegangen sind, um ihre Würde zu verteidigen und Freiheit zu fordern. Deshalb ärgerte ich mich über diese Langsamkeit. Wir mussten sofort in Aktion treten, um die Menschen zu unterstützen.

Vor einer Woche traf ich einen jungen Mann, der in der Bewegung der Koordinationskomitees eine bedeutende Rolle spielt. Er äußerte seine Befürchtung, dass dieses Projekt wie andere Überlegungen vorher auch, am Ende scheiterte. «Wir wollen eine wirkliche Unterstützung», sagte er sehr energisch. «Alle sagen, dass sie uns unterstützen werden, aber es ist nichts davon zu sehen. Wirkliche Unterstützung bedeutet eine finanzielle Unterstützung, und wir brauchen Hilfe in folgenden drei Punkten: in der Betreuung der Verhafteten und ihrer Familien, der Bereitstellung von Ärzten und der Organisierung der Demonstrationen.» Ich sah in den Augen des Mannes eine Entschlossenheit und eine Bereitschaft, die mich mehr schmerzten als erfreuten. Ja, ich sah in seinen Augen Energie und Kraft, während ich bei einigen Personen der Opposition, Frauen wie Männern, nur Trägheit, Bürokratismus und Saumseligkeit wahrnahm. Deshalb hatte ich bei dem Treffen heute mit dem jungen Mann den festen Entschluss gefasst, ihn mit einer Gruppe von jungen Frauen in Kontakt zu bringen, damit der Unterstützungsfonds ins Leben gerufen werde. Wir riefen eine der Frauen an, und ich ging schnurstracks zu ihr. Sie war einverstanden, sich um die Sache mit dem Unterstützungsfonds zu kümmern.

Auf dem Nachhauseweg hatte ich das Gefühl, dass meine Haut schmutzig sei, dass eine Schicht der brennenden Sonne sich zwischen meinen Poren festgesetzt hatte und dass ich dringend ein heißes, mindestens einstündiges Bad benötige, um mich zu entspannen und auf den Zorn meiner Tochter vorzubereiten, wenn ich am Ende des Tages zu ihr zurückkehren würde.

Sonntag, 26. Juni 2011

Ich hätte mich mit einem der jungen Männer der Koordinationskomitees treffen sollen. Es ging dabei um eine Erklärung, die sie über das Beratungstreffen im Semiramis-Hotel veröffentlichen werden. Sie wollten darin ihre Ablehnung zum Ausdruck bringen. Ich war anderer Meinung, auch wenn ich ihre Gründe nachvollziehen konnte, aber ich wollte versuchen, auf allen Seiten eine Bereitschaft für eine größtmögliche Offenheit zu schaffen – die ich bei mir selbst eigentlich vermisste. Der Junge war gemäßigt in seiner Meinung, er sagte: «Wir werden es versuchen. Wir haben heute eine Sitzung und werden entscheiden, ob wir diese Erklärung veröffentlichen.» Ich bat ihn inständig, über eine Verschiebung nachzudenken.

Ich war gerade dabei, in eine neue Phase einzutreten. Die Gerüchte des Geheimdienstes über mich hatten inzwischen die Opposition erreicht, und einer der Oppositionellen schrieb mir: «Ich habe wirklich Mitgefühl mit dir. Überleg es dir gut und schweig lieber, dann hast du endlich Ruhe vor diesen Heimsuchungen.» Damals habe ich seine Worte nicht verstanden. Ich hatte mich mit ihm getroffen, um über einen nationalen Koordinierungsausschuss zu sprechen. Ich wollte, dass alle wissen, dass ich nicht bereit sei, einer Gruppierung oder einem Rat beizutreten, sondern dass ich es vorziehe, eine unabhängige Schriftstellerin zu bleiben. Meiner Meinung nach ist der kritische Intellektuelle wichtiger als derjenige, der einer Gruppierung angehört. Ich weiß, dass ich als erste von den Leuten kritisiert werde, die nach dem Sturz des Regimes die Macht in Syrien übernehmen werden, denn in der Phase des demokratischen Wandels wird von mir verlangt werden, ein Gewissen und eine Zeugin der Wahrheit zu sein.

Trotzdem war die Erklärung, die von der Konferenz im Semiramis-Hotel herausgegeben wurde, gut; die darin erwähnten Überlegungen stimmten mit den Gedanken der Menschen überein, die zu den Demonstrationen auf die Straße gehen. Ich war zufrieden, trotz meiner Überzeugung, dass der Preis für dieses Zugeständnis des Regimes – die Duldung dieser Konferenz – neues Blutvergießen sein würde. Andererseits war es ein Zugeständnis, um einen Schritt nach vorne zu machen. Trotzdem gab es keine Reaktion darauf. Es gab auch keinerlei Reaktion auf das Homevideo, das wir produziert hatten und das so viel Zeit gekostet hatte, bis es endlich unter dem Titel «Die freien Frauen der syrischen Küste» erschienen war. Der Titel machte mich wütend. Ich rief die junge Frau von den Koordinierungskomitees an, die mit diesem Thema befasst war, um in Erfahrung zu bringen, warum das Video diesen Titel erhalten hatte. Das Wort für freie Frauen, Hara'ir, hat eine eindeutige islamische Konnotation. Warum hatte man nicht den heute üblichen Begriff für «Frauen» verwendet? Aber es fiel schwer, am Telefon in eindeutigen Worten darüber zu sprechen. Sie sagte mir, wir würden uns bald treffen. Ich rief sie ein zweites Mal an, aber sie noch einmal zu treffen gelang mir nicht. Sie ist sehr aktiv beim Aufstand, sie organisiert Demonstrationen und macht immer einen erschöpften Eindruck. Kaum spricht man ein paar Worte miteinander, da muss sie schon zu ihrem nächsten Termin eilen. Deshalb beschloss ich zu schweigen, es geschehen eben Fehler, die wir zu überwinden versuchen müssen. Aber wir müssen darauf hinweisen und sie kritisieren.

Montag, 27. Juni 2011

Ich wartete vor dem Justizpalast auf den Richter. Ich musste die Genehmigung für die Reise meiner Tochter vorbereiten. Wir sind hier noch immer zu seltsamen Gesetzen verurteilt, die es der Mutter verbieten, ohne Genehmigung des Vaters mit ihrer Tochter auszureisen, wenn diese unter achtzehn Jahre alt ist. Ich habe mein ganzes Leben allein mit meiner Tochter gelebt und benötigte die Genehmigung ihres Vaters, der nicht einen einzigen Tag für sie verantwortlich war. Ehrlich gesagt hatte ich nicht auch noch eine weitere Ungerechtigkeit nötig. Ich war wütend! Ja. Ich muss auf ein Stück Papier des Vaters meiner Tochter warten, ich muss zum Richter gehen, um die Genehmigung zu erhalten, dann muss ich zurück zur Passbehörde, damit sie sich versichert, dass ihr Vater einverstanden ist, damit man ihr das Ausreisevisum erteilt. Ich habe gegen diese Personenstandsgesetze stets angeschrieben; da sie mich betreffen, kann ich sie nicht ignorieren. Diese Ungerechtigkeiten lassen mich die ganze Zeit darüber nachdenken, wie ich mit meiner Wut über all das, was um mich herum passiert, umgehen soll und wie ich diese Wut in Worte verwandeln kann, Worte, die meist keinerlei Wirkung haben und nur die Missbilligung anderer hervorrufen. Aber genau das lässt mich spüren, dass es mir gutgeht. Zustimmung von meiner Umgebung zu erfahren vermittelte mir immer das Gefühl, dass es mir nicht gutgeht, besonders weil ich in einer erstarrten Gesellschaft lebe, in der sich nichts bewegt. Ja, die Intellektuellen leben in einer statischen Umgebung, die Welt hat sie überholt. Wer hat die Protestbewegung in Syrien auf die Straße getrieben? Nicht die Schriftsteller und nicht die Dichter und nicht die Intellektuellen. Die Intellektuellen haben bis jetzt noch nicht den Mut der Leute auf der Straße aufgebracht. Die Schriftsteller haben, mit einigen wenigen Ausnahmen, in panischer Angst dagestanden und zugesehen. Ich habe nicht erwartet, dass jene, die unbeteiligt geblieben sind, ihren Hass gegen alle richten, die sich auf die Seite des Aufstands stellten. Manchmal muss man, um seine eigene Bedeutung zu spüren, diejenigen verachten, die einen umgeben. Ich konnte das bei vielen verstehen und nachsichtig sein.

Die Sache mit der Genehmigung war eine Ungerechtigkeit, die zu den anderen Ungerechtigkeiten noch hinzukam. Absurderweise sagte der

Richter, ich bräuchte eine neue Genehmigung des Vaters meiner Tochter, denn meine sei zu alt. Das bedeutete, ein viertes Mal zum Gericht zu gehen und auf noch mehr Papiere zu warten. Ich sagte zu dem gemächlichen Richter, während hinter mir einige Frauen in der Schlange standen: «Aber ich bin ihre Mutter, das ist doch eindeutig.» Da blickte er mich seelenruhig an und entgegnete: «Meine Dame, so sind die Gesetze. Das ist doch kein Spiel.» Dann wandte er den Blick von mir ab und sprach mit der Frau direkt hinter mir. Wütend verließ ich den Justizpalast. Ich war fast pleite, deshalb war ich noch erboster. Ich wartete auf einen Geldbetrag für die Übersetzung meines Romans ins Italienische. Ich dachte über die Menschen nach, die täglich getötet und verhaftet wurden und verschwanden. Ich dachte an sie, um meinen Zorn zu besänftigen, und sagte mir: «Die Menschen sterben für ihre Freiheit, und du erträgst nur um deiner Vorstellungen willen nicht einmal so etwas hier. Die Menschen geben ihr Leben für ihre Freiheit, und du erträgst nicht einmal, was in deiner kleinen Welt geschieht?!!» Ich schelte mich immer selbst, um weiterleben zu können. Zu Hause wartete meine Tochter auf mich, und ich eilte zum Internet, um zu erfahren, was über die Konferenz im Semiramis-Hotel veröffentlicht wurde, die die Regierung wie eine Karikatur ihrer selbst hatte erscheinen lassen. Zum ersten Mal wurde eine Konferenz in den staatlichen Medien live übertragen. Man wollte damit zeigen, wie zersplittert die Opposition ist. Die Regierung hat absichtlich einerseits die Oppositionellen diffamiert, andererseits hieß sie sie willkommen und hetzte sie gegeneinander auf und versucht darüber hinaus, einige von ihnen auf ihre Seite zu ziehen. Ich kannte Oppositionelle, die sich mit einigen Offizieren getroffen haben. Wirkliche Angst aber hatte ich vor einem dem Präsidenten nahestehenden Offizier. Er versuchte immer, das Bild des Präsidenten unter den Intellektuellen aufzuwerten, doch er trieb stets einen Keil in ihre Reihen und spaltete sie, so dass keiner der Oppositionellen noch einen sauberen Namen hat. Ich erzählte einigen meiner Freunde, die sich mit diesem Offizier trafen, von meinen Befürchtungen: «Dieser Offizier und Baschar al-Assad sind eins. Und Baschar al-Assad ist ein Mörder. Wie lasst ihr es zu, dass dieser Offizier euch so nahe kommt?»

Dienstag, 28. Juni 2011

Heute wird in Dschabal al-Zawija heftig geschossen, bei zahlreichen Demonstrationen wird der Sturz des Regimes gefordert. Die Verhaftungswelle geht weiter.

Die Delegation der Opposition hat ihr Treffen in Moskau beendet, auf der sie eine russische Intervention forderte. Moskau sagt, Russland sei der Freund des syrischen Volkes, die Oppositionellen bekräftigen die Redlichkeit ihres Anliegens und fordern Moskau auf, sich auf ihre Seite zu stellen und Baschar al-Assad zum Rücktritt zu bewegen.

Heute bin ich mit einem der jungen Männer der Koordinationskomitees losgegangen, um mich mit einer ehemaligen Gefangenen zu treffen. Es war ein kurzes Treffen. Das Mädchen trug Kopftuch, es war nett und höflich. Über seine Haftzeit sprach es mit einem seltsamen Gleichmut. Ich verabredete mich mit ihm zu einem neuen Treffen. Dann ging ich zu dem Termin mit einem anderen jungen Mann der Koordinationskomitees. Ich wollte in Erfahrung bringen, wie die Arbeit der Komitees begonnen hat und wie die syrischen jungen Männer sich organisierten, um den Aufstand fortzusetzen und wie die Koordinationskomitees der Revolution sich denn tatsächlich gegründet haben. Das Treffen mit dem jungen Mann, der zweimal verhaftet worden war, fand bei mir zu Hause statt, dem am ehesten geeigneten Ort für ein solches Gespräch. Er erzählte:

«Bevor die Protestbewegung in der arabischen Welt begann, noch vor der Revolution in Tunesien, planten wir zusammen mit einigen Intellektuellen verschiedene Projekte im Entwicklungs-, im sozialen und im kulturellen Bereich. Nach den Ereignissen in Tunis wurden wir optimistisch und hielten vor der tunesischen Botschaft eine Kundgebung für die Unterstützung der tunesischen Revolution ab. Das war noch vor dem Sturz Ben Alis. Die Sicherheitskräfte haben uns aber gleich vertrieben. Als es dann in Ägypten begann, waren wir sicher, dass der Funke auch auf Syrien überspringen werde. Die Diskussionen wurden immer mutiger, und wir fragten uns, ob es wohl möglich sei, auch in Syrien mit dem Demonstrieren zu beginnen. Tatsächlich haben wir dann am 3. Februar eine Demonstration gegen die beiden einzigen Handynetzanbieter in Syrien, Syriatel und MTN, durchgeführt. Die Demonstration war für drei Uhr nachmittags angesetzt, aber als wir zum Rauda-Café kamen, war es voller Geheimdienstler, drinnen und draußen. Einige von uns wurden verhaftet. Dann begannen wir, uns für zukünftige Aktionen vorzubereiten, aber wir hatten nicht damit gerechnet, dass es eine so große Bewegung werden würde. Nach Ägypten und Libyen wurden die Gruppen größer, und die Jungs begannen sich plötzlich für Politik zu interessieren. Auch viele der jungen Leute, die zuerst noch neutral waren, wurden insbesondere nach dem Sturz von Mubarak und nach den Skandalen des libyschen Regimes aktiv. Am 14. Februar versammelten sich etwa zehn oder zwölf junge Frauen und Männer. Wir gehörten verschiedenen Ethnien und Religionsgemeinschaften an. Dieses Treffen war eigentlich ein Zufall. Am 15. März gab es eine Zusammenkunft, und wir fragten uns besorgt: ‹Ist es möglich, das syrische Volk auf die Straßen zu holen?› Wir hatten uns entschlossen, am 15. März als Beobachter auf die Straße zu gehen, denn wir glaubten, wenn die Menschen reif seien, dann würden sie sich in Bewegung setzen, und wenn nicht, dann würden wir alles daransetzen, damit sie sich bewegten. Wir hatten überlegt, über einige Facebook-Seiten aktiv zu werden, wie ‹Wir alle sind Khaled Said› in Ägypten. Auf diesen Seiten werden gesellschaftliche, wirtschaftliche und infrastrukturelle Forderungen der Bürger aufgenommen, und sie würden die Auswirkungen der Notstandsgesetze thematisieren, der politischen Despotie und von Paragraph acht der Verfassung sowie auf die Folgen des alleinigen Anspruchs der Mitglieder der Baath-Partei auf die Zentren der Macht und die hohen Positionen in den Universitäten hinweisen. Wir haben auf diesen Seiten auch die Korruption in den Bildungsinstitutionen öffentlich gemacht, insbesondere in den Universitäten.

Am 15. März wurden wir davon überrascht, dass Leute auf die Straße gingen. Das bedeutete, dass wir sie nicht dazu aufrufen mussten. Die Menschen waren vorbereitet und gingen wirklich von der Omajjaden-Moschee mitten in Damaskus direkt auf die Straße und haben demonstriert. Da waren fünf junge Männer, die die Demonstrationen angetrieben haben. Danach passierten dann am 18. März diese Geschichten mit den Kindern in Deraa, da hatten wir in Damaskus schon begonnen zu demonstrieren. Zu Beginn wollten wir uns auf den Plätzen versammeln, so wie auf dem Tahrir-Platz in Kairo, aber es gab eine ganz strenge Geheimdienstüberwachung und militärische Straßensperren, und so konnten wir gar nicht zu den Plätzen gelangen.»

Ich konnte mich an diese Aktionen erinnern. Ich hatte mir damals gesagt, dass bestimmt jemand dafür verantwortlich sei. Ich habe diese Aktionen auf der Straße beobachtet, und die Beteiligung war wirklich sehr schwach gewesen. Der junge Mann fuhr fort:

«Die ersten Signale kamen aus Deraa. Und so sind wir dann aktiv geworden. Wir waren zuerst isolierte Gruppen, obwohl die Bewegung der Menschen auf der Straße schon reif war, aber das hatten wir aufgrund unserer mangelnden politischen Erfahrung und unserer mangelnden Erfahrung in Sachen Demonstrationen und Geheimdienste noch nicht richtig begriffen. Wir hatten noch nicht so große Angst vor den Sicherheitskräften. Aber sie sprangen brutal mit uns um. Am Samstag, den 19. März, waren in Deraa Tote zu beklagen. Unsere Gruppe prüfte die Möglichkeit eines Protestes zur Unterstützung von Deraa. Es waren nur kleine Demonstrationen. Und am Montag, den 21. März, gab es in Baramkeh eine Demonstration gegen das Regime. Sie wurde gewaltsam auseinandergetrieben. Aber auch schon am 16. März hatten wir eine Kundgebung vor dem Innenministerium abgehalten. Unter der Woche begannen wir uns dann auf den Freitag vorzubereiten. Wir waren durch das ägyptische Beispiel unbewusst beeinflusst worden, auch wenn das nicht der einzige Grund war, an die Moschee als Ausgangspunkt zu denken. Wir hatten große Schwierigkeiten, uns woanders als in der Moschee zu versammeln angesichts der dichten Präsenz der Sicherheitskräfte in Damaskus. Und wir waren beim Geheimdienst bekannt. Die meisten von uns versuchten, mehr als einmal zu Demonstrationen zu gehen, aber wir Säkularisten scheiterten ohne den religiösen Rahmen. Deshalb mussten wir die Protestbewegung von innerhalb der Moschee steuern, denn dort gab es eine große legitime Menschenansammlung, die das Regime nicht verbieten konnte. Wir hatten darauf spekuliert, dass, wenn wir dieses Mal nach dem Gebet vor der Moschee unsere Parolen rufen würden, die Massen uns folgen würden. Wir glaubten daran, dass die Menschen das Regime ablehnten, weil sie vor uns auf die Straßen gegangen waren. Wenn wir also aufstehen und skandieren würden, würden uns die Leute unterstützen. Die meisten von uns waren Linke und Säkularisten, die sich vom

Komplex des Islam und der Angst vor ihm befreit hatten. Am 26. März gingen wir in die Moschee. Wir hatten Kameras dabei, und dann verließen wir die Moschee in einer Demonstration zur Unterstützung der Stadt Deraa und für die Freiheit und für die vom Regime Getöteten, und wir kritisierten die Unterdrückung. Es gab sogar mehr als eine Demonstration in Damaskus, und das war als solches schon ein Zeichen dafür, dass es im Volk eine starke Neigung gegen das Regime gab. Damals kamen wir aus der Omajjaden-Moschee, und manche gingen Richtung Mardscheh-Platz und andere nach Baramkeh, und dann gab es noch eine Demonstration in Mezzeh. Das bedeutete, dass wir nicht die Einzigen waren und dass es im Volk zu brodeln begonnen hatte und nicht aufhören würde. Ich möchte noch etwas sagen, und zwar, dass wir in Damaskus ohne Organisation auf die Straße gegangen sind. Die Sicherheitskräfte begannen alsbald, die Bewegung innerhalb von Damaskus zu erschweren und die Straßen zu sperren. So wurde die Protestbewegung in Damaskus aufgrund der massiven Unterdrückung durch die Sicherheitskräfte geschwächt und zog sich in die Vororte zurück. Der Geheimdienst hat dann von Leuten, die in die Omajjaden-Moschee wollten, die Ausweise konfisziert. Deshalb haben wir uns nach anderen Moscheen umgesehen. Wir haben es von der Rifaai-Moschee in Kafr Susseh aus probiert. Dort haben dann auch die Sicherheitskräfte Stellung bezogen.

Die Bewohner des Damaszener Stadtviertels Midan wurden auch mit uns aktiv. Das hängt mit ihrer historischen Blutsverwandtschaft mit der Bevölkerung von Deraa zusammen. Das Gleiche gilt für die Viertel in der Nähe von Midan, deren Bewohner hauptsächlich aus dem Hauran südlich von Damaskus kommen. Genauso die Bewohner von Kabun, die gleichfalls mit der Bevölkerung von Deraa verwandt sind. Die Blutsverwandtschaft dieser Stammesbevölkerung hatte mehr Bedeutung als der Islam als gemeinsame Religion. Als die Rifaai-Moschee umstellt wurde, suchten wir nach anderen Moscheen. Der Prediger der Rifaai-Moschee hat anfangs nicht mit uns kooperiert und war eher regimetreu. In Midan kam es auch ohne unser Zutun zu Demonstrationen, und so schlossen wir uns diesen an. Der Prediger der Moschee in Midan war kooperationsbereit. Währenddessen kam es zu den Demonstrationen in Duma und Banjas, wo sich das Militär stationierte. Und so langsam weitete sich die Protestbewegung aus, bis wir das Gefühl hatten, dass es sich wirklich um einen Aufstand handelt. Wir sind dann miteinander in Kontakt getreten und haben den Freitagen zusammen mit Aktivisten aus dem Ausland Namen gegeben. Die haben zum Beispiel auch die Facebook-Seite ‹Die syrische Revolution› eingerichtet, die zu Beginn Namen für die Freitage wählte, ohne uns zu Rate zu ziehen. Wir Aktivisten aus dem Inland haben dann dagegen protestiert und uns in die Namensgebung eingemischt. Und je größer die Protestbewegung wurde, desto aktiver wurden wir und desto größer wurde unser Gefühl, Verantwortung zu tragen. Das war die Zeit, in der sich einzelne Leute hervortaten. Wir lernten uns auf den Demonstrationen und auf Treffen an den Freitagen kennen. Jeder kam mit seiner Gruppe, wir waren junge Männer und Frauen und haben die ganze Zeit für die Revolution gearbeitet. Und als der Druck durch die Geheimdienste zunahm, trafen sich – aus kulturell-gesellschaftlichen und Sicherheitsgründen – die jungen Männer und die Frauen getrennt.

Wir haben dann mit den Gruppen, die wir kannten, Kontakt gehalten, sowohl in der Realität wie auch auf Facebook. Wir waren sehr aktiv. Jeder hatte eine Gruppe um sich, und dann vernetzten wir die Gruppen untereinander. So geschah es auch insbesondere in der Universität. Wir konnten die Studenten der verschiedenen Fächer miteinander vernetzen, und alle haben dann auf dem Campus Kundgebungen durchgeführt.

Nach etwa eineinhalb Monaten begann die Vorbereitung zur Befreiung der Plätze. Es war der 17. April, der Tag des Abzugs der Franzosen aus Syrien, und das wollten wir symbolisch ausnutzen, um die Protestbewegung auszuweiten. Der erste Fehler, den wir machten, war, dass wir die Bewegung innerhalb von einzelnen Gruppen führten und noch keine Koordinierungskomitees gegründet hatten. Und der zweite Fehler war, dass manche der Meinung waren, dass die Leute aus den Randbezirken in die Stadt kommen sollten, um auf den Plätzen zu demonstrieren, besonders aus Duma und Harasta und Tell. Andere waren dagegen, aber einer von uns ist nach Duma gefahren und hat dort mündlich die Botschaft überbracht, dass die Leute aus Duma, Harasta, Dschobar, Tell, Arbin und Zamalka auf den Omajjaden-Platz kommen sollten. Und das ist dann ja auch geschehen, und die Sicherheitskräfte haben ein Massaker angerichtet, mit elf oder zwölf Toten. Daraufhin haben sie ganz brutal die Eingangsstraßen nach Damaskus gesperrt. Das war ein strategischer Fehler von uns, und wir merkten, dass wir die Bewegung besser steuern müssten. Aber es kristallisierte sich noch etwas anderes heraus, was wir bisher nicht beachtet hatten: Die Familien der Getöteten und Verhafteten waren finanziell bedürftig. Außerdem brauchten wir medizinische Ausrüstung. Nachdem wir die Gruppen miteinander vernetzt hatten und sich während der Diskussionen einige Leute hervortaten, die besonders aktiv und von der Sache überzeugt waren, begann jeder seine besonderen Fähigkeiten einzubringen. Wir begriffen, dass unsere Konfrontation mit dem Regime viele Fronten hat. Gleichzeitig wurde das Regime immer gewalttätiger und bestialischer, und wir fielen den Geheimdiensten in die Hände, einer wurde verhaftet, einer getötet, einer verschwand ...

Nachdem wir uns untereinander vernetzt hatten, trafen wir uns wegen des starken Drucks durch die Geheimdienste nur noch in kleinen Zirkeln. Etwa Anfang Mai kam der Begriff Koordinationskomitees auf. Mittlerweile waren eineinhalb Monate seit Beginn der Proteste vergangen. Wir haben dann die Aufgaben auf die verschiedenen Komitees verteilt: Politik, Medien, Organisatorisches, medizinische Betreuung. Uns wurde auch klar, dass es in Regionen, wo die Proteste blutig waren, wie in Duma, Deraa, Homs und Banjas, keine Zeit für Kultur und Kunst gab. Dort konzentrierten wir unsere Aktivitäten auf die humane Unterstützung und die politische Seite. Eine unserer Gruppen war zuständig für das künstlerische Layout, die Plakate, die Graphiken und die Kontakte und die Werbeseiten und die Websites. Andere, die sich nicht auf Politik verstanden, konnten die Leute animieren, auf die Straßen zu gehen, und wieder andere hatten Beziehungen zu den Medien. Viele der Aktivisten haben aber ein politisches Bewusstsein und haben die Erklärungen ausgearbeitet, die wir herausgaben. Gleichzeitig begannen wir wirkliche Verhandlungstreffen, wenn wir auf die Straßen gingen, denn die Straße bestand aus unterschiedlichen Schichten und Gruppierungen. In Duma wurden die Proteste zum Beispiel von der Sozialistischen Union geführt, das sind arabische Nationalisten, und andererseits gab es dort auch Leute mit einer islamistischen Einstellung. Aber sie waren nicht unbedingt parteilich organisiert, und sie waren auch nicht zwangsläufig Fundamentalisten oder fanatisch. Wie auch immer, wir wussten, dass uns die Bewegung aus dem Volk zuvorgekommen war, und es gab Versuche, die Leute auf die jeweilige Seite zu ziehen. Deshalb kamen wir nach langen Sitzungen zu dem Schluss, dass die Vereinnahmung der Bewegung durch eine bestimmte Seite einen Sieg des Regimes und ein Ende des Volksaufstands bedeuten würde. Wir haben also mit den jungen Leuten verhandelt, und sie waren sehr verständig und offen, sowohl die Nationalisten wie die Islamisten oder die Linken. Schön war auch, dass sich alle darüber bewusst waren, dass die Protestbewegung einen demokratischen Anspruch hat, nicht nur in Syrien, sondern in der ganzen arabischen Welt. Nachdem einige die Protestbewegung in ihre ideologische Richtung zu ziehen versucht hatten, gelangten wir nach endlosen Diskussionen zu der Erkenntnis, dass die Auswechslung der Ideologie der Baath-Partei gegen eine andere Ideologie niemandem nützen würde. Es würde stattdessen der Bewegung ihren Enthusiasmus nehmen und die Angst der Minderheiten vor den Islamisten real werden lassen. Und genau damit machte das Regime den Menschen ja Angst. Gleichzeitig würde es einen Graben zwischen den Säkularen und den islamistischen und den liberalen Kräften ziehen. Deshalb einigten wir uns darauf, dass wir uns unbedingt fern jeder Ideologie halten müssten.

Nachdem die Volksbewegung ein bestimmtes Stadium erreicht hatte, stellten wir fest, es wäre besser, die Komitees je nach Spezialisierung einzuteilen. Das politische Komitee war zuständig für die Verhandlungen zwischen den Koordinationskomitees und eine einheitliche politische Sicht und die Verfassung von Erklärungen, die dann an das Pressekomitee weitergeleitet wurden, das für die endgültige Formulierung verantwortlich war. Das Medienkomitee im Inland hat etwa vierzehn Mitglieder aus verschiedenen Provinzen. Das sind Leute, die im Medienbereich arbeiten. Sie sind dafür zuständig, durch ein Netz von Freunden die Nachrichten an die Satellitenkanäle und die Nachrichtenagenturen zu schicken. Gleichzeitig haben wir aus Sicherheitsgründen Sprecher im Namen der regionalen Koordinationskomitees bestimmt, die im Ausland leben. Es sind Omar Idlibi, Rami Nakhle, bekannt als Malath Aumran, Muhammad al-Abdallah aus Washington und Hozan Ibrahim. Diese sprechen ausschließlich im Namen der Koordinationskomitees aus dem Inland. Im Organisationskomitee gibt es eine Gruppe von Jungs, die Kontakte zu Leuten knüpfen können, weil sie weitläufige Beziehungen habe und sie konnten die meisten Demonstrationen in Damaskus und Umgebung organisieren.

Das technisch-künstlerische Komitee setzt sich aus Internet- und Computerexperten zusammen, aus Musikern und Malern. Mit diesen haben wir ausgemacht, dass sie alle in ihrem Bereich tätig werden und dass das Medienkomitee dann die Sachen in den Medien veröffentlicht. Jetzt haben wir mehrere Leute, die die Revolutionsplakate entwerfen, die eindeutige optische Merkmale aufweisen und den friedfertigen Charakter der Revolution unterstreichen sollen. Dann gibt es welche, die sich mit der Aufklärung der Leute befassen, um bestimmten Schichten auf den Puls zu fühlen und sie für den Aufstand zu gewinnen und zu erfahren, was die Menschen auf der Straße denken. Wir haben jeden Donnerstag verabredet, dass wir uns auf den Demonstrationen aufteilen. Manche gehen auf die Demonstrationen, um die Parolen zu bestimmen, damit der zivile und friedliche Charakter erhalten bleibt. Eine Juristin hat ganz großartig mit uns zusammengearbeitet. Sie hat die Koordinationskomitees in den verschiedenen Städten miteinander verbunden. Wir konnten keine Telefone benutzen, weil wir vom Geheimdienst überwacht werden oder das Netz abgeschaltet war. Also mussten wir uns auf mündliche Mitteilungen stützen. Und wir haben überlegt, wie wir uns mit den anderen Städten über das Internet verbinden können. Die Juristin hat dann die Kontakte hergestellt zwischen Damaskus und den Provinzen, und so konnten wir gemeinsame politische Ziele formulieren. Und dabei half uns am Ende das revolutionäre Klima in der arabischen Welt und unsere demokratische Haltung.»

Mittwoch, 29. Juni 2011

Meine Gedanken drehen sich nur um die Protestbewegung. Die «Komitees zur Wiederbelebung der Zivilgesellschaft» sind wieder in Erscheinung getreten. Die Gründung neuer Koordinationskomitees wird bekanntgegeben. Junge Männer und Frauen tun sich zusammen und bilden Koalitionen und Gruppierungen. Eine vergleichbare politische Bewegung hat Syrien seit etwa einem halben Jahrhundert nicht erlebt. Später wird sich die Geschichte an diese Tage als etwas Außergewöhnliches erinnern. Kein Horizont tut sich vor mir auf. Ich zittere vor Schlaflosigkeit und werde absorbiert von all den vielen Dingen, die die vergangenen Monate in meinem Leben bewirkt haben, dem Zwist zwischen mir und meiner Tochter, dem psychischen Bruch zwischen mir und ihr, zwischen mir und meiner Familie – sie ist mir so unvorstellbar fern –, zwischen mir und meinen Kindheitsfreunden, zwischen mir und meiner ganzen Welt im Dorf, zwischen mir und meiner Religionsgemeinschaft, was mir nie in den Sinn gekommen wäre. Meiner Religionsgemeinschaft, der zum dritten Mal in der Geschichte Unrecht geschieht: zum ersten Mal, als die Alawiten zahlreiche Gemetzel und Massaker erleiden mussten; zum zweiten Mal, als die Herrschaft und das Assad-Regime in Syrien als alawitisches Regime eingestuft wurden, was ein historischer Fehler ist; und zum dritten Mal jetzt, wo die Alawiten in großem Maße betrogen werden, von den staatlichen Medien, von den Sicherheitsapparaten und von einigen Nutznießern des Regimes, die die Alawiten dazu gebracht haben, sich hinter das Regime zu stellen und es zu verteidigen. Und das, obwohl es sie als menschlichen Schutzschild benutzte, wenn das Regime nicht mehr weiterwusste und ihm nichts anderes übrigblieb, als die Angehörigen dieser Konfession zu töten und sie in einen Bürgerkrieg mit den anderen Religionsgemeinschaften zu treiben.

Zusammen mit einer Freundin bereitete ich mich darauf vor, die junge Frau zu besuchen, die in Haft gewesen war. Meine Freundin sagte ihren üblichen Satz zu mir: «Warum bist du so traurig?» Ich sah sie mit diesem Blick an, den sie seit Jahren von mir gewöhnt war, und sie lächelte, denn dieser Satz war eigentlich mein Satz gewesen, ich hatte sie das immer gefragt, wenn wir uns trafen. Wir saßen dann lange Zeit schweigend da, und nach dem Beginn des Aufstands wurden wir noch schweigsamer.

Die junge Frau wohnte ganz in meiner Nähe. Sie war dreißig Jahre alt, bereits zweimal verhaftet worden und arbeitete als Ingenieurin. Das erste Mal am 16. März, sie blieb sechzehn Tage im Gefängnis. Ich wunderte mich darüber und sagte, ich sei damals bei der Kundgebung dabei gewesen und hätte sie nicht gesehen. Da lächelte sie und sagte: «Wer hat denn da schon wen gesehen?» Wir lachten, denn was sie sagte, war wirklich wahr. Wir hatten uns kaum vor dem Innenministerium versammelt, um die Freilassung der Inhaftierten zu fordern, als sich auch schon die Sicherheitskräfte auf uns stürzten und uns mit Schlägen und Fußtritten auseinandertrieben und einige von uns verhafteten. Das zweite Mal wurde sie verhaftet, als die Sicherheitskräfte ihr eine Falle stellten. Sie und eine Gruppe von jungen Leuten bereiteten eine Nahrungsmittelkarawane vor, um die Blockade der Armee und der Sicherheitskräfte von Deraa zu durchbrechen. Die Sicherheitskräfte verhafteten jeden, der den Bewohnern von Deraa half, selbst die Ärzte und Helfer töteten sie. Sie hatten sich einen der jungen Männer geschnappt, der mit der Frau zusammenarbeitete, und riefen sie von dessen Mobiltelefon aus an und behaupteten, er sei am Apparat. Sie ging in die Falle und die Sicherheitskräfte ergriffen sie mitten auf der Straße. Sie schrie, die Leute versuchten, sie zu befreien, doch die Sicherheitskräfte hielten sie mit Gewalt davon ab. Sie konnte immerhin mit lauter Stimme ihren Namen brüllen, damit die Menschen wussten, dass sie gerade verhaftet wurde. «Sie wollten, dass ich meinen Fingerabdruck unter eine Erklärung setzte, aber ich weigerte mich. Da drohten sie mir, dass der Oberstleutnant kommen werde. Der Oberstleutnant fragte mich dann, warum ich meinen Fingerabdruck nicht abgäbe. Als ich mich weiterhin weigerte, sagte er zu mir: ‹Wir haben hier zwei Methoden, miteinander umzugehen: eine menschliche und eine bestialische. Du hast die Wahl.› Da sah ich ihn herausfordernd an, ohne mit der Wimper zu zucken. Er schlug mich heftig, ich schrie laut auf, dann gab es wieder Schläge und Fausthiebe. Ich rührte mich nicht von der Stelle, wieder bekam ich Schläge ins Gesicht, und er schrie mich an: ‹Lass dich auf den Boden fallen!› Er wollte, dass ich fiel, aber ich blieb stehen. Er riss an meinen Kopftuch, da sagte ich zu ihm: ‹Mir genügt

Gott, er ist ein guter Fürsprecher!› Da entgegnete er: ‹Die Baath-Partei steht über allem.› Er schlug mich so heftig ins Gesicht, dass meine Nase zu bluten begann, und beschimpfte mich mit hässlichen, schmutzigen und gemeinen Ausdrücken. Er schmähte auch die Stadt Deraa und ihre Bewohner und drohte mir mit Vergewaltigung. Deshalb unterzeichnete ich die verlangten Papiere. Dann ging ich in die Zelle. Sie holten mich noch einmal heraus und sagten: ‹Der Oberstleutnant befiehlt, dass du dein Kopftuch abnimmst.› Ich lehnte energisch ab. Aber später legte ich es doch ab, denn einer von ihnen hatte freundlich gesagt: ‹Bringt sie in die Einzelzelle, dann kann sie drinnen ihr Kopftuch ablegen!› Und so geschah es dann auch. Sie ließen mich die Nacht über in Ruhe, und ich schlief fest. Am folgenden Tag weckten sie mich früh. Es war sehr kalt, und es gab nur eine Wolldecke auf dem Boden. Da kam eine Gefängniswärterin und fragte mich, warum ich nichts äße, wenn ich nicht äße, werde der Oberstleutnant mich dafür bluten lassen. Da bekam ich Angst, und sie brachte mir eine Orange, die aß ich dann. Einige von ihnen waren nett. Die anderen unterwarfen mich widerwärtigen psychologischen Methoden, zu denen gehörte, dass sie mich mit den Namen der Gefängniswärterin riefen. Wenn ich ihnen meinen Namen nannte, scherten sie sich gar nicht darum und sagten: ‹Du bist die und die.› Da bekam ich Angst, dass sie mich schließlich verschwinden lassen würden. Ich lernte die Häftlinge in den Nachbarzellen kennen und teilte allen meinen Namen mit, damit die Nachricht an meine Familie gelangen konnte. Ich blieb von Montag bis Freitag. Sie brachten mich dann in eine andere, bessere Zelle, und die Gefangenen kümmerten sich, so gut sie konnten, um mich. Am Samstag brachten sie uns zum politischen Geheimdienst. Die anderen Gefangenen waren an den Händen aneinandergekettet. Ihnen wurde vorgeworfen, Nahrungsmittel in das abgeriegelte Deraa gebracht zu haben. In der Abteilung des politischen Geheimdienstes hatten sie uns schon beim Eintreten unsere Sachen abgenommen und uns beschimpft. Die einfachen Geheimdienstler waren grausam und niederträchtig, die Offiziere waren freundlicher. Ich kam in eine Einzelzelle und blieb allein. Die Zelle war schmutzig und vollständig von Kakerlaken bedeckt. Aber ich war so erschöpft, dass es mir nichts ausmachte und ich zwischen den Schaben einschlief. Am Nachmittag weckten sie mich, ich kam in das

Büro des Majors, er war freundlich. Er versuchte, mit mir über die Opposition zu sprechen, aber ich sagte ihm, ich sei keine Oppositionelle. Er entschuldigte sich dafür, dass ich im Gefängnis war, und sagte, er wünsche sich keine weiblichen Gefangenen dort. Und er sagte, ich müsse essen, und am Abend sollte ich ihnen meine Facebook-Seite öffnen. Am Abend öffnete ich meine Facebook-Seite für sie. Ich ging auf den Gefängnishof und aß nichts. Aber die Angestellten des politischen Geheimdienstes hatten Mitleid mit mir, und einer von ihnen gab mir eine Orange. Ich konnte das schmutzige Gefängnisessen einfach nicht runterbekommen. Einer von ihnen war Alawit aus der Küstenregion. Er war sehr nett, er brachte sein eigenes Essen mit und nötigte mich, es zu essen. Wir führten sogar zivilisierte Gespräche. Einmal sagte er zu mir: ‹Du hast dich selbst in diese Lage gebracht!› Und ich antwortete: ‹Und auch Sie haben sich selbst in diese Lage gebracht!› Ich hatte ihm erzählt, dass ich mich dort einsam fühlte, und er hatte gesagt, dass auch er einsam sei! Der Druck begann dann auf andere Weise. Sie wollten meine Aussage noch einmal aufnehmen, deshalb wurde die Befragung wieder aufgenommen. Ein neuer Offizier schrie mich ständig an. Er war sehr wütend und unhöflich. Ich antwortete ihm immer nur ganz kurz. Die ganze Zeit brachten sie noch andere Leute und verglichen meine Aussage mit den ihrigen. Sie sprachen von Verrat und von der Lebensmittelkarawane, die nach Deraa ziehen sollte. Aber ich blieb dabei, dass ich versucht hätte, humanitäre Hilfe zu leisten. An jenem Tag weinte ich wegen der Kälte, die Kälte schmerzte so. Sie nahmen meine Aussage erneut auf, und ich versicherte ihnen, dass ich nicht die Absicht hätte, Kontakt zu den Medien aufzunehmen, dass ich nur humanitäre Hilfen leisten und eine Erklärung über die Abriegelung von Deraa hatte verbreiten wollen. Am folgenden Tag brachten sie mich zum Justizpalast. Aber die Sache war noch nicht beendet. Sie verlegten uns danach ins Verwahrzentrum in Kafr Susseh. Dort werden die philippinischen, äthiopischen und anderen ausländischen Arbeiterinnen verwahrt. Dieses Zentrum war unmenschlich, ich hätte nicht geglaubt, dass es in Syrien solch einen Ort gibt. Die Situation der Mädchen war sehr schlecht, die Bedingungen waren hart. Die Dienstmädchen waren seit einem Jahr oder zwei Jahren dort, weil es niemanden gab, der ihr Flugticket zahlte. Eines der Dienstmädchen schwieg die ganze Zeit, sie aß nichts, glich einem furchtsamen Tier und verhielt sich gewalttätig. Eine Frau im Raum nebenan wollte sich umbringen, und in einem anderen Raum war eine Frau, die verrückt geworden war. Ein Dienstmädchen berichtete mir von der widerwärtigen Behandlung durch die Leute, bei denen sie gearbeitet hatte. Das war so furchtbar, dass ich es gar nicht erzählen kann. Eine der Frauen kam zu mir, als ich ein Sandwich aß, und bat mich um die Hälfte davon. Ich gab sie ihr. Sie teilte dann ihre Hälfte in zwei Stücke und gab eins davon einer anderen Frau. Die andere Frau teilte das Stück wiederum in ganz kleine Krümel und verteilte diese an die anderen Frauen. Es war ein furchtbarer und schmerzlicher Anblick. Im Raum waren mehr als dreißig Frauen, der Raum war klein, und wir drängten uns dicht an dicht. Am zweiten Tag wurden wir zum Justizpalast gebracht. Der Richter verhörte mich, ich und die übrigen jungen Männer waren dabei wie Verbrecher mit Ketten aneinandergefesselt. Dort im Justizpalast warteten wir kurz in der Zelle, und da sah ich plötzlich meinen Bruder, der auch inhaftiert worden war. Er rief laut meinen Namen, und ich rief seinen. Wir sahen uns nur kurz, bevor wir uns wieder aus den Augen verloren, und ich habe nichts über ihn erfahren.» Dies ist die Geschichte einer Ingenieurin aus einer gebildeten und wohlhabenden Familie. Sie war schlank, hatte eine Babyhaut, redete ganz leise und lachte immerzu. Als sie geendet hatte, konnte ich kaum glauben, dass diese zarte junge Frau schon einmal im Gefängnis gewesen war.

Donnerstag, 30. Juni 2011

Morgens habe ich transkribiert, was ich mir aus Hama notiert hatte. Ich wartete darauf, dass es Mittag werde. Dann scheint in Damaskus eine freiwillige Ausgangssperre zu herrschen. Eine Frau aus Hama hat mir die Geschichte der Ärztin erzählt, zu der ein Mann mit sieben Leichen kam, damit sie sie in dem Kühlraum des Krankenhauses aufbewahre, bis sie beerdigt würden. Die Ärztin sagte, der Mann habe halb verrückt gewirkt, als er versuchte, sie dazu zu überreden, die Leichen anzunehmen. Sie sagte ihm, sie habe nur Platz für zwei Leichen, und das war die Wahrheit.

Als der Mann fort war, stellte die Ärztin fest, dass der Mann die Wahrheit gesagt hatte, dass da Menschen getötet worden waren und es niemanden gab, der sie beerdigte oder bis zur Beerdigung aufbewahrte. Diese Geschichte hörte ich unter Dutzenden anderen über den Tod in Hama.

Dies ist die Aussage des Journalisten, der einige Tag in Hama verbracht hatte:

«Als ich am Mittwoch, den 29. Juni, in die Stadt kam, sah ich sofort zwanzigtausend Demonstranten, die riefen: ‹Friedlich, friedlich, keine Salafisten und keine Spione, wir alle sind Syrer!› und ‹Wir sind Muslime, wir sind Alawiten und wir sind Christen!›. Ich sah auch ein großes Auto, in dem Frauen saßen, es fuhr hinter dem Demonstrationszug her. Meine Freundin war auch mit mir auf der Demonstration, und überall sahen wir demonstrierende Frauen. Auf den Balkonen, auf den Straßen, jedes Staubkorn in der Luft demonstrierte in Hama. Wir waren als Fremde eindeutig erkennbar. Einer der Demonstranten kam zu mir und fragte mich, ob ich Arabisch spreche. Sie hielten mich für einen Ausländer. Wir hatten Angst, verhaftet zu werden, und deshalb sind wir mitten in dem Zug mitgelaufen. Am Kopf jeder Gruppierung fuhr ein kleiner Pick-up, auf dem Lautsprecher standen. Also sind wir auf einen Suzuki gestiegen und haben angefangen zu filmen. Die Leute waren sehr zuvorkommend und nett, aber wir hatten wirklich Angst vor den Sicherheitskräften. Wir wussten noch nicht, dass Hama zu diesem Zeitpunkt eine von Sicherheitskräften befreite Stadt war. Zum ersten Mal in meinem Leben erlebte ich so ein Gefühl, das Gefühl von Freiheit. Wir haben ungefähr eine halbe Stunde gefilmt, dann wollten meine Freundin und ich die Demonstration verlassen. Wir hatten große Angst, dass man uns entführen könne. Ich nahm meine Freundin an der Hand, und wir gingen los und bestiegen ein Taxi. Ich sagte zum Fahrer: ‹Bringen Sie uns irgendwohin!› Er brachte uns nach Hadir in der Nähe der Omar-Ibn-al-Khattab-Moschee. Von dort holten uns unsere Freunde ab. Am nächsten Tag trafen wir Fida al-Haurani und machten ein Fernsehinterview mit ihr. Sie erzählte uns, wie man sie bei der Verhaftung behandelt hatte. Sie hatten sie beschimpft und beleidigt und zusammen mit Prostituierten eingesperrt. Sie erzählte auch, wie die Menschen das Haurani-Krankenhaus schützten und einen menschlichen Schutzschild um das Gebäude bildeten, damit die Sicherheitskräfte nicht hineinkämen und die Verletzten fortbrächten. Dann trafen wir die Mutter, deren Mann und Sohn im Jahr 1982 getötet worden waren. Sie wollte nicht, dass wir sie filmen, deshalb haben wir nur ihre Stimme aufgenommen: ‹1982 war ich mit meinem Mann zu Hause. Ich hatte keine Ahnung von dem, was in der Stadt vor sich ging. Alle Leute waren bei sich zu Hause gefangen. Am 2. Februar kamen Sicherheitskräfte zu uns nach Hause, mein Mann hatte ein Radio in der Hand und hörte Nachrichten. Die Sicherheitskräfte schlugen meinen Mann so lange mit dem Radio auf den Kopf, bis sie ihn vor meinen Augen umgebracht hatten. Mein Sohn war zwölf Jahre alt. Der Offizier sagte: ‹Bringt ihn um!› Da habe ich mich auf die Füße des Offiziers geworfen, damit er meinen Sohn am Leben lasse. Auf der Westentasche des Offiziers konnte ich ‹Todesschwadron› lesen. Er hat meinen Sohn vor meinen Augen getötet. Ich bin dann mit zwei meiner kleinen Töchter und meinem kleinen Sohn zu Hause geblieben, und die Sicherheitskräfte und die Offiziere haben ungefähr zwei Wochen lang alle zwei Stunden während einer neuen Patrouille die Wohnung gestürmt. Aber nicht nur meine Wohnung, sondern alle Wohnungen. Sie schlugen die Leute, es gab keinen Strom und kein Wasser, und Menschen sind verhungert. Sie kamen und fragten nach den Mädchen. Sie holten sie aus den Wohnungen, und entweder vergewaltigten oder töteten sie sie. Manchmal wurden die Mädchen auch nach der Vergewaltigung getötet. Es gab Mädchen, die sich mit Benzin überschüttet und so auf die Soldaten und die Offiziere gewartet haben. Hätten diese sie vergewaltigen wollen, sie hätten sich angezündet. Eine hübsche Frau war schwanger. Die Offiziere vergewaltigten sie, dann zündeten sie sie an. Es gab keine Männer mehr, sie waren fort, in einer Woche sind zwischen dreißig- und vierzigtausend Männer in Hama getötet worden. Ich wohnte in einem Haus, das wie alle im Viertel aus Holz gebaut war. Sie haben das ganze Viertel angezündet, und wir haben uns von den Balkonen gestürzt. Ich habe mich mit meinem fünf Monate alten Kind hinuntergestürzt. Ich wohnte im zweiten Stock. Manche Frauen warfen die Möbel hinaus. Das Militär und die Sicherheitskräfte hatten vorher Raketen auf den Gebäuden aufgestellt, um das Kilanija-Viertel zu zerstören. Das war eines der schönsten Viertel im ganzen Orient gewesen!›»

Während der Freund mir die Geschichte der Frau aus Hama erzählte, musste ich daran denken, welches Grauen mich gepackt hatte, als der

Offizier mir gedroht hatte, meine Tochter zu vergewaltigen. Er hatte das nicht deutlich gesagt, aber angedeutet. Ich spürte einen Kloß im Hals und hatte das Gefühl, ich würde platzen, aber ich bat den Freund trotzdem, weiterzusprechen.

«Ich bin auf das Gebäude gestiegen, das mir die Frau gezeigt hat, und sah die Demonstration. Ich stand genau dort, wo sie die Raketen aufgestellt hatten, mit denen sie 1982 das Kilanija-Viertel bombardiert hatten.»

In Hama gibt es jetzt keinen Strom und kein Wasser, auch nicht im Kilanija-Viertel, das damals zu einem Massengrab wurde. Die Menschen wurden bei dem Massaker von Hama unter ihren Häusern begraben, die von den Raketen von Hafes al-Assad und seinem Bruder Rifaat al-Assad zerstört wurden.

«Wer nach Hama fährt, hat das Gefühl, in eine große Wunde zu fahren. Es war das erste Mal, dass ich die Stadt besuchte. Die Stadt ist wirklich ein einziges großes Unglück. Es gibt keinen Menschen in Hama, der nicht jemanden verloren hat. Alle sind irgendwie Waisen, alles in Hama hat mit Tod und Töten zu tun. Vier Tage habe ich in diesem Unglück verbracht, und ich habe gesehen, wie Hama sich in sein Gegenteil verwandelte. Jeden Tag gab es eine Demonstration gegen das Regime. Sogar die Kinder haben demonstriert und gerufen ‹Das Volk will den Sturz des Regimes›. Dort habe ich auch Führungsleute der Blocks und der Koordinationskomitees getroffen. Die Bewohner haben uns dabei beschützt. Mit dem Block der Freien von Hama vereinbarten wir, dass wir live aus Hama für das Fernsehen senden. Sie haben alles vorbereitet und eine Fahne von 2900 Metern Länge hergestellt. Und auf Schirme und Mützen haben sie geschrieben: ‹Hau ab!› und ‹Das Volk will den Sturz des Regimes›. Und sie haben sich abgesprochen, Wasser für die Demonstranten zu besorgen. Es waren ganz einfache junge Männer, sie hatten nicht im Geringsten eine streng religiöse Haltung. Ich habe auch Säkulare unter ihnen gesehen. Das habe ich wirklich alles mit eigenen Augen gesehen. Ich habe darum gebeten, die religiösen Scheichs zu treffen, doch diese lehnten ab. Die Scheichs sagten, dass nicht sie Hama repräsentierten, sondern die Bevölkerung. Sie wollten verhindern, dass die syrischen Medien das ausnutzen.

Der Block der Freien von Hama ist eine Gruppe von Leuten mit großem

Einfluss. Er ähnelt den Koordinationskomitees, aber sie haben keine Beziehungen zu ihnen. Als der Aufstand in Hama begann, gingen nur dreihundert Leute auf die Straße, mit ähnlichen Forderungen wie in allen syrischen Städten. Sie demonstrierten drei- oder viermal und wurden verhaftet und gefoltert. Vor dem ‹Freitag der Kinder der Freiheit› am 3. Juni sind sie dann aber in Massen demonstrieren gegangen und dabei haben sich Führungspersönlichkeiten herausgebildet. An jenem ‹Freitag der Kinder der Freiheit› kam es zu einem Massaker. Es wurden, wie mir berichtet wurde, hundertzwanzig Menschen getötet. In den Medien war nur von sechzig oder siebzig Toten die Rede. Die Menschen wurden vom Militär und von den Sicherheitskräften ermordet. Sie wurden auf ganz hinterhältige Weise umgebracht. Die Demonstranten näherten sich den ‹Ordnungstruppen zum Schutz des Regimes›, die sich ihre Schilde vor die Gesichter hielten, und als die Demonstranten näher kamen, nahmen sie die Schilde weg, und plötzlich tauchten Bewaffnete auf und schossen auf die Demonstranten. Und so ist es an mehreren Orten der Demonstrationen geschehen. Eine Frau hat mir erzählt, ein Offizier habe ein Kind an den Haaren auf seine Augenhöhe hochgezogen, dann hat er es erschossen und auf den Boden geworfen!

Am ‹Freitag der Kinder der Freiheit› stürmte das Militär die Häuser, prügelte auf die Menschen ein und nahm viele fest. Von diesem Tag an gingen die Menschen in Hama täglich auf die Straße, es war etwa eine halbe Million Demonstranten. So war Hama eine Zeitlang eine befreite Stadt gewesen.»

Freitag, 1. Juli 2011

Der «Verschwinde-Freitag» …

Von Zeit zu Zeit heulen die Sirenen der Krankenwagen unter meiner Wohnung, von der aus ich die Kreuzung der Hamra- und der Schaalan-Straße und den Beginn des Rauda-Viertels überblicke. Die Straßen sind leer, die Sonne brennt. Im Internet und im Fernsehen verfolge ich die Nachrichten dieses Freitags. Wie jeden Freitag sitze ich da und warte auf die Trauer. Wie kann ein Mensch auf die Trauer warten. Wir leben die Trauer hier nicht nur, wir erwarten sie sogar, die Trauer und den Tod und das Gefängnis. All diese Dinge sind Teil unseres alltäglichen Lebens geworden, wie Wasser und Luft. Während ich die Sirenen höre, versuche ich herauszufinden, in welche Richtung die Autos fahren. Aus dem Damaszener Stadtteil Barzeh kamen Meldungen über Verletzte und Tote, und im Midan-Viertel, wo die Menschen aus drei Moscheen kamen, um zu demonstrieren, sei heftiges Schießen zu hören. Bei jedem Sirenengeheul werden mir die Knie weich. Ich denke an das Blut, das auf den Straßen von Damaskus fließt, an die Gesichter der Demonstranten unter der Sonne und erinnere mich an den Beginn der Protestbewegung, als ich heimlich nach Dschableh fuhr, ohne dass meine Familie davon wusste. Ich hatte mir etwas anderes angezogen: einen langen Rock, eine schwarze Sonnenbrille und ein Kopftuch. Mit Hilfe einer Freundin gelang es mir, in die alten Viertel von Dschableh zu kommen. Als ich durch diese Viertel ging, war ich dem Tod sehr nahe, der Tod konnte von überall kommen, aus allen Schusswaffen. Die meisten Alawiten würden mich wahrscheinlich töten, wenn sie mich in den Vierteln entdecken würden, in denen demonstriert wurde. Und wenn mich die extremistischen Sunniten erkennen würden, würden sie vielleicht dasselbe tun. Und würden die Sicherheitskräfte und die Mitglieder der Baath-Partei von meiner Anwesenheit Wind bekommen, würden sie einen Militärangriff auf das Viertel starten und dann behaupten, eine bewaffnete Bande sei dort gewesen. Ich lief als Verwandte einer der Familien und mit einem falschen Ausweis durch dieses Viertel. Mein Name allein wäre ein Garant für Probleme gewesen, nachdem ich für vogelfrei erklärt worden war und man die Flugblätter gegen mich in meiner Stadt und meinem Dorf verteilt hatte. Die Freundin brachte mich zu einem armen Fischer, von dessen aus einem Raum bestehendem Haus der Duft von Reinlichkeit ausging. Das einzige Möbelstück im Haus bestand aus einem alten, abgewetzten Sofa, an der Wand waren Matratzen und Kissen übereinandergestapelt. Sie reichten bis zur Eisentür, die ein schrilles Quietschen von sich gab, wenn sie geöffnet wurde. Dieser Mann erzählte mir über die Maßnahmen der Sicherheitskräfte und einiger Baath-Partei-Mitglieder im Hafen von Dschableh sowie über die Aktionen der Schabbiha gegen die Fischer. Es war ein langes Gespräch, das viele Seiten füllen würde. Ich werde eines Tages eine eigene Akte dafür anlegen. Zwei Stunden verbrachte ich bei ihm, und als ich ihn verließ, war ich furchtbar wütend. Wie konnte man es wagen, diesen armen Leuten, die sich kaum vom Meer ernähren konnten, einen Teil ihres Fangs abzuverlangen. Der Mann war in den Vierzigern und hatte drei Kinder, die auf der Straße spielten. Seine Frau war verschleiert, und er war fast ein Analphabet. Aber er ging zu den Demonstrationen und sagte mir: «Wir wollen nur, dass sie uns in Ruhe leben lassen, mehr wollen wir gar nicht.»

Dies ist eine Revolution um der Würde der Menschen willen. Dies ist der Aufstand eines unterdrückten Volkes, das sich von seiner Erniedrigung befreien will. So hat die Protestbewegung in Syrien ihren Auftakt genommen. So habe ich es bei den Menschen wahrgenommen, die ich getroffen habe, bevor ich nicht mehr in die syrischen Städte fahren konnte, bevor die Geheimdienste, die Schabbiha und die Baath-Partei-Mitglieder überall ihre Pfeile gegen mich abschossen.

Jetzt, wo ich mich wieder an jenen Tag erinnere, erfahre ich, dass in Homs zwei Menschen gestorben sind. Schon wieder beginnt das Blutvergießen, und wir sitzen einfach hier. Freitags liegen meine Aktivitäten brach, ich treffe mich mit niemandem. Ich überlege, der Bitte der jungen Leute nachzukommen und mich nicht mehr zu beteiligen. Sie wurden wegen mir vom Geheimdienst vorgeladen, und jede Aktion meinerseits zusammen mit ihnen wird bekannt werden. Das war eine letzte Warnung, dass mein Fall tatsächlich das Büro des hohen Offiziers verlassen hat. Der hatte zu mir gesagt, er würde meine Akte an die unteren Chargen des Geheimdienstes übergeben und es ihnen überlassen, mich zu zerreißen. Wortwörtlich hatte er das so gesagt. Danach wurde alles anders, er muss es wohl wirklich getan haben. Viele Freunde riefen mich an und rieten mir zur Vorsicht. Ich war ein wenig sorglos gewesen, weil alles darauf hindeutete, dass das Regime sich in dieser Phase nicht mit der Verhaftung von noch mehr Intellektuellen abgeben wollte, aber ich befürchtete meine Verhaftung am Flughafen. Ich wollte meine Tochter von diesem Ort hier fortbringen. Andererseits schien mir die Flucht vor dem hohen Offizier, der nicht aufhörte, mich zu belästigen, ein noch wahnsinnigeres Unterfangen. Ich wollte eine sichere Zuflucht an einem ruhigen Ort finden, weit entfernt von allem, was mich umgab. Mein Leben hatte Risse bekommen und sich in eine Richtung entwickelt, von wo es kein Zurück mehr gab. Und dort, an jenem dunklen Punkt, wo ich in einem Strom von Verunsicherung schwamm, entschied ich mich, so schnell wie möglich auszureisen.

Ich kehre wieder zum Fernseher zurück. Überall Demonstrationen, bis jetzt neun Tote. Die Zahlen werden zu einem Spiel, werden zu geometrischen Reihen, zu Kreuzworträtseln. Hier drei Tote, dort zwei und in wieder einer anderen Stadt ein Toter. Als würden sich hinter den Zahlen keine Menschen verbergen. Ich habe wieder Herzschmerzen, und das Bedürfnis, mich zu übergeben, kehrt zurück. Dieses Gefühl hatte mich an den Freitagen überkommen, an denen die Menschen zum Demonstrieren auf die Straßen gingen, aber seit kurzem, seitdem täglich getötet wird, bin ich magenkrank geworden. Ich übergebe mich, dann gehe ich an den Kühlschrank und esse noch mehr als vorher. Während ich verfolge, was vier Monate nach Beginn des Aufstands geschieht, denke ich darüber nach, was bisher passiert ist und wie es weitergehen wird. Die Gruppierungen der verschiedenen Koordinationskomitees werden immer klüger und gewitzter in der Organisation des Aufstands. Das lässt auf ein tiefes Bewusstsein der jungen Leute schließen, der Aufstand wird nicht enden.

Sonntag, 3. Juli 2011

Ich muss mich auf die Rückkehr in meine frühere Wohnung vorbereiten. Es gibt keine dringende Notwendigkeit mehr, hier mitten in der Hauptstadt zu bleiben. Es kostet mich mein halbes Monatsgehalt, und alle kennen die Wohnung mittlerweile. Ich muss mich nicht mehr verstecken, denn mir ist klar geworden, dass sie mich nicht verhaften werden. Einschüchterung und die Ruinierung meines Rufs, das ist es, was sie wollten. Was sonst hatten diese Ausflüge, zu denen ich gezwungen wurde, für einen Sinn? Die Ausflüge, die ich «Besuche in der Hölle» nenne. Eigentlich waren es keine Besuche, vielleicht eher Einblicke in die Hölle, aber sie genügten, um die Hölle in mein Herz zu pflanzen. Als sie zum zweiten Mal zu mir nach Hause kamen, waren es nicht drei Männer, sondern nur zwei. Damals hatte ich aufgehört zu schreiben, ich hatte versucht, dieses Tagebuch abzurunden, versucht, mich an die Details zu erinnern, doch sie flohen mich. Die beiden Männer waren äußerst höflich. Ich wunderte mich, weil sie noch nicht einmal aussahen wie die Geheimdienstler oder Schabbiha, die mich vorher abgeholt hatten. Vorsichtig wurde an die Tür geklopft, höflich forderten sie mich auf, mich anzuziehen. Ich weigerte mich und wollte wissen, warum, doch einer von ihnen wies mit dem Kopf Richtung Tür. Der zweite sagte, sich seiner selbst vollkommen sicher: «Madame, wir warten an der Tür, bis Sie angezogen sind.» Ich wollte lachen, er hatte «Madame» gesagt, mit einem lächerlichen Akzent. Als er mir den Rücken zukehrte, wurde eine schwarze Pistole an seiner Hüfte sichtbar. Sie steckte zwischen seinem Gürtel und seinem weinroten Hemd. Der Anblick der Pistole hätte ausgereicht, um Dinge auszudrücken, die nicht gesagt werden mussten. Doch der andere setzte hinzu: «Der Chef erwartet Sie.» Ich wusste, was geschehen würde, aber der Gedanke, wieder in das dunkle Verlies hinabsteigen und die zerschundenen Körper der jungen Männer sehen zu müssen, versetzte mich in Angst und Schrecken. Ich wünschte mir, sie würden mich verhaften und zu den Häftlingen werfen, dann hätte dieser Albtraum ein Ende. Aber ich wusste damals, dass sie es nicht tun würden. Es fiel ihnen schwer, sich einzugestehen, dass sie bekannte alawitische Persönlichkeiten als Oppositionelle im Gefängnis haben. Sie versuchen, das unter den Teppich zu kehren. Abgesehen von den ganz persönlichen Rachegefühlen, die der Offizier mir gegenüber offensichtlich hegt. Ein blinder Hass, dessen Grund ich verstehe. Ich weiß auch, aus welchem Fanatismus er sich speist. Ich hörte von einem Verwandten von Hafes al-Assad, dass er, als er nach seinem Militärputsch im Jahr 1970 die Macht übernahm, ehemalige deutsche Offiziere nach Syrien holte, die seine Geheimdienste trainieren und ihnen ihre Erfahrung vermitteln sollten. Und ich wusste, dass jener Offizier, der es genoss, mich zu quälen, seine Lektion bei einem hohen Offizier gelernt hatte, der wiederum ein vortrefflicher Schüler von einem der deutschen Offiziere gewesen war. Hafes al-Assad ließ sich von der Rassentheorie der Nazis inspirieren, um die Angehörigen der alawitischen Religionsgemeinschaft zu mörderischen Verteidigern seiner Person und seiner Familie zu machen. Aber der Präsidentenvater hatte nicht bedacht, dass nicht seine ganze Religionsgemeinschaft zu ihm halten würde. Und trotzdem konnte er massenweise mörderische Soldaten in den Reihen seiner Geheimdienste produzieren. Viele Informationen, über die ich bezüglich dieser und anderer Familien verfüge, taugen meiner Meinung nach für unglaubliche Romane und Geschichten, weil sie in der Methode der Unterdrückung der Menschen derartig abwegig und skandalös sind.

Ich ging mit den beiden Geheimdienstlern hinunter. Wir waren in der Rauda-Straße, als der Mann mir die Augenbinde umband. Ich wollte wissen, wohin wir fahren würden. Das Auto drehte einige Runden und kam immer wieder zum gleichen Punkt zurück. Das bedeutete, dass wir immer noch im Dschisr-al-Abjad-Viertel sein mussten. Ich hatte von einigen Leuten gehört, dass das Büro des hohen Offiziers hier liege. Aber wie konnte sich ein so großes Gefängnis in diesem dichtbesiedelten Viertel mitten in Damaskus befinden? Vielleicht hatte ich unrecht, und wir fuhren in Richtung Kafr Susseh, wo alle Geheimdienstabteilungen sind? Aber es gelang mir nicht, den Ort genau zu bestimmen. Die Augenbinde saß fest, der Mann packte meine Arme, legte sie mir auf den Rücken und sagte höflich: «Bewegen Sie Ihre Arme nicht, Madame!»

Ich kam in das gleiche Büro wie beim ersten Ausflug. Aber es war nicht der gleiche Offizier. Da war ein anderer Mann, dessen militärischen Rang ich nicht erkennen konnte, aber ich konnte die Brutalität in seinen Augen sehen. Das hatte ich bei den Vorladungen in den letzten Jahren immer festgestellt: Je höher der militärische Rang des Offiziers, desto höflicher war er, und je niedriger der Rang, desto grausamer. Ich dachte, sie hätten mir diesen Offizier von niederem Rang geschickt, damit er mich quälte. Ehrlich gesagt, war mir, als ich vor ihm stand, alles so gleichgültig geworden, dass ich mein Spiel zu spielen begann, nämlich die Vorgänge in einen Roman zu verwandeln. Ich beobachtete, was geschah, um mutiger zu wirken, aber der Mann rührte sich nicht. Dann betraten drei Männer den Raum, Hünen, ihre Augen sprühten Funken. Sie warfen einen jungen Mann auf den Boden, der nur eine blutbesudelte Unterhose anhatte. Er ähnelte den geschundenen Körpern, die ich beim vorigen Mal gesehen hatte, aber er stöhnte. «Der Junge da behauptet, Sie würden zusammen mit ihm die Demonstrationen organisieren», sagte der Offizier. Ich sah zu dem jungen Mann. Dann antwortete ich ganz ruhig: «Das stimmt nicht. Die Demonstrationen müssen gar nicht organisiert werden. Die Menschen gehen auch so auf die Straße.» Der Offizier kam auf mich zu und blickte mir direkt in die Augen. Regungslos starrte ich zurück. Trotz hatte von mir Besitz ergriffen. Bloß nicht mit der Wimper zucken. Er zischte: «Ich werde dir die Haut abziehen, du Miststück!» Dann machte er den Männern mit der Hand ein Zeichen. Die Hünen traten auf mich zu, ich war wie ein kleines Spielzeug in ihren Händen. Einer riss mir meine Jacke vom Leib, so dass ich in einer durchsichtigen Bluse dastand, die kaum meine Brust verbarg. Er blickte mich an und sagte: «Und, Madame? Was halten Sie davon, jetzt mit dem Ausziehen zu beginnen?» Ich antwortete nicht. Ich starrte ihm weiterhin nachdrücklich in die Augen, auch wenn ich in Wirklichkeit panische Angst hatte. Ich hatte das Gefühl, ich sei von den Füßen bis zum Herzen gelähmt. Ich versuchte nicht, zu dem stöhnenden Jungen zu schauen. Da sagte der Offizier: «Er sagt auch, er sei Ihr Freund.» Ich begann zu zittern. Aber ich starrte ihn weiter an, meine Augen begannen zu brennen. Ich war wirklich in einem sehr kritischen Nervenzustand. Bevor ich hierhergekommen war, hatte ich eine schreckliche Phase durchlaufen. In der Nacht hatte ich Heulanfälle bekommen, die Bilder der Leichen im Fernsehen lachten mich in meinem Traum an, das Bild meiner Tochter mit aufgeschlitztem Hals, seltsame Farben erschienen vor meinen Augen. Wenn ich wach war, hatte alles mit dem Töten zu tun. Jede Nachricht über das Töten genügte, um mich von ganz tief innen zu erschüttern. Oder wenn ich einen Panzer sah, einen Checkpoint und diese Knüppel und diese Leute, die damit auf die Menschen einschlugen. Ich konnte das alles nicht mehr ertragen. Als er mich also jetzt halbnackt vor sich stehen ließ, begann mein Körper zu zittern. Ich vermute, mein Gesicht nahm eine bläuliche Färbung an, meine Zähne klapperten, aber ich starrte ihn immer weiter an. Mein Körper war die Grenze, die er nicht überschreiten durfte. Ich hatte eine so direkte und eindeutige Beziehung zu meinem Körper, wie ich sie bis zu diesem Moment nicht gekannt hatte. Ich war Herrin meiner selbst und Besitzerin meines Körpers, meines Körpers, der nur für die Liebe bestimmt war.

Nur die Liebe sollte diesen Körper in den Gehorsam zwingen dürfen. In allen anderen Fällen war er ein taubstummes Etwas. Und dass dieser Körper derart preisgegeben war, während die zwei Männer die Fesseln um meine auf dem Rücken gebundenen Hände fester zogen, ließ mich noch mehr zittern. Er blickte mir in die Augen, ich gab mein Phantasiespiel auf, es fiel mir schwer, es weiterzuspielen, ich hörte mein Herz klopfen und hatte das Gefühl, mein Kopf wolle bersten. Als der Offizier noch näher kam, bereitete ich mich darauf vor, ihn zu beißen. Er machte den beiden Männern ein Zeichen mit dem Kopf ... Ich schrie auf. Ich hatte das Gefühl, ein scharfes Messer würde meinen Schädel in zwei Hälften spalten. Es war nur ein ganz kurzer Moment, dann ließen die beiden Männer mich plötzlich los, und ich fiel auf den Körper des stöhnenden Jungen. Er stieß einen lauten Schrei aus. Solange ich lebe, werde ich diesen Schrei nicht vergessen. Er war das letzte, was ich hörte, bevor ich das Bewusstsein verlor.

Als ich erwachte, sah ich H. M. ausgestreckt auf einer Liege liegen, vollkommen angezogen. Ich roch Blut. Später merkte ich, dass mir das Blut des Jungen am Hals klebte. Zu Hause konnte ich es deutlich im Spiegel sehen. Der Offizier sagte: «Sehen Sie, wie unbarmherzig die mit einer zarten Frau wie Ihnen umgehen?», und blickte mich höhnisch an. Ich schloss die Augen, der Schmerz im Kopf brachte mich fast um. Noch immer hatte ich das Gefühl, ein Messer würde ihn in zwei Hälften teilen. Er sagte: «Lassen Sie Ihre Bewunderer doch mal herkommen, damit sie ihre Heldin sehen!» Dann ließ er ein schallendes Lachen hören. «Verdammt noch mal, was bist du für ein Miststück! Geh nach Hause, statt dich herumzutreiben, und such dir einen Mann, der dich zur Räson bringt. Mein Gott, du brichst einem ja das Herz!»

Mein Kopf war wie vernebelt, ich wusste nicht, was passierte, doch plötzlich hieß er mich aufstehen. Alles drehte sich um mich, und so fiel ich ein zweites Mal. Dann vernahm ich seine Stimme, er schrie die Männer an, mir nach Hause zu helfen. Seine Schuhe bewegten sich ganz nah an meinen Augen vorbei, während ich auf dem Boden lag. Ich werde diesen Augenblick niemals vergessen, solange ich lebe, wird er in mein Gedächtnis eingebrannt bleiben. Seine Schuhe glänzten, es waren moderne Schuhe, abgeflacht. Ich sah, dass seine Füße rund waren, sein Schuh stieß gegen meine Nasenspitze, als er hinausging. Da schloss ich die Augen und begann zu weinen.

Während ich mich darauf vorbereite, wieder zurück nach Hause zu ziehen, rufe ich mir diesen Besuch in der Hölle wieder ins Gedächtnis. Meine Tochter ist wütend. Ich weiß, wie schwer die Situation für sie ist, denn die Rückkehr zu ihrer Großmutter ist unmöglich. Die Alawiten, die mich als Verräterin behandeln, würden sie nicht in Ruhe lassen. Und in Banjas, wo ihr Vater lebt, ist die Situation noch schlimmer, dort ist sie noch größeren Unannehmlichkeiten ausgesetzt, nachdem der syrische Geheimdienst auf seinen Webseiten dazu aufrief, mich umzubringen, weil ich dazu angestachelt hätte, einen Scharfschützen zu töten. Ich äußere mich nicht zu ihrer Wut, ich versuche, ihr die Sache zu erleichtern, aber mein Körper ist so entkräftet, dass ich, während ich meine Sachen packe, mehrmals ohnmächtig werde. Es ist nicht leicht für mich, zumal meine Mutter krank ist und ich sie nicht besuchen kann. Ich habe mein Telefon ausgestellt und benutze ein neues, damit man mich nicht erreichen kann. Ich habe alle Verbindungen abgebrochen, aber für meine Tochter ist das unmöglich. Ich hatte geplant, in den Untergrund zu gehen und mit den jungen Leuten zusammenzuarbeiten, bis das Regime gestürzt ist, doch solange sie da ist, ist das unmöglich. Ich kann mich doch nicht verstecken, während sie bei mir lebt. Genauso wenig kann ich sie einem unbekannten Schicksal überlassen. Ich bin an einem Punkt angekommen, wo es kein Zurück mehr gibt und genauso wenig ein Vorwärts. Ich stehe da wie versteinert. Die Vorstellung von einer Ausreise kommt dem Tod auf ideale Weise nah. Allein daran zu denken, Damaskus zu verlassen, flößt mir Angst ein.

Auch heute habe ich mich hingesetzt, um einige Zeugenaussagen von Freunden zu transkribieren, die ich aufgezeichnet habe. Ich versuche, den Entschluss, Syrien zu verlassen, aufzuschieben.

Dienstag, 5. Juli 2011

Heute habe ich eine weitere Meldung über die Verhaftung eines Aktivisten gehört. Es ist der Junge, mit dem ich zusammengearbeitet und mit dem ich mich regelmäßig getroffen habe. Das schmerzt mich zutiefst. Ich habe viele junge Leute des Aufstands kennengelernt und ihr hohes moralisches Empfinden, ihre Humanität, ihr Durchhaltevermögen und ihre Geduld angesichts der schwierigen Umstände gesehen, unter denen sie leben. Dieser junge Mann war es gewesen, der mir vor einigen Tagen die Warnung hatte zukommen lassen, dass der Geheimdienst nach mir fragt. Das bedeutete, dass die Warnung von H. M., dass er mich den kleinen Chargen innerhalb des Geheimdienstes überlassen würde, Wirklichkeit geworden war. Ich schloss daraus, dass er wirklich aus persönlichen Motiven handelte. Aber das war nun unwichtig, denn der Junge, der seine Arbeit und sein Studium vernachlässigt und sich ganz dem Aufstand und der Koordination der Demonstrationen verschrieben hatte, benötigte Unterstützung und Hilfe. Ich machte mir große Sorgen um ihn, mehr als um andere. Er war ein anständiger Junge. Ich merkte, dass ich auf der Straße weinte, ich spürte mütterliche Gefühle ihm gegenüber. Ich hatte große Angst um ihn, aber ich sagte mir: «In ein paar Tagen ist er wieder draußen. Sie haben sicher nichts gegen ihn vorliegen. Zumal er nicht auf einer Demonstration verhaftet wurde.»

Ich fuhr auf eine Trauerfeier in Harasta, zusammen mit zwei jungen Freunden. Einer von ihnen sagte mir, dort gebe es viele Checkpoints, aber es sei nichts zu befürchten, die Menschen würden problemlos hinein- und hinauskommen. Bis ich die Checkpoints hinter mir gelassen hatte, setzte ich ein Kopftuch auf. Auf der Trauerfeier waren keine Anzeichen von Trauer zu spüren. Es ist wirklich seltsam: Die Trauerversammlungen für die in den syrischen Städten getöteten Menschen verwandeln sich in Demonstrationen. Die Menschen versammeln sich zu einer Trauerfeier und skandieren dann für den Sturz des Regimes. Ich zog mich in eine weit entfernte Ecke zurück und weinte. Ich wusste nicht, ob ich traurig war über unsere jungen Leute, die getötet wurden, als würde man Spatzen schießen, oder ob ich glücklich war zu entdecken, dass ich zu einem großzügigen, freien und starken Volk gehöre. Ich rührte mich nicht von meinem Platz. Als die Menschen Parolen riefen, küsste ich alle Frauen und umarmte sie. Ich ging heimlich zu den Trauersitzungen, ich wollte nicht, dass irgendjemand davon erfuhr. Nur zwei junge Leute halfen mir dabei. Ich hätte eigentlich die Geschichten der Mütter der Getöteten aufschreiben sollen, aber die Zeit war zu knapp.

Abends kehre ich nach Hause zurück, meine Augen brennen, und mein Herz schlägt rasch. Ich habe wieder so einen Anfall von schrillem Pfeifen im Kopf, das sich in den Ohren festsetzt. Als ich die Treppe hochsteige, setzt wieder dieser Schwindel ein, und in meinem Kopf dreht sich alles. Ich nehme an, ich rauche zu viel, ich rauche wie verrückt. Ich müsste mir die Videos weiter anschauen, die mir einer der Jungs geschickt hat und auf denen man sehen kann, wie die Leichen der Getöteten mit aufgeschlitzten und auf seltsame Weise zusammengenähten Bäuchen zurückgebracht werden. Der junge Mann, der sie mir geschickt hat, hat gesagt: «Was hier passiert, ist wirklich etwas ganz Schreckliches. Den jungen Männern wurden Organe gestohlen, bevor sie ermordet wurden. Vielleicht geschah das unter Folter. Es gibt Zeugenaussagen der Familien.» Ich fragte ihn, ob ich mich mit diesen Familienangehörigen treffen könne, und er bat mich um etwas Geduld, da die Familien Angst hätten. Ich schaute mir die Videos an. Da war wirklich etwas Seltsames. Die Leichen waren auf eine Weise zugenäht, die darauf hinwies, dass man eine Operation vorgenommen hatte. Ich wusste nicht, ob die Familien vor der Beerdigung ihrer Söhne nachgeforscht hatten, ob ihre Organe wirklich gestohlen wurden oder nicht. Ich schickte das Video an mehrere meiner Freunde in Europa und in der arabischen Welt, um die Sache weiter zu verfolgen, doch dann schlief ich auf dem Sofa ein. Sie begnügen sich nicht damit, die Menschen zu töten, sie handeln auch noch mit ihren Körperteilen. Mein Gott, wie haben wir mit diesen Mördern zusammengelebt? Wie konnten sie sich einfach so zwischen uns bewegen? Mich überkommen Zitteranfälle, wenn ich an die Körper meiner jungen Freunde denke, die von den Messern der verbrecherischen Sicherheitskräfte aufgeschlitzt worden sind. Wie schon in den vergangenen Tagen schlafe ich mit brennenden und feuchten Augen ein. Ich denke daran, dass dieses Tagebuch keine Berichte aus

Rakka, Deir al-Zor, Kamischli oder Hasaka enthält, obwohl in diesen Städten immer demonstriert wird. Das Problem ist, dass sie geographisch zu weit entfernt liegen und es mir deshalb nicht möglich ist, dorthin zu gelangen.

Donnerstag, 7. Juli 2011

Täglich gibt es mehr Meldungen über Tote, unzählige Geschichten über das Verschwinden und die Entführung von Menschen, über das Foltern von Kindern, Geschichten über Verhaftete. Ich notiere die Aussagen von jungen Leuten, kaum zwanzig Jahre alt.

Der Bericht eines jungen Mannes, der im Gefängnis war:

«Während der Demonstration auf dem Arnous-Platz am 19. Mai wurde ich verhaftet und blieb sechs Tage im Gefängnis. Wir hatten Plakate auf der Demonstration dabei und forderten die Aufhebung der Belagerung von Deraa und riefen ‹Nein zum Konfessionalismus›, ‹Syrisches Blut darf nicht vergossen werden›. Außerdem sangen wir die Nationalhymne, und genau in dem Moment, als ich sang ‹Stolze Seelen und eine glorreiche Vergangenheit‹, da fassten sie mich.

Wer mich zuerst packte, waren Leute in Zivil. Die fliegenden Händler dort sind Geheimdienstler. Sie packten und schlugen und traten uns, dann stießen sie uns in einen der Läden und beschimpften uns. Die Händler bekamen es mit der Angst zu tun, und die Sicherheitskräfte riefen ‹Diebe, Diebe!›. Ein Ladenbesitzer half uns und versteckte ein Mädchen in einer Umkleidekabine. Sie schlugen brutal auf uns ein, bis ein Trupp Sicherheitskräfte kam, zusammen mit einem Offizier, der uns auch beschimpfte. Dann stießen sie uns in den Bus, und die ganze Zeit über prügelten sie mit Elektrostöcken und mit Eisenketten auf uns ein. Wir kamen zur Geheimdienstabteilung in Maisat, und auch dort wurden wir zur Genüge geschlagen. Man hatte uns die Augen verbunden, wir fielen zu Boden, und sie prügelten und traten uns, bis wir in den Befragungsraum kamen. Bei der Befragung stellten sie ganz simple Fragen, zum Beispiel wie gut wir irgendjemanden kannten. Dann hoben sie unsere Beine in die

Höhe und schlugen uns mit Gewalt auf die Fußsohlen. Und die ganze Zeit über machten sie uns Angst und beschimpften uns, und die ganze Zeit waren unsere Augen verbunden. Die Augen verbunden, die Hände gefesselt, brachten sie uns hinunter. Ich ging durch die Dunkelheit, und jemand folgte mir. Ich stieß gegen eine Mauer und fiel zu Boden. Sie hatten schon die ganze Zeit gelacht, weil sie wussten, dass ich gegen die Mauer stoßen würde. Sie lachten noch lauter und traten mich. Auch als ich aus der Befragung entlassen wurde, setzte es die ganze Zeit Schläge mit den Elektrostöcken sowie Tritte. Dann wurden wir mit verbundenen Augen zu einer anderen Abteilung gebracht. Die neue Abteilung lag in der Bagdad-Straße mitten in Damaskus, wie ich später erfuhr. Auch dort ging es so weiter bis zur Befragung: Schläge, Tritte und Beleidigungen. Es gab einen jungen Mann, der hatte lange Haare. Sie fragten ihn: ‹Lässt du dich ficken?›, und lachten und machten sich über ihn lustig. Sie haben ihn furchtbar gepiesackt. Wir waren für sie Objekte des Hohns. Unter uns waren auch Ärzte, Schriftsteller und Intellektuelle, und trotzdem haben sie uns die ganze Zeit beleidigt und geschlagen. In der Abteilung haben sie uns komplett ausgezogen, dann gaben sie uns unsere Klamotten wieder und brachten uns in eine Gemeinschaftszelle, in der Waffen- und Rauschgiftschmuggler saßen. Aber die haben uns gut behandelt. Dann begann die Befragung. Unter uns waren auch politische Aktivisten und frühere Gefangene. Es war ein Psychokrieg. Sie sagten zu uns, dass wir nicht mehr rauskämen, und als wir das Wort Reform in den Mund nahmen, schlugen sie noch brutaler auf uns ein. Ich sagte zu dem Offizier, der mich befragte, dass ich gerade mein Abitur machte und nur durch Zufall auf der Demonstration gewesen sei. Als ich gesehen hätte, wie sie die Nationalhymne sangen, hätte ich mich zu ihnen gestellt. Da schlugen sie mich noch mehr, weil sie wussten, dass ich nicht die Wahrheit sagte. Sie wollten wissen, wer mich zur Demonstration aufgerufen habe, aber ich bestand darauf, zufällig dort gewesen zu sein. Sie befahlen mir, mich auf den Boden zu legen, die Hände auf dem Rücken zusammengebunden, die Beine im rechten Winkel nach oben gestreckt, dann schlugen sie mir auf die Fußsohlen. Sie steckten mich in einen Reifen, aber ich stellte mich dumm. Der Ermittler befragte mich über die Parteien in Syrien, und ich tat, als hätte ich keine Ahnung. Er fragte mich nach Facebook, und ich leugnete, Facebook zu kennen. Dann kehrte ich in die Gemeinschaftszelle zurück, und der Offizier sagte zu dem Gefängniswärter: ‹Bring ihn da hinten hin!›. Ich dachte, nun würden sie mich mit Strom foltern. Sie ritten immer wieder darauf herum, dass wir Linke und Säkulare waren, wo sie doch gedacht hatten, dass die Demonstranten Salafisten seien. Die zweite Befragung fand im Flur statt. Ich musste knien, wieder mit verbundenen Augen. Dieser Ermittler war weniger klug und glaubte meine Geschichte. Man hörte Schreie von Gefolterten aus den Nachbarräumen. Mit uns zusammen waren drei alte Männer aus Duma. Einer der Alten hatte seinen Sohn ausliefern wollen, weil er an einer Beerdigung teilgenommen hatte. Die Familien glaubten, sie müssten ihre Söhne ausliefern, um sie zu schützen. Als der Vater seinen Sohn ausgeliefert hatte, wurde er vor den Augen seines Sohnes verhaftet.

Es waren nicht alle Ermittler Alawiten, aber wenn sie uns anschrien, benutzten sie den alawitischen Dialekt. Beim Geheimdienst spielte man die Karte der Religionsgemeinschaften, und es hieß immer wieder, dass wir nicht demonstrieren sollten, weil wir damit die fanatischen Salafisten unterstützen würden. Sie waren furchtbar verärgert über die Demonstration auf dem Arnous-Platz mitten in Damaskus. Alle Religionsgemeinschaften waren dort versammelt gewesen und auch Säkulare. Sie ließen uns unsere Aussagen mit einem Fingerabdruck unterzeichnen. Bis zu jenem Augenblick hatte ich noch nie meinen Fingerabdruck abgegeben. Wir wussten, dass wir rauskommen würden. Sie gaben uns unsere Handys und verbanden uns die Augen, und während wir hinausgingen, ging es wieder los mit den Schlägen und den Tritten und Beleidigungen. Auch im Bus waren unsere Augen verbunden und die Hände gefesselt. Die Köpfe mussten wir nach unten richten, und die ganze Zeit wurden wir geschlagen. Auch im Bus zehrten sie an unseren Nerven, sie rasten in die Kurven, so dass wir hinfielen, und dabei amüsierten sie sich. Und immer wieder das gleiche Spiel: Wir stürzten, standen auf, und sie lachten. Als der Bus hielt, lud einer von ihnen eine Kalaschnikow und sagte laut: ‹Chef, sollen wir sie alle auf einmal erschießen?› Wir erschraken fürchterlich, und sie lachten und sagten: ‹Los, raus, ihr Hurensöhne!› Wir stiegen aus und wurden wieder mit einer unvergleichlichen Brutalität geschlagen. In der Abteilung in Kafr Susseh gab es einen Folterknecht, der ein richtiger Sadist war. Er schlug bestialisch auf uns ein, und dann lachte er und schlug und lachte. Dann drehte er sich um sich selbst und schlug und lachte laut. Er schlug uns mit einer Peitsche, die am Ende so dick und flach war wie ein Schlangenkopf.»

Ich möchte es bei diesem Bericht belassen. Es gibt noch Dutzende weitere Berichte von ehemaligen Häftlingen, in denen sich die Folterszenen alle gleichen.

Freitag, 8. Juli 2011

Der Freitag mit dem Motto «Nein zum Dialog!».

Der französische Botschafter fährt nach Hama und besucht dort ein Krankenhaus, um sich zu vergewissern, dass die Verletzten behandelt werden. Auch der amerikanische Botschafter besucht Hama. Das syrische Außenministerium gibt eine Stellungnahme heraus, in der es seine Unzufriedenheit über den Besuch erklärt und sagt, dass das Verhalten Robert Fords dem diplomatischen Brauch widerspreche. Im syrischen Fernsehen heißt es, der Botschafter habe sich in Hama mit Saboteuren getroffen und sie zur Gewalt aufgerufen. Ein amerikanischer Verantwortlicher sagt, die syrischen Behörden hätten von dem Besuch des Botschafters in Hama gewusst, und die Amerikaner sagen, sie unterstützten das syrische Volk bei seinem demokratischen Wandel. Das Regime ist offenbar damit gescheitert, die Krise militärisch oder politisch zu lösen. Genauso ist es damit gescheitert, die Zustimmung der Großmächte zu erhalten.

Heute gab es sechzehn Tote und Dutzende Verletzte, einige von ihnen in Damaskus. Washington hat die Reaktion der syrischen Regierung auf den Besuch des Botschafters verurteilt. Tausende Syrer haben heute auf den Plätzen der verschiedenen Städte demonstriert, und das Freitagsmotto «Nein zum Dialog» bekräftigt die Ablehnung der Demonstranten, einen Dialog mit dem Regime zu führen. Robert Ford fährt mit seinem Auto zwischen den Demonstranten hin und her. Die Opposition im Inland und im Ausland hat sich darauf geeinigt, keinen Dialog führen zu wollen. Hama ist das Zentrum der Proteste.

Ich bin zu Hause und lege die Sachen zusammen, die ich in den Koffer packen will. Ich sehe die Bilder von den Syrern im Fernsehen oder auf YouTube, wie ein reißender Strom bewegen sie sich fort, schreien donnernd wie mit einer einzigen Stimme: «Das Volk will den Sturz des Regimes.» Dann setze ich mich hin und notiere eine Aufzeichnung, die ich von einer befreundeten Journalistin erhalten habe. Sie arbeitet als Korrespondentin bei Radio Monte Carlo und für France24 und war an der syrisch-türkischen Grenze. Huda Ibrahim. Ganz ohne Angst kann ich ihren Namen nennen, im Gegensatz zu all den anderen Namen von Zeugen, die in der Dunkelheit verschwanden.

Huda hat die letzten beiden Wochen des Monats Juni in der Grenzregion verbracht. Sie war in einem Flüchtlingslager und hat mit den Menschen dort gesprochen.

Sie erzählte:

«Ich bin auf syrisches Territorium gelangt und bin dann in die Türkei zurück, zwischen dem Dorf Ain al-Baida und dem Lager Khirbet al-Dschaus. Dort gab es neun Lager, alle Menschen dort kamen aus Dschisr al-Schughur, das sechzigtausend Einwohner zählt. Viele von ihnen aber wurden nach Aleppo und in andere Regionen vertrieben, also nicht nur in Richtung Grenze. Das Lager Khirbet al-Dschaus war geteilt in einen Teil für die Familien und einen für die Männer. Die meisten Insassen waren Männer. Die Familien wurden meist in die Türkei geschmuggelt. Dschisr al-Schughur ist etwa sieben Kilometer von Khirbet al-Dschaus entfernt. Die jungen Leute haben ein Medienzentrum errichtet, von dem ich nicht sagen darf, wo es sich befindet. Es ist ein kleines Bauernhaus mitten in den Feldern. Dorthin wurden die Nachrichten und die Bilder und Videofilme aus allen Teilen Syriens geschickt, die die Jungs auf USB-Sticks bei sich trugen. Sie kamen aus Aleppo, aus Homs, Hama und aus allen möglichen Orten und setzten damit ihr Leben aufs Spiel. Sie haben das türkische Internet genutzt, einen Kilometer von der Grenze entfernt. Die Aktivisten sagten mir, sie hätten bei Desertationen die Meldung über die Anzahl der Deserteure übertrieben, damit die Belagerung von Homs und Hama aufgehoben und das Regime abgelenkt werde. Außerdem wollten sie auf diese Weise so viel Zeit wie möglich gewinnen, um die Menschen aus Dschisr al-Schughur zu holen. Aus diesem Grund hat das Regime fünfzehntausend Soldaten nach Dschisr al-Schughur geschickt. Sie sagten mir auch, es sei falsch gewesen, denn es habe sich negativ auf die Menschen ausgewirkt. Laut den Zeugenaussagen der Leute aus Dschisr al-Schughur sind alle, die in der Stadt geblieben sind, verhaftet worden. Manche wurden auch getötet. Sie erzählten mir auch von einem Vorfall, bei dem auf elf Personen auf Motorrädern geschossen wurde. Es waren Arbeiter, die von ihrer Arbeit in Beirut zurückkehrten. Drei von ihnen wurden getötet und der Rest verhaftet. Ich habe mit einem der Verhafteten ein Gespräch geführt, und er erzählte, dass sie in einer Zuckerfabrik inhaftiert gewesen und dort brutal gefoltert worden seien. Alle haben von dieser Zuckerfabrik geredet, die in ein Gefangenenlager für Männer und Kinder und Alte umgewandelt worden war.»

Ich mache eine kleine Pause. Mich überkommt ein Zittern. Das syrische Regime hat die Sportstadien in Häftlingslager umfunktioniert. So auch in Banjas. Hinzu kommen die Fabriken. Was ist das nur für ein bestialisches Regime?! Einer, der aus dem Sportstadion in Banjas wieder herauskam, hatte auf Facebook einen Text veröffentlicht. Darin berichtet er über die grausame Behandlung, der er und die Bevölkerung von Banjas im Stadion ausgesetzt waren. Die Wärter liefen einfach über die Häftlinge hinweg, auch die Häftlinge wurden gezwungen, über ihre Mithäftlinge zu laufen. Außerdem wurden sie geschlagen.

Obwohl meine Finger zittern, zeichne ich Hudas Bericht weiter auf:

«Einer, der bis zum letzten Tag in Dschisr al-Schughur geblieben war, erzählte, dass das Echo der Schreie der Gefolterten nachts fünf Kilometer weit zu hören war. Ich habe viele Foltergeschichten von den Leuten gehört, die lebendig aus der Zuckerfabrik gekommen sind und nicht dort umgebracht wurden. Da war zum Beispiel dieser Arbeiter, dessen zwei Kameraden vor seinen Augen getötet wurden. Er sagte mir, dass die Sicherheitskräfte sich darüber gestritten hätten, ob sie ihn töten sollten, und schließlich hätten sie von ihm abgelassen.

Etwa am 15. Juni ging das Gerücht, dass sich die Lage in Dschisr al-Schughur beruhigt hätte. Da riefen einige die Leute an, die in die Türkei geflüchtet waren. Deshalb kehrten manche von ihnen wieder in die Stadt zurück. Nachdem das Militär in die Dörfer gekommen war, erzählten die Leute über die Familie Kaskus, die die Geschichte geglaubt hatte und zurückgekommen war. Sie wurden allesamt getötet, Frauen, Männer und Kinder. Aber es gibt noch eine andere Version der Geschichte, die besagt, dass die Männer und die Frauen getötet wurden, dass aber die Kinder dieser Familie verhaftet worden seien. Als ich nach Syrien kam, sah ich auf jeden Fall unzählige Menschen, die nicht wussten, wo ihre Familien waren. Ich habe Männer gesehen, die allein umherzogen und nicht wussten, was mit ihren Familien geschehen war. Ich habe genauso Kinder und Frauen gesehen, die keine Ahnung hatten, was mit ihren Männern und Vätern geworden war. Es war grauenhaft, als wäre eine ganze Welt verlorengegangen.

In den Flüchtlingslagern lebten die Syrer wie im Gefängnis. Sie durften niemanden anrufen. Ich habe gesehen, wie die Flucht vor dem Tod den Menschen dazu bringt, die schlimmsten Umstände zu ertragen. Obwohl einige der Flüchtlinge sich an ihre Verwandten in Iskenderun wandten. Deren Situation war besser als die der Menschen in den Flüchtlingslagern. Die syrisch-türkische Grenze ist lang, und die Situation der Flüchtlinge war von Ort zu Ort unterschiedlich.

Überall waren Geschichten voller Schmerz zu hören. Ich habe einen Lastwagenfahrer gesehen, dem sie aufs Auge geschlagen hatten, sie hatten seinen Lastwagen in Brand gesetzt und ihm gedroht, bloß nicht nach Latakia zurückzukehren. Er fuhr zwischen Latakia, Dschisr al-Schughur und der Provinz Iskenderun. Ich habe ihn gefragt: ‹Wer hat Sie bedroht?› ‹Die Schabbhiha. Ich kenne ihre Namen nicht. Aber ich bin nicht wieder nach Latakia zurück.›» Der Fahrer, so erzählt Huda, habe sich in dem Dorf Rihanija niedergelassen und verkauft jetzt am Grenzübergang Kaffee.

«Uns Journalisten hat man nur erlaubt, die Flüchtlingslager zu betreten, wenn die Türken dort ihre Pressekonferenzen abhielten. Dreimal sind wir hinein. Was mich am meisten mitgenommen hat, war jener schwierige Weg, den wir zurücklegen mussten, um nach Khirbet al-Dschaus und Ain al-Baida zu kommen. Die Strecke war eigentlich zwei Kilometer lang, aber wir mussten zwischen fünf und sieben Kilometer laufen, um die Checkpoints zu umgehen. Es war sehr heiß, und der Weg war äußerst beschwerlich. Die Natur in jener Region lässt einen wirklich traurig werden – die Kombination einer solchen Schönheit mit dem Tod.

Nachdem das Militär am 19. Juni in jene Ortschaften eingedrungen war, sah ich Kinder und Frauen, von denen einige schwanger waren, die denselben beschwerlichen Bergpfad zurücklegten. Das hat mir sehr zu schaffen gemacht. Dass diese Leute diesen tödlichen Pfad entlangliefen, konnte nur bedeuten, dass sie vor dem Tod auf der Flucht waren, und dies unter Bedingungen, die gleichfalls den Tod bringen konnten.

Wir beobachteten das Militär mit unseren Kameras im Dorf Kutschi. Wir konnten sehen, wie sie miteinander stritten. Es war ganz offensichtlich, dass die Gruppen stets unterschiedlicher Meinung waren. Ein junger Syrer hat mir ein schreckliches Ereignis erzählt: Als sieben desertierte Soldaten nach Ain al-Baida kamen, seien sie zu einem alten Mann geflüchtet und hätten ihn gebeten, ihnen den Weg in die Türkei zu zeigen. Da habe der Alte sie um ein paar Minuten gebeten und sei dann mit Sicherheitskräften zurückgekehrt, die einige von ihnen getötet und die anderen verhaftet hätten.

Besonders auffallend war die große Anzahl an Kindern und Frauen. Die Kinder saßen überall auf dem Boden, überall waren Kinder, und wenn sie mich sahen, liefen sie auf mich zu und sagten, sie wollten Baschar al-Assad nicht, sie wollten den Sturz des Regimes. Die Leute erzählten mir, in Dschisr al-Schughur hätten sie Schabbiha gefangengenommen, sie hätten sie aber nicht getötet, sondern wieder freigelassen. Einer der Flüchtlinge von Dschisr al-Schughur kam mit Eisenhandschellen ins Lager. Er erzählte schreckliche Dinge über die Verhaftung und die Folter. Wenn sie in den Lagern das Essen verteilten, wurden die Flüchtlinge alle zu einer Familie. Ich habe in dieser Solidarität eine Art von Widerstand gegen den Tod gesehen. Das Wasser war immer wieder abgestellt und die Hitze nahm zu, deshalb haben die Kinder aus den Teichen um das Lager herum getrunken. Viele von ihnen sind daran gestorben. Als ich ankam, wurde in den ersten Tagen ein Lager mit dem Namen Rihanija gebaut. Das durften wir nicht betreten. Nach zehn Tagen bin ich noch einmal dorthin zurück, und das Lager war fertig gebaut und voll von Flüchtlingen. Die Türkei ließ noch drei weitere Lager bauen, und während wir im Dorf Kutschi waren, kamen Panzer in die Dörfer, und wir hörten heftige Schießereien. Sie durchkämmten schießend die Dörfer. Und in anderen Dörfern in der Nähe von Dschisr al-Schughur kam das Militär zusammen mit Sicherheitskräften und Scharfschützen, und dann geschah genau das Gleiche wie schon vorher in Dschisr al-Schughur.

Die Bewohner erzählten mir, dass viele Menschen in der Schule von Dschisr al-Schughur exekutiert worden seien, nachdem auch diese Schule in ein Lager umgewandelt worden war. Wenn sie die gesuchte Person nicht fanden, dann verhafteten sie die der Person nahestehenden Angehörigen. Einmal hat in meiner Gegenwart einer der Männer mit zitternder Stimme geschrien: ‹Wenn man sieht, was die Assad-Familie in Dschisr al-Schughur angerichtet hat, kann man glauben, dass sie sich persönlich an dieser Stadt rächen will!› Und einer der Jungs aus dem Lager Khirbet al-Dschaus erzählte, es seien zwei Mädchen in Dschisr al-Schughur geblieben. Man habe sie ausgezogen und sie seien nackt durch die Straßen gelaufen. Und in Khirbet al-Dschaus und in Ain al-Baida seien Häuser zerstört und das Vieh getötet worden. In dem Dorf Sarminija hätten sie einem Kind die Hände auf dem Rücken zusammengebunden und seien mit ihm ins Tal gestiegen, und danach habe es niemand mehr gesehen. Auf arabischer und internationaler Ebene würde geschwiegen zu den Verbrechen der Familie Assad, sagten sie, und ein Dialog mit dem Regime werde abgelehnt. Die Flüchtlinge wollten den Sturz des Regimes. In der Nähe des Dorfes Kutschi habe ich vier Familien mit neunzehn Kindern gesehen. Und in dem Lager Hadschi Bascha spähten die Kinder aus dem Lager nach draußen, und ein anderes Kind auf der anderen Seite versuchte, mit den Kindern innerhalb des Lagers in Kontakt zu kommen, doch die Türken hinderten es daran. Alle syrischen Flüchtlinge in den Lagern werden von der Außenwelt abgeschirmt, aber sie waren ganz gierig darauf zu erfahren, was außerhalb der Flüchtlingslager geschieht, die zu großen Gefangenenlagern geworden sind.»

Hier endete Hudas Bericht. Ich versank in einer Trauer, die keineswegs plötzlich kam. Baschar al-Assad und seine Familie haben mein Volk getötet, verhaftet, zu Vertriebenen und zu Flüchtlingen in Lagern im Ausland gemacht. Was kann ein Verbrecher seinem Volk mehr antun?

Samstag, 9. Juli 2011

In einigen Tagen werde ich abreisen ... Ich bin sicher, dass am Flughafen nichts Besorgniserregendes passieren wird, trotz der ununterbrochenen Anrufe der Freunde. Aber Syrien zu verlassen macht mir doch Sorgen. Ich beruhige mich damit, dass diese Phase vorbeigehen und ich zurückkehren werde. Jetzt werde ich meine Tochter retten. Ich werde Gespräche führen und Vertreter von Menschenrechtsorganisationen treffen. Ich werde der Welt mitteilen, was hier passiert. Die Menschen müssen wissen, dass die Demonstranten unbewaffnet und friedfertig sind und dass sie Freiheit, Würde und Gerechtigkeit fordern. Viele Gedanken gehen mir durch den Kopf, aber sicher ist, dass ich mich in der unglücklichsten Phase meines Lebens befinde. Zum ersten Mal denke ich an meine Tochter, ich will eine einträchtige Lösung für diesen Zwist finden. Ich werde mein Herz an diesem Ort zurücklassen und wie ein leerer Ballon fortfliegen. Vielleicht werde ich bald zurückkehren, vielleicht aber auch nicht. Diese Abreise erinnert mich an die Trennung eines Säuglings von seiner Mutter. Ich muss stark sein und mich beruhigen. Ich bin zu einem Wirbelsturm geworden.

Ich muss noch die letzten Aussagen notieren, die ich von einem verängstigten Offizier bekommen habe, der sich versteckt hält. Er nannte mir den Namen der Region, die gestürmt worden ist, aber ich musste ihm beim Leben meiner Tochter schwören, dass ich das niemals erwähne. Ich verstand seine Angst. Er ist verheiratet und hat zwei Töchter. Er hat in einer Ortschaft in der Nähe von Homs, nahe der Wüste, auf sich selbst geschossen. An welchem Körperteil er sich getroffen hat, darf ich nicht preisgeben. Er sagte, er habe das getan, um nach Hause zurückzukehren, ohne Probleme zu bekommen. Als ich ihn fragte, ob all die Geschichten wahr seien, die wir über das Morden des Militärs hören, entgegnete er: «Wollen Sie meine Geschichte hören oder die Geschichten von anderen?» – «Ich will Ihre Geschichte hören.»

Er war ein junger gutaussehender Mann aus einer der Küstenstädte. Und er war Alawit, was der Grund für seine Angst war. Ich verstand seine Sorge. Sicherlich bin ich es, die ihn am besten versteht. Sie würden es ihm niemals verzeihen. Sie würden ihn sofort exekutieren. Er erzählte:

«Wir haben den Befehl erhalten, in die besagte Region aufzubrechen. In dem Befehl hieß es auch, dort gebe es bewaffnete Banden, die wir angreifen sollten. Die Befehle erhielten wir direkt. Und wir hatten noch Kräfte des Luftwaffengeheimdienstes dabei. Ich bin mit zwanzig Kameraden losgezogen, und es war sehr schwierig, die erwähnte Region zu erreichen. Kaum waren wir dort, da prasselten Schüsse auf uns herab. Es gab dort einen kleinen Raum zu unserer Linken, und obwohl wir uns durch die Dunkelheit schlichen, konnten sie uns doch sofort angreifen. Ich hatte irgendwie das Gefühl, dass da etwas nicht stimmte. Es war das dritte Mal, dass wir dorthin kamen, um bewaffnete Banden zu bekämpfen, und plötzlich waren wir in eine Falle geraten. Und so etwas passierte immer vor den Freitagen. Es war Donnerstagabend, und wir mussten schon am nächsten Morgen wieder in Homs sein wegen der Demonstrationen. Es kam zu einem richtigen Gefecht. Ein Gefecht auf Leben und Tod. Alle Mitglieder der bewaffneten Bande starben, außer einem! Drei meiner Kameraden wurden getötet, und zwar auf der Stelle durch Schüsse in den Kopf oder den Oberkörper. Bis zu jenem Augenblick dachte ich, es gehe darum, salafistische bewaffnete Banden zu vernichten, die die Alawiten ausrotten wollten. Aber da passierten verschiedene Dinge vor unseren Augen, ich hatte das Gefühl, wir seien ein ganz leichter Köder für diese Banden, die immer an dem Ort auftauchten, an dem auch wir waren, und uns beschossen.»

«Wichtiger noch ist», setzte er hinzu, während die Adern an seinem Hals anzuschwellen begannen, «dass der Luftwaffengeheimdienst sich jeden sofort holte, den wir von dieser Bande geschnappt hatten. Auch beim letzten Mal machten wir einen Gefangenen, der Mitglied der Bande sein sollte. Als einer unserer Männer ihm die Mündung seines Maschinengewehrs vor die Nase hielt, begann der Gefangene zu heulen und zu schreien und zu stammeln. Und er machte sich in die Hosen. Als der hohe Offizier des Luftwaffengeheimdienstes auftauchte, dessen Namen ich nicht preisgeben kann, nahm er ihn sofort mit. Und da war noch ein weiterer Geheimdienstler, der den Offizier begleitete. Er schoss den Gefangenen direkt in den Kopf. Da war ich mir sicher, dass wir nur als Köder gedient hatten! Aber wie das gelaufen war, das habe ich nicht verstanden! Ich hatte das Gefühl, dass wir betrogen worden waren und dass wir am nächsten Tag noch wilder auf die Demonstranten losgehen sollten, nachdem wir gesehen hatten, wie unsere Kameraden am Tag vorher von bewaffneten Banden getötet worden waren. Mir kam die ganze Sache wirklich absonderlich vor. Was man uns erzählte, war Lüge. Ich weiß nicht, was das für Leute sind, die da auf die Straße gehen und demonstrieren, wir im Militär sind von der übrigen Welt isoliert. Aber ich wusste, dass der Offizier den Gefangenen aus Angst vor dem, was er sagen würde, getötet hatte. Aus all diesen Gründen habe ich am Mittwoch direkt nach jenem Donnerstag meine Waffe auf mich selbst gerichtet. Ich bin davon ausgegangen, dass die Schüsse auf uns niederprasseln würden, während wir uns vorwärtsbewegten, und das passierte auch wirklich. In dem Augenblick, wenn Leben und Tod auf einer Stufe stehen, sind alle abgelenkt, und da habe ich geschossen! Ich bin jetzt seit eineinhalb Monaten zu Hause, und ich hoffe, dass dieser Albtraum ein Ende hat, bevor ich wieder in diese Hölle zurückkehren muss ...»

Als er «Hölle» sagte, horchte ich auf. Es gab also noch jemanden, der das gleiche Wort verwendete, das ich täglich wiederhole: Hölle, Hölle, Hölle ... Damit endet seine Aussage, und ich wende mich wieder der Organisation meiner Reise zu.

Ich lasse jetzt eine ganze Reihe kleiner Angelegenheiten hinter mir zurück. Ich lasse meinen Zorn über die Intellektuellen zurück, die zum Töten schweigen, über ihre Feigheit und ihre Angst. Ich lasse das dem Tod geöffnete Tor in meinem Herzen zurück und öffne für meine Tochter das Tor zum Leben. So ist meine gegenwärtige Stimmungslage. Ich gehe mit eindeutigen Schritten auf den Tod zu. Syrien zu verlassen bedeutet den Tod und nichts anderes. Es bedeutet, meine Haut abzustreifen, mein Herz rauszureißen, alles aufzugeben, was ich geplant hatte. Während ich meine Koffer packe, bin ich vollkommen konfus. Ich falte meine Kleider und denke tausendmal darüber nach, alles hinter mir zu lassen, meine Tochter ihren Weg gehen zu lassen und mich im Dunkel der Nacht zu verstecken und das zu sein, was ich sein möchte.

Aber dies ist das erste Mal, dass ich nicht sein darf, was ich nicht sein will.

Zu sein, was ich sein will. Ein einfacher Satz, aber er fasst das Leben eines Menschen zusammen. Wer von uns ist, was er sein will?

Ich schreibe diese letzten Worte und beschließe, nicht wieder zu diesen Aufzeichnungen zurückzukehren, bis ich ein Buch daraus mache. Und das werde ich auf keinen Fall tun, bevor ich Syrien verlassen habe. Wenn ich es täte, würde ich bleiben! Ich werde meine Koffer packen, ich werde sie zuklappen und damit viele schreckliche Geheimnisse einschließen, deren Zeuge ich geworden bin und die preiszugeben ich mich fürchte. Ich fürchte um meine Familie und um meine Tochter. Ich weiß, dass ich in Panik war, das ist die wahrhaftige Beschreibung für meinen Zustand. Während der letzten Monate hatte ich immer panische Angst. Und ich war allein. Ich weiß nur zu gut, dass ich allein war, sogar einige Freunde würden über meine Leiche gehen, um sich selbst in einem besseren Licht darzustellen.

Ich mag das Gerede über Heldentum nicht. Ja, ich hatte furchtbare Angst. Aber mit dieser Angst habe ich gelernt, in meinem Herzen einen dunklen Winkel zu lassen, einen Bereich, an den niemand herankommt. Einen Ort, der unverwüstlich ist, dem selbst der Tod nichts anhaben kann. Ich weiß auch, dass es leichtsinnig war zu glauben, dass alle meine Erfahrungen und Schmerzen ausreichten, um aus mir eine starke Frau zu machen. Denn sie waren scheinbar nicht schmerzlich genug, um eine Frau zu werden, die sich der notwendigen Ruhe erfreut, die inmitten all der aufgetürmten Niederträchtigkeiten der Menschen das Leben zu leben vermag.

Ich bin davon überzeugt, wie jedes Mal an einem Scheideweg in meinem Leben, dass ich, trotz der Angst, alles noch einmal so machen würde. Vielleicht würde ich viele Fehler vermeiden, die ich seit Beginn des Aufstands begangen habe. Fehler, die viele auf mich haben aufmerksam werden lassen.

Jetzt kann ich, wie viele andere, sagen:

Das Feuer gart und läutert. Feuer verwandelt dich entweder in Asche oder lässt dich in neuem Glanz erstrahlen. Ich warte auf die kommenden Tage, um entweder zu Asche zu werden oder zu einem geschliffenen Spiegel.

Aktuelle Themen im dtv

Asit Datta
Armutszeugnis
Warum heute mehr Menschen hungern als vor 20 Jahren
ISBN 978-3-423-24983-6

Markus Beckedahl
Falk Lüke
Die digitale Gesellschaft
Netzpolitik, Bürgerrechte und die Machtfrage
ISBN 978-3-423-24925-6

Christoph Birnbaum
Die Pensionslüge
Warum der Staat seine Zusagen für Beamte nicht einhalten kann, und warum uns das alle angeht
ISBN 978-3-423-24926-3

Julia Berger
Gefeuert
Mein Leben nach der Kündigung
ISBN 978-3-423-24832-7

Jochen Bittner
So nicht, Europa!
Die drei großen Fehler der EU
ISBN 978-3-423-24909-6

Paul Collier
Die unterste Milliarde
Warum die ärmsten Länder scheitern und was man dagegen tun kann
Übers. v. R. Seuß und M. Richter
ISBN 978-3-423-34629-0

Joseph Croitoru
Hamas
Auf dem Weg zum palästinensischen Gottesstaat
Aktualisierte Ausgabe
ISBN 978-3-423-34600-9

Yvonne Feller, Florian Flechsig
Wir sind jung und brauchen das Geld
Ein Selbstversuch
ISBN 978-3-423-24834-1

Markus Frenzel
Leichen im Keller
Wie Deutschland internationale Kriegsverbrecher unterstützt
ISBN 978-3-423-24876-1

Timothy Garton Ash
Jahrhundertwende
Weltpolitische Betrachtungen
Übers. v. S. Hornfeck
ISBN 978-3-423-34720-4

Aktuelle Themen im dtv

Alva Gehrmann
Alles ganz Isi
Isländische Lebenskunst für Anfänger und Fortgeschrittene
ISBN 978-3-423-24874-7

John Gray
Politik der Apokalypse
Wie Religion die Welt in die Krise stürzt
Übers. v. C. Trunk
ISBN 978-3-423-34692-4

Cem Gülay
Helmut Kuhn
Kein Döner Land
Kurze Interviews mit fiesen Migranten
ISBN 978-3-423-24952-2

Rainer Hermann
Die Golfstaaten
Wohin geht das neue Arabien?
ISBN 978-3-423-24875-4

Lamya Kaddor
Muslimisch – weiblich – deutsch!
Mein Weg zu einem zeitgemäßen Islam
ISBN 978-3-423-34677-1

Sudhir Kakar
Die Inder
Porträt einer Gesellschaft
ISBN 978-3-423-34630-6

Gudrun Krämer
Geschichte des Islam
ISBN 978-3-423-34467-8

Mark Leonard
Was denkt China?
Übers. v. H. Dierlamm
ISBN 978-3-423-24738-2

Melanie Mühl
Die Patchwork-Lüge
Eine Streitschrift
ISBN 978-3-423-34749-5

Érik Orsenna
Die Zukunft des Wassers
Eine Reise um unsere Welt
Übers. v. C. Vollmann
ISBN 978-3-423-34690-0

Ursula Ott
Total besteuert
Wie ich einmal ganz alleine den Staatshaushalt retten sollte
ISBN 978-3-423-34597-2

Robert Pragst
Auf Bewährung
Mein Jahr als Staatsanwalt
ISBN 978-3-423-24903-4

Jan H. Robertson
Macht
Wie Erfolge uns verändern
Übers. v. D. Mallett
ISBN 978-3-423-28012-9

Aktuelle Themen im dtv

Roberto Saviano
Gomorrha
Reise in das Reich der Camorra
Übers. v. F. Hausmann und R. Seuß
ISBN 978-3-423-**34529**-3

Der Kampf geht weiter
Widerstand gegen Mafia und Korruption
Übers. v. F. Hausmann
ISBN 978-3-423-**34780**-8

Volker Seitz
Afrika wird armregiert oder Wie man Afrika wirklich helfen kann
Mit einem Vorwort von Rupert Neudeck
Aktualisierte Ausgabe 2012
ISBN 978-3-423-**24938**-6

Eva C. Schweitzer
Tea Party: Die weiße Wut
Was Amerikas Neue Rechte so gefährlich macht
ISBN 978-3-423-**24904**-1

Klaus Töpfer
Ranga Yogeshwar
Unsere Zukunft
Ein Gespräch über die Welt
ISBN 978-3-423-**34781**-5

Richard Thiess
Mordkommission
Wenn das Grauen zum Alltag wird
ISBN 978-3-423-**34792**-1

Halt, stehenbleiben! Polizei!
Aus dem Leben eines Ermittlers
Über 40 authentische Fälle
ISBN 978-3-423-**34676**-4

Ilija Trojanow, Juli Zeh
Angriff auf die Freiheit
Sicherheitswahn, Überwachungsstaat und der Abbau bürgerlicher Rechte
ISBN 978-3-423-**34602**-3

Sahra Wagenknecht
Freiheit statt Kapitalismus
Über vergessene Ideale, die Eurokrise und unsere Zukunft
ISBN 978-3-423-**34783**-9

Samar Yazbek
Schrei nach Freiheit
Bericht aus dem Inneren der syrischen Revolution
Mit einem Vorwort von Rafik Schami
Übers. v. L. Bender
ISBN 978-3-423-**34779**-2

Geschichte des 20. Jahrhunderts

Die Mauer
Errichtung, Überwindung, Erinnerung
Hg. v. Klaus-Dietmar Henke
ISBN 978-3-423-24877-8

Revolution und Vereinigung 1989/90
Als in Deutschland die Realität die Phantasie überholte
Hg. v. Klaus-Dietmar Henke
ISBN 978-3-423-24736-8

Hélène Berr
Pariser Tagebuch
1942–1944
Übers. v. E. Edl
ISBN 978-3-423-34635-1

Wolfgang Benz
Geschichte des Dritten Reiches
ISBN 978-3-423-30882-3

Philipp Blom
Der taumelnde Kontinent
Europa 1900–1914
Mit 65 farbigen und s/w-Abbildungen
ISBN 978-3-423-34678-8

Philipp von Boeselager
Wir wollten Hitler töten
Ein letzter Zeuge des 20. Juli erinnert sich
ISBN 978-3-423-34634-4

Patricia Clough
Mein Germany
Deutschland von innen und außen
Übers. v. H. Zeltner
ISBN 978-3-423-26006-0

Christian Jostmann
Das Eis und der Tod
Scott, Amundsen und das Drama am Südpol
ISBN 978-3-423-34788-4

Theodor Michael
Schwarz sein und deutsch dazu
Erinnerungen eines Afro-Deutschen
ISBN 978-3-423-26005-3

Karin Wieland
Dietrich & Riefenstahl
Die Geschichte zweier Jahrhundertfrauen
Mit 16 s/w-Abbildungen
ISBN 978-3-423-34789-1

Nicolas Wolz
»Und wir verrosten im Hafen«
Deutschland, Großbritannien und der Krieg zur See 1914-1918
Mit zahlreichen s/w-Abb.
ISBN 978-3-423-28025-9

Geschichte des 20. Jahrhunderts

Ian Kershaw
Hitler
Gesamtausgabe in drei Bänden
Band 1: 1889–1936
Übers. v. J. P. Krause und J. W. Rademacher
ISBN 978-3-423-**30841**-0
Band 2: 1936–1945
Übers. v. K. Kochmann
ISBN 978-3-423-**30842**-7
Band 3: 1889–1945. Registerband
ISBN 978-3-423-**30843**-4

Eric Hobsbawm
Das Zeitalter der Extreme
Weltgeschichte des 20. Jahrhunderts
Übers. v. Y. Badal
ISBN 978-3-423-**30657**-7
Gefährliche Zeiten
Ein Leben im 20. Jahrhundert
Übers. v. Udo Rennert
ISBN 978-3-423-**34284**-1

Erika Riemann
Die Schleife an Stalins Bart
Ein Mädchenstreich, acht Jahre Haft und die Zeit danach
ISBN 978-3-423-**34725**-9
Stalins Bart ist ab
Von Bautzen zum Bundesverdienstkreuz
ISBN 978-3-423-**34752**-5

Horst Möller
Die Weimarer Republik
Eine unvollendete Demokratie
ISBN 978-3-423-**34059**-5

Timothy Snyder
Bloodlands
Europa zwischen Hitler und Stalin
Übers. v. M. Richter
ISBN 978-3-423-**34756**-3

Fritz Stern
Fünf Deutschland und ein Leben
Erinnerungen
Übers. v. F. Griese
ISBN 978-3-423-**34561**-3

Hal Vaughan
Coco Chanel
Der schwarze Engel
Ein Leben als Nazi-Agentin
Übers. v. B. Jendricke, G. Schermer-Rauwolf und R. A. Weiß
ISBN 978-3-423-**34778**-5

Jürgen Weber
Kleine Geschichte Deutschlands seit 1945
ISBN 978-3-423-**30830**-4